主办　襄樊学院神学美学研究所
协办　Chinese Christian Scholars Association in North America
顾问　何光沪
咨议　曾庆豹

本辑主编　刘光耀　章智源

学术委员会（以姓氏笔画为序）
　　　　王再兴　　　　湖北文理学院
　　　　王忠欣　　　　北美华人基督教学会（美国）
　　　　刘阿斯　　　　西南大学哲学系
　　　　刘光耀　　　　湖北文理学院
　　　　何光沪　　　　中国人民大学
　　　　卡尔·J·库舍尔　图宾根大学（德国）
　　　　李建春　　　　湖北美术学院
　　　　岛　子　　　　清华大学
　　　　林子淳　　　　道风山基督教文化研究所（中国香港）
　　　　周伟驰　　　　中国社会科学院
　　　　张　俊　　　　陕西师范大学
　　　　张百春　　　　北京师范大学
　　　　查常平　　　　四川大学
　　　　徐　旭　　　　文艺评论家
　　　　徐凤林　　　　北京大学
　　　　章智源　　　　合肥学院
　　　　曾庆豹　　　　中原大学（中国台湾）

神学美学

第 6 辑

刘光耀　章智源　主编

上海三联书店

目　　录

陀思妥耶夫斯基与中国文学

2 ／编者按语

陀思妥耶夫斯基的世界观
3 ／斯捷蓬（俄罗斯）文
　　张百春（北京师范大学）译

陀思妥耶夫斯基五部伟大小说结尾的特点
24 ／塔吉娅娜·卡萨特金娜（俄罗斯）文
　　张变革（北京第二外国语学院）译

神学诗学评论与研究

"神学诗学"的本源性归向——岛子诗歌论
36 ／艾蕾尔（[王蕾]中国传媒大学）文

启示与悬念
63 ／黎　衡（自由撰稿人）文

弹得纯正，唱得巧妙：基督徒的诗歌创作谈
69 ／康晓蓉（自由撰稿人）文

基督信仰与中国文学

吴历的基督宗教信仰对其文学创作的影响
78 / 包兆会（南京大学）文

《辅仁文苑》时期的张秀亚
90 / 刘丽霞　赵婉莉（济南大学）文

神圣降临与冰心早期文本中的"第三空间"
96 / 游翠萍（四川省社会科学院）文

国际华人基督徒文学

诗人永远行走在寻找的路上——论原甸的《探索三部曲》
108 / 乔世华（辽宁大学）文

保存记忆，拷问灵魂——简论原甸的歌诗
113 / 乔世华（辽宁大学）　禹美玲（辽宁师范大学）文

作家追踪

灵性文学的实践者——作家施玮访谈录
118 / 江少川（华中师范大学）文

泥色天香·小说

朵儿
132 / 阿　石

终末论与文学

圣经的末世观
174 / 章智源（合肥学院）文

天主教末世小说——《世界之主》
193　/张　欣（北京师范大学）文

基督信仰与伦理问题

圣经伦理的三个视角平衡——以一个婚姻问题为例
206　/颜复萍（四川省社会科学院）文

大哲解读

洗礼与信仰：论奥古斯丁《忏悔录》中的洗礼试探
218　/花　威（华侨大学）文

维特根斯坦与音乐
231　/李文倩（四川师范大学）文

学人论书

剑胆琴心话新约
——查常平的《新约的世界图景逻辑（第一卷）引论：新约的历史逻辑》
244　/康晓蓉（自由撰稿人）文

大屠杀、历史记忆与《罗兹挽歌》
252　/刘　平（复旦大学）文

"即使不和改革派站一边，照样可以相信改革啊"
——评历史悬疑小说《天文学家》
258　/刘　平（复旦大学）文

名典迻译

奥古斯丁美学中的十字架之美

266 /谢大卫(美国,David Lily Jeffrey [Baylor University])文

　　　刘阿斯(西南大学)译

282 /简介与征稿

陀思妥耶夫斯基与中国文学

编者按语

从本辑开始,我们增设了"陀思妥耶夫斯基与中国文学"栏目,意在引起陀思妥耶夫斯基的阅读、研究和中国文学的互动,也希望对陀氏的关注能够更多一些、更深入一步。文章可以是结合陀氏观察中国文学的,也可以是专论陀氏的。文体不限,可以是高头讲章式的研究和评论,也可以是空穴来风式的吉光片羽,灵感乍现的即兴点染。深切盼望热爱陀思妥耶夫斯基的学者、读者、评论家、作家、诗人、艺术家惠赐佳作!

陀思妥耶夫斯基的世界观[1]

斯捷蓬(俄罗斯)文[2]
张百春(北京师范大学)译

并非在对世界的每一种直观里都包含一定的世界观。没有直观天赋的伟大艺术家是不可思议的,没有世界观的艺术家则是完全可以想象的。过分雕琢的世界观,以及对该世界观的过分信仰有时甚至会妨碍艺术创作。托尔斯泰的《复活》和高尔基的《克里姆·萨姆金》就是对此的证明。

从格罗斯曼公布的陀思妥耶夫斯基藏书目录中我们了解到,在作家的书架上,柏拉图著作全集长时间地摆放在显眼的位置。这一点足以使人确信艺术家陀思妥耶夫斯基有强烈的哲学兴趣,足以使人理解为什么他的世界观不但没有歪曲其艺术创作,而是相反,深化了其艺术创作。对此可以这样来解释。希腊思想家(柏拉图)一方面是最伟大的艺术家、象征主义者,另一方面是最敏锐的哲学家、辩证法家。同样的二位一体一开始就包含在俄罗斯作家(陀思妥耶夫斯基)身上,在他所喜爱的思想家(柏拉图)的作用之下,这个二位一体在他身上获得了出色的发展。俄国研究专家施泰因贝格在其出色的,但好像还没有俄文版的书《陀思妥耶夫斯基的自由理念》中公正地强调了柏拉图对陀思妥耶夫斯基的影响,这在很大程度上可以由东正教与柏拉图主义的联系来解释。

我企图在陀思妥耶夫斯基的艺术创作中揭示他的哲学世界观,这个尝试

---

[1] 本文曾被作者自己收入文集《相遇》,慕尼黑1962年俄文版,译文选自《斯捷蓬文集》,莫斯科2000年俄文版,第643—660页。——译者注
[2] 斯捷蓬(Степун Ф. А., 1884 - 1965):俄罗斯哲学家、历史学家和文化学家。1902—1910年在德国学习和研究哲学。年刊《逻各斯(Логос)》的创办人之一。1922年被驱逐出苏联,流亡到德国。写过大量的哲学随笔和传记。——译者注

遇到一系列困难,正如许多著作已经表明的那样,克服这些困难并不那么容易。确实,陀思妥耶夫斯基的主人公不断地在进行哲学思考,但是,依靠他们来解决他们主人的世界观是什么的问题,这是没有根据的,因为这些主人公捍卫的是非常不同的世界观:基督教的和无神论的,自由主义的和共产主义的,西方派的和斯拉夫派的,等等。把这些世界观区分为与陀思妥耶夫斯基的观点接近的,以及只属于其主人公的,但不是他自己的世界观,这是不正确的,因为大艺术家的全部人物形象都是在他的血脉中产生的,在他的心灵和意识里孕育的。

另外一条更简单的途径似乎也是可能的。陀思妥耶夫斯基不但是个艺术家,而且也是个充满激情、热情的,对一切都进行回应的政论家,对这一点的证明是他出版的杂志《时间》和《时代》,以及他的《作家日记》,在这里他用自己的心声,以自己的名义说话,不把自己隐藏在主人公的假面具后面。因此似乎应该在陀思妥耶夫斯基的政论作品里寻找他的世界观。但这个论断只有初看起来才可能是令人信服的,如果深入地仔细思考的话,那么很容易显示出该论断是有问题的。无论政论家多么有天才,作为创作形式的任何政论作品都不能与艺术作品同日而语。无论《作家日记》多么出色和智慧,它毕竟都不能向我们提供《白痴》、《群魔》、《少年》和《卡拉马佐夫兄弟》所提供的东西。在《关于宗教大法官的传说》里当然也可以感觉到对天主教的仇视,但这并没有妨碍《传说》成为最著名的艺术作品之一,把下面的论断与之相提并论是令人非常不愉快和过于草率的,即只有当被资产阶级赶下御座的教皇领导共产主义革命时,共产主义才能在欧洲获得胜利。

关于陀思妥耶夫斯基的民族主义也是如此。无论沙托夫的信念多么错误和危险,即对超民族的上帝的信仰必然导致民族的精神死亡,但它(信念——译者)毕竟比政论作品中的三段论无比地高:第二次来临应该发生在巴勒斯坦,但同时也发生在欧洲最后一个基督教国家里,"上帝走遍了这个国家,并到处祝福"。[3] 由此可以得出这样一个结论,巴勒斯坦应该成为我们的。

这两个例子足以使人确信,把政论家陀思妥耶夫斯基变成其世界观的解释者是多么危险。在这条路上很容易贬低和歪曲他的深刻思想。

每一部真正的艺术作品好像都是内容与形式之间的一种联姻。我觉得,艺术的这种结构可以证明,通过分析陀思妥耶夫斯基作品的形式特点来解释

---

[3] 丘特切夫的诗《这些贫穷的村庄》(1855年),参见《丘特切夫诗全集》,朱宪生译,桂林:漓江出版社,1998年,第310页。——译者注

其世界观的企图是正当的。在阅读1861年所写的鲜为人知的小品文《诗歌和散文中的彼得堡之梦》时,我第一次领略到对这些特点的理解。该小品文的主要内容后来被陀思妥耶夫斯基用在《脆弱的心》和《少年》里。

"记得有一次,在一月份的一个冬日傍晚,我急于从维堡回自己的家……。在接近涅瓦河时我停了一会儿,顺着河向烟雾缭绕的严冬,雾气蒙蒙的远处投去了敏锐的目光……。夜幕笼罩了城市,因冰雪覆盖而膨胀的辽阔的涅瓦河面和落日余辉上面,洒满了无数针状的霜花。温度在零下20度。疲惫不堪的马和奔跑的人身上冒着冷气。稍微有一点声响,浓缩的空气就会颤动,家家户户房顶在寒冷的天空中向上升腾的烟柱如同巨人一样,在上升途中相互交织,有分有合,所以在旧的楼房上面仿佛又建起了新的楼房一样,新的城市在空中形成……。最后,看起来整个世界及其全部居民,无论是强者还是弱者,都像是一场虚幻的神话般的梦境,像立即被烟雾笼罩的梦。

"在我的大脑里突然闪现一个可怕的想法,我哆嗦了一下,在这一瞬间我的心仿佛被血的温泉所充满,这血因我还不知道的强烈感觉而突然沸腾。在这个时刻我仿佛理解了什么……,仿佛洞察到某种新东西,洞察到我还不认识的和只有根据某些传闻,某些神秘的标志才能了解到的世界。我认为,只有在**这些时刻才开始了我的存在**。"[4]

从这段描述中可以看到,它(即引文中的"我的存在"——译者)开始于把现实世界变为虚幻的影像。假如对这个视觉的描述没有伴随对非常复杂的心理过程的分析的话,这个心理过程在作者的心里早就产生了,即还在他处在涅瓦河畔零下20度严寒中所体验到的自己新的诞生之前很长时间就产生了,那么就可以认为这个小品文是陀思妥耶夫斯基抒情散文的典范,无论是就形式美学的因素看,还是就情节而言,如莫丘里斯基指出的那样,这个情节与果戈理有密切的联系。把所体验到的情感当作新存在的开始,这不但证明了对待新存在的更深刻的立场,而且也要求这样的立场。

陀思妥耶夫斯基在涅瓦河畔经历了一次体验,即彼得堡无生气的现实变成了在空中向上升起的庞然大物的幻影。不难指出,这个转化的体验正是其艺术创作的基本原则。我第一次感觉到这一点是在艺术剧院里,当时帷幕已拉开,《群魔》的第一场开始了。敦实的教堂,从台阶上走下来将军之妻斯塔夫罗金娜,高个子的朋友,即她的崇拜者斯捷潘·特罗菲莫维奇·维尔霍文斯基

---

[4] 《陀思妥耶夫斯基全集》,30卷本,列宁格勒,1979年,第19卷第69页。斯捷蓬这里提到的"可怕的思想",在陀思妥耶夫斯基那里是"奇怪的思想",此处还有一些与原文的微小差别。——原编者注

跟着她的脚步前行。在教堂门前的台阶上站着衣衫褴褛的乞丐,仆人们在向他们分发施舍。时代风格在剧中获得严格的保留。服饰、发型和所有的日常生活细节都具有斯坦尼斯拉夫斯基剧院所特有的宝贵特征。我愉快而惊奇地观看了很有品位地上演的 60 年代末活生生的场景,同时我感觉到,这个场景与陀思妥耶夫斯基的《群魔》没有任何共同之处。当看见斯塔夫罗金和莉莎在斯克沃列什尼基庄园的阳台上,我有同样的感觉。莉莎穿的是带点绿色的镶着花边的裙子,脖子上系着一条红围巾,右肩上是一个厚重的发髻。我觉得这一切都太讲究了,——与其说是作者的旨意,不如说是导演的发明。我清楚地记得,回到家后,我翻开《群魔》读到:

"莉莎穿一件浅绿色的、华丽的连衣裙,绣满了花边……她突然发现胸前纽扣没有扣严……她突然从圈椅上抓起一幅红色的围巾,围在脖子上。松软的秀发从围巾底下露了出来,披在右肩上。"[5]

我感兴趣的问题是,为什么我舞台这个外部世界里看不到陀思妥耶夫斯基的主人公,为什么我反对艺术剧院的演出,这个演出好像是完全遵循作者的意图。因此,在《群魔》之后,我拿起了《卡拉马佐夫兄弟》,它也在艺术剧院被搬上舞台,我开始把陀思妥耶夫斯基的意图与剧院演出的细节进行对比。原来,在《卡拉马佐夫兄弟》里,剧院没有发明任何东西。在看了其他长篇小说里对服饰、房间和其他日常生活细节的描述后,我确信,陀思妥耶夫斯基十分精心地描绘生活的日常方面。甚至可以确定他的某些个人兴趣上的偏爱。比如,他喜欢肥大的,按照英国的方式制作的男人服装,也许,在这一点上体现了他对军服的痛恨,在军校毕业后有一段时间他曾经穿过军服。他喜欢手套,不止一次地重复这样的说法:"гантированная ручка(戴着手套的手)"。

为什么我们看不到这些精心摘录的细节,如果说我在阅读时发现了这些细节,那么怎么又在记忆中逐渐地把它们忘掉呢?我认为,答案应该在这里,即在严寒天气里陀思妥耶夫斯基在涅瓦河畔的"新的诞生"从人间现实的消失开始,从另外一个精神实在对人间现实的超越开始。是的,陀思妥耶夫斯基精心地给自己小说的主人公穿衣服、"打扮",但在他们身上,在所有的主人公身上,无论是光辉的形象,还是令人厌恶的形象,都加入一颗极其不安的心灵和思想上的偏执,他仿佛是在通过这些热切的灵魂和思想从自己主人公身上揭掉他们的经验肉体,脱去他们的外衣,直到形而上学的赤裸。

然而,陀思妥耶夫斯基从他所塑造的人物身上脱去的不仅仅是衣服和裙

---

[5] 陀思妥耶夫斯基:《群魔》,南江译,北京:人民文学出版社,1993 年,下卷第 687 页。——译者注

子，皮袄和大衣，而且还有他们的社会"外衣"，他们的职务、地位。有时觉得，作家为他们挑选的职业并不适合他们，与其精神面貌无关，因此无法留在我们的记忆里。

我问过许多外国人，他们是陀思妥耶夫斯基研究的优秀专家，还问过作家的俄国鉴赏家：基里洛夫事实上靠什么生活在城市里，他在做什么事？他们能够准确地想象基里洛夫的精神面貌，对基里洛夫自杀的复杂形而上学研究得很透彻，但他们当中几乎是谁也不知道，就职业来说，基里洛夫是个建筑工程师，是桥梁和道路专家，他就是以这个身份住在故事情节发生在其中的那个城市里。陀思妥耶夫斯基主人公的内在心理、精神的形象与他们更加外在的社会、日常生活外表之间不协调，这个不协调性如一条红线一样贯穿其全部作品。他的公爵们并不完全是公爵，军官们并不完全是军官，官吏也是一些特别的官吏，而放荡的女人们，比如那个格鲁申卡，几乎都是女王。这是一种刻画人物的社会学手段，其特点还表现在这样一个方面，陀思妥耶夫斯基把人物放在与他们的形象不相应的地方，他们生活在与钟表不一致的时间之中。现代研究者沃洛申在其短文《论陀思妥耶夫斯基的时间与空间》里很有趣地指出过这一点。陀思妥耶夫斯基的许多人物都挤在地窖、地下室、顶楼，以及这样的房间里，其内部用墙隔开几乎直到房顶，如同生活在产院。这就给陀思妥耶夫斯基主人公的生活增添许多东西，一方面是某种不自然的丰富，另一方面是某种虚构的成分。

当然，陀思妥耶夫斯基对富有的住宅也有许多描写，但不知为什么这些描写不能给人留下印象。然而，受强烈欲望折磨的罗果仁居住的那个阴森森的房间，墙壁上还有一幅霍尔拜因临摹的基督画像，却让人难以忘怀，就像那个旅馆一样，梅什金公爵在该旅馆大门附近突然看见罗果仁充满怒火的双眼。深深地留在读者记忆里的还有基里洛夫在其中吊死的那个房间。在对住所的描述中，重点不同，艺术功力不均，这可以用陀思妥耶夫斯基如下信念来解释，即只有当世界折磨人，使人绝望时，它才能成为可见的现实。现实、可见性与痛苦之间存在着一种无法消除的联系，这种联系的根源在于，陀思妥耶夫斯基坚信，俄罗斯民族渴望痛苦："我认为，俄罗斯民族最根本的精神需求是对痛苦的需求，这是永恒的和无条件的痛苦，是到处存在的，存在于一切之中的痛苦。"（《作家日记》，第11卷，第196页）这个思想未必正确，至少十分夸张。最近十年来，它在西方对待布尔什维克统治下遭受痛苦的俄罗斯的态度上发挥了很不幸的作用。我们多次读到这样的说法："当然，俄罗斯民族在斯大林统治下遭受痛苦，但这对它和对我们而言，意义是不同的。要知道根据俄罗斯最伟大的捍卫者陀思妥耶夫斯基的见证,俄罗斯喜欢自己的痛苦,只有在遭受痛苦的时候,它才感觉到自己的真正深度。"

在这里,不能不提一下陀思妥耶夫斯基对待自然界的独特态度。这个态度与屠格涅夫、托尔斯泰、布宁或契诃夫对待自然界的态度完全不同。区别至少在于,陀思妥耶夫斯基对自然界的描写要比这些作家少得多。布宁的风景描写具有独立意义,这与陀思妥耶夫斯基完全是格格不入的。陀思妥耶夫斯基对自然界的全部描写都与人相关。在一定的意义上它们(对自然界的这些描写——译者)是和房间一样的住所,只是墙壁被移动,房间更宽敞了。莫丘里斯基认为,陀思妥耶夫斯基对自然界的描写具有辅助性的作用,是"故事情节的戏剧声音的放大器",是独特的扬声器。

作为东正教神秘主义者,陀思妥耶夫斯基对待大地的态度是十分深刻的。这种说法当然是不容争辩的。只是不应该忘记,玛丽娅·季莫费耶夫娜称之为圣母,阿辽莎·卡拉马佐夫在长老死后亲吻的,拉斯科里尼科夫向其忏悔罪过的那个大地母亲——实际上不是大地的躯体,而是世界灵魂,索洛维约夫称之为"圣索菲亚"。

陀思妥耶夫斯基有自己的空间,也有自己的时间。还在电影艺术之前他就发明了自己的加速展示事件的方法。我没有发现一个像陀思妥耶夫斯基这样的作家,小时和分钟能够具有如此巨大的容量。沃洛申计算过,《斯杰帕契克村及其居民》所描述的事件持续 2 天;发生在《卡拉马佐夫兄弟》里的事件占用 6 天时间,而在《白痴》里——8 天。这种对事件的加速,事件之间某种令人窒息的忙乱,这些效果是通过多种手段达到的。顺便指出其中的一种,即精确地指出转瞬即逝的期限,性命攸关的重大决定就在这些期限里作出。早上 7 点,斯塔夫罗金在家里。维尔霍文斯基走进他的房间,看表后确定时间为 8 点。维尔霍文斯基走后,斯塔夫罗金入睡。陀思妥耶夫斯基指出,他睡了一个多小时,时钟敲了十下。当斯塔夫罗金从家里走出去的时候,仆人问他什么时候回来。斯塔夫罗金回答说:一点半,但旋即又改口说:两点。对仆人来说,老爷晚半小时回来未必有什么大不了的,但这个改口行为使读者产生一种感觉,每半小时,也许甚至是每一分钟的生活都是重要的。这就使人觉得,生活是不可知的和不稳定的:在生活之路的每个转折点背后都可能发生某种意外和无法补救的事件。陀思妥耶夫斯基清楚地认识到时间对其创作的意义。众所周知,在写作的时候,他总是给自己的主人公制定一个时间表和行动计划。

在小说中对人物外表的精心刻画,对他们的社会和经济地位的描绘,在读者的记忆里必然消失。作家把人物安排在与俄罗斯日常生活很少符合的住宅和房间里，事件进程不自然地被加速——这一切使读者产生一种感觉：陀思妥耶夫斯基的人物只是部分地、表面上属于日常生活中的俄罗斯，就实质而言，这些人物是作家自己的精神存在的面貌。然而，陀思妥耶夫斯基塑造的那些仿佛是无所事事的主人公到底在干什么？我觉得，对这个问题唯一正确的答案由别尔嘉耶夫在其著名的《陀思妥耶夫斯基的世界观》里给出了。所有这些人物都在猜测人的存在之谜，都在研究基督教的人学。从纯艺术的观点看，十分重要的一点是陀思妥耶夫斯基小说中人物的思想和痛苦不但决定着小说的精神命脉，而且还决定着这些小说的动态进程和结构风格。指出这一点之所以重要，是因为许多批评家在充分肯定陀思妥耶夫斯基在哲学方面的深刻洞见的同时，一味地强调其叙述形式上的不完善。确实，在陀思妥耶夫斯基那里有一些修辞学上的缺陷，语言有些粗糙，叙述显得冗长，但其小说形式上的构造是十分令人惊叹的，主要的是，这个结构与小说的思想内容深刻相关。

无论是思想上，还是形式、结构上，《群魔》的中心都是斯塔夫罗金。他是一个很难理解的秘密，这秘密就在于其蹩脚地制造出来的思想能够深深地潜入到与他接近的人的心里，唤起他们做出十分复杂的，常常是犯罪的举动。然而，在他们的导师和先知的心里，这些思想却没有引起良心上的任何不安：因为无论什么都无法触动他。斯塔夫罗金对小说中的人物具有魔法般的影响，这就给读者提出一个困惑不解的问题："僵死的人却能够说出充满生机的话"（布洛克语），这怎么可能呢？为什么呢？

《白痴》是按照另外的方式构建的。其中心是梅什金公爵，这个形象不是昏暗的，相反是光明的。在他周围聚集着一群充满强烈欲望的人；对于被这些强烈欲望控制的人而言，梅什金公爵的光辉形象是个谜，是和斯塔夫罗金之对于基里洛夫、沙托夫一样的谜。梅什金以其非人世间的特征把他们吸引到自己身边，但同时他自己的行为又欠考虑，这令他们不安，有时甚至令他们害怕。梅什金公爵周围的人对他的理解是矛盾的，小说的色调和进程就依赖于这个矛盾性。

在《卡拉马佐夫兄弟》里，天使般的光明与魔鬼般的黑暗进行着复杂而多样化的斗争。"年轻的仁爱者"阿辽莎是陀思妥耶夫斯基构造的新人物，他为基督教献身，是俗世中的出家人。在与格鲁申卡见面时，他毕竟还是在自身中感觉到卡拉马佐夫式淫欲的毒刺，而其同父异母的弟弟，卑鄙的斯麦尔佳科夫也是很深刻的人，因为他具有一种罕见的天赋，即对生活进行直观的沉思。他们俩都与哥哥伊万对立，后者似乎是个信徒，同时却否定上帝所创造的世界。阿辽莎直接说，伊万对他而言是个谜：他一直在为解开这个谜而奔波。这个谜在折磨他,无论是作为伊万的弟弟,还是作为一名基督徒。

这些暗示足以使我们感觉到陀思妥耶夫斯基的主人公们相互之间在思想上的联系,使我们认同早就有人表述过的意见,即所有这些主人公都不是俄罗斯生活中经过心理学加工的典型,而是作者宗教哲学思想的体现。这个观点及其所固有的片面性已经于1901年被梅列日科夫斯基在当时引起轰动的著作《托尔斯泰和陀思妥耶夫斯基》里说出来了。在这部著作里,作者把陀思妥耶夫斯基与托尔斯泰对立起来,把前者确定为善于洞察精神秘密的人。后来别尔嘉耶夫更成功地表述过同样的思想。依据陀思妥耶夫斯基自己在《作家日记》里的意见,他"不是心理学家,而是最高意义上的现实主义者"[6]。别尔嘉耶夫把陀思妥耶夫斯基确定为"精神学家"(пнефматолог)。罗曼诺·格瓦尔蒂尼(Романо Гвардини)也附和俄国这些研究者的想法,他在其著名的《陀思妥耶夫斯基作品中的宗教形象》里说:"实质上陀思妥耶夫斯基塑造的所有人物都由宗教的力量和动机决定。他们的全部决定都是上边给定的。"对陀思妥耶夫斯基创作中精神学特征进行最充分和最详细研究的是维切斯拉夫·伊万诺夫,他令人信服地证明,陀思妥耶夫斯基的小说就其内在结构而言都不是叙事作品,而是悲剧,因为和所有伟大的悲剧作家一样,从埃斯库罗斯到克莱斯特(Клейст),陀思妥耶夫斯基也不描绘自己主人公的日常生活,不分析他们的心理,而只是关注他们的命运:即上帝和魔鬼在人心里的永恒斗争。

所以,只有完全从陀思妥耶夫斯基创作的次要特征出发,不把小说划分为幕次和场次,也不区分出其中的场景对话,才能把他看作是叙事诗人和小说家。

当我看电影《罪与罚》时,第一次感觉到对陀思妥耶夫斯基的精神学解释的合理性。拉斯科里尼科夫的扮演者是当时著名的俄国演员赫马拉(Хмара)。天才的艺术家(我忘记了他的名字)为电影营造这样一个场景,它立刻使我想起了伦勃朗的版画。光束,甚至不如说是用光铸造的剑劈开了浓重的黑暗。我还记得那些墙壁弯曲的,有点黑暗的房间。第一眼就足以感觉到,《罪与罚》的"电影改编"比在艺术剧院里上演的《群魔》能够更精确地转达陀思妥耶夫斯基的精神,后者符合时代气息,按照巡回展览派的方式塑造美丽如画的场景。其实,在斯坦尼斯拉夫斯基的布景里可以演出另外任何一位俄

---

[6] 斯捷蓬的说法不准确。事实上这句著名的话不在《作家日记》里,而是在作家死后找到的,1880—1881年的札记簿里。原话是:"人们称我为心理学家,这不对,我只是最高意义上的现实主义者,即我描绘人的心灵的全部深度。"(《陀思妥耶夫斯基全集》,30卷本,列宁格勒,1984年,第27卷第65页)——原编者注

罗斯作者的作品,但在电影布景中只能演出陀思妥耶夫斯基的作品,因为它们(电影布景)无论如何不像我们的视觉已经习惯的房屋或风景。在这些电影布景中有某种相对抽象的、神秘象征性的东西。人物在这些布景里活动,在形而上学的意义上,他们已经是裸露的——与其说他们是人,还不如说是灵魂。他们徘徊于对即将出现在自己面前的一些考验的预感之中。我认为很有可能,我的记忆把我几乎是在四十年前看到的布景给突出了,并按照自己的方式模式化了。但是,假如我的记忆的确如此,那么当然只是由于我对陀思妥耶夫斯基的理解,由于我在第一次阅读他的小说后就已经在头脑里形成的观念,即有关那个外部世界的模式化特征的观念,最伟大的实验者就在这个世界里折磨和研究自己的主人公。当然,在不同的小说里,这些折磨和研究是不同的,但是,在这个研究里可以区分出两个重要主题,陀思妥耶夫斯基总是特别紧张地研究它们。第一个主题——革命的乌托邦精神对人的抽象智慧的诱惑。第二个主题——蜘蛛般的强烈欲望对人心的诱惑,特别是陷入情网的人。显然,鉴于陀思妥耶夫斯基自己的痛苦体验,这两个主题对他而言都很亲切。

陀思妥耶夫斯基让自己的主人公遭遇这两个诱惑,仿佛向他们提出这样的问题:你们能够经受得住吗,你们是否会陷入"抽象范畴的狂热的晕眩"(黑格尔语),或者陷入因强烈欲望而导致的失去理智的心跳,你们能否保住自己的自由——服从真理的自由,作为任性的对立面的自由,你们是否会忘记福音书上的话:"你们必晓得真理,真理必叫你们得以自由"(约 8:32)。自由与真理的关系是陀思妥耶夫斯基的重要主题。这个主题以各种形式几乎可以在他的所有作品里遇到。

关于陀思妥耶夫斯基的世界观,我所说的一切都能由奥尔德诺夫(《女房东》)关于他自己创作的实质和意义的表述给予证明。无论奥尔德诺夫性格的一系列特征,还是其生活的一系列特征,都使得下边这个说法是无疑的,即他仿佛是陀思妥耶夫斯基自己的亲兄弟。

和自己的塑造者一样,奥尔德诺夫年轻时的生活也非常窘迫。他很早就成了孤儿,还有一个怕见人的毛病,几乎到了病态的地步,因此其生活封闭。他唯一强烈的爱好是学问。整夜地看书,贪婪地渴望弄明白存在与生命的隐秘含义。在自己的工作中,他既不遵循"秩序",也不顾确定的"体系"。在这里,一切都是"艺术家的兴奋、热情和狂热"。在工作时间里,他整天用"沉思的目光"关注周围人的脸色,倾听他们的平民语言,回忆他曾经体验过,反复思考过和感受颇多的一切。从这一切当中产生了思想,而且还孕育出"由他创立的,属于他自己的体系"。

在奥尔德诺夫的坦白中隐藏着一种矛盾。一方面,他承认在自己工作中既没有秩序,也没有体系,但另一方面又说,"他给自己创立了体系"。显然,要解决这个矛盾,应该区分关于哲学体系的本质的两个观念。奥尔德诺夫十分精确地界定自己的体系。他用"兴奋"一词来形容自己的心态,他在这种心态下创造了自己的体系。创造的方法是对他周围生活的理智观察。用"沉思的目光"对世界进行兴奋的直观,其结果就是在奥尔德诺夫的头脑里产生了"理念的形象"。奥尔德诺夫用这两个词的结合来区分自己的理念和黑格尔的理念,对黑格尔和所有理性主义者来说,理念是抽象的概念。这样,奥尔德诺夫就把自己的理念与柏拉图的哲学合在一起了。对柏拉图而言,理念不是概念,和在陀思妥耶夫斯基那里一样,理念是形象。这一切表明:陀思妥耶夫斯基否定"无生气的理念",即否定抽象的概念,肯定由鲜血淋漓的心所产生的理念——形象的体系。

取得学位后,奥尔德诺夫把自己关进修道院,似乎是要与世界隔绝。这种孤僻生活甚至带有几分野蛮的特征,他在这个状态下撰写教会史著作。莫丘里斯基推测,关于"从前的奇怪旅伴"伊万·希德洛夫斯基(И. Н. Шидловский,1816-1872)的记忆促使陀思妥耶夫斯基想到了把"学术界的艺术家"奥尔德诺夫变成一个学者、历史学家。希德洛夫斯基本人的确写过教会方面的著作。然而,这个转变纯粹是表面的。在《女房东》里,奥尔德诺夫没有被描绘成学者,而是艺术家,但这是个对宗教哲学问题非常感兴趣的艺术家。陀思妥耶夫斯基对这些问题的极大兴趣是不容争议的。无论他的小说,还是《作家日记》都能证明这一点。

根据奥尔德诺夫的说法,在他那里,理念形象与自己的体系融合在一起。当然,应该把他的小说主人公看作这样的理念形象,而不是他自己就哲学问题所阐述的个别理论见解。进一步仔细研究和深入思考陀思妥耶夫斯基的作品,不能不注意到所有这些理念形象之间不但有心理学上的相互联系,而且还有哲学体系上的相互联系。

陀思妥耶夫斯基在论艺术的文章里的思考极大地丰富了他和奥尔德诺夫共有的观点,这篇文章发表在他主持的杂志《时间》里。从陀思妥耶夫斯基给自己的朋友弗兰格尔的信中可以得出如下结论,这篇文章和《女房东》是同时写的。论艺术的文章表述这样一个思想,历史从来也不是科学,永远也不能成为科学,哪怕全部历史事实都获得了最精细的研究。陀思妥耶夫斯基认为,无法从过去和现在推导出未来。除非历史中的规律像在自然科学里那样发挥作用,才有这种可能。但规律的概念不能用于历史,关于未来只能猜测,只能预感未来，在一定程度上，也许可以在艺术形象里猜测未来。陀思妥耶夫斯基认为，相对于概念而言，形象有巨大的优势，概念超越时间，但不与永恒结合，而艺术形象实质上在自身中把永恒及其在时间中的化身与标志结合起来。在与时间的联系中隐藏着艺术的预言天赋，这个天赋是科学所无法企及的。

关于这些思考的客观可靠性当然可以争论，但作为"方法论的自画像"，这些思考是十分典型的，因此对揭示陀思妥耶夫斯基创作的实质很重要。

"理念"是陀思妥耶夫斯基最常用的词，经常出现在《作家日记》里，也出现在小说里。他的所有主人公都靠理念生活，为理念而斗争，都在猜测理念。伊万·卡拉马佐夫沉醉于自己的理念，阿辽莎企图猜测"这个理念的秘密"，斯麦尔佳科夫贬低伊万的理念。在《少年》的草稿里，陀思妥耶夫斯基谈论维尔希洛夫的新理念：仿佛人们都是老鼠。基里洛夫没能承受住自己的理念，因此才上吊自杀。沙托夫有自己的理念，他狂热地信奉宗教民族主义。陀思妥耶夫斯基自己努力认识"欧洲的理念"。他如此经常地使用"理念"一词，但并不总是在同一个意思上使用，这就给我们提出一个问题，他所理解的理念是什么。

作为一个深刻而有独创性的思想家，陀思妥耶夫斯基不是学院哲学家。他不关心精确的定义。在他的书里找不到对理念做出的逻辑上极其讲究的、清晰地划定的、用心地与相近概念区分开的定义。在这一点上指责他，这是不公正的和缺乏根据的，因为只有在科学、哲学的体系内，逻辑上意义相同的定义（术语）才是可能的与适当的。这样的定义与艺术创作和人们之间口头交流是格格不入的，在后面这两个领域里充斥着多层次和多意的词，它们体现了对同一个问题的不同意见。科学术语总是独白式的，活生生的交往用词总是内在地对话式的，这些词与艺术更接近，而不是与科学更接近，这就是它们的力量所在。在陀思妥耶夫斯基的作品中，没有对理念的精确定义，这根本不意味着他非常随意地使用这个词。把词变成术语绝对不是使思想精确的唯一可能的形式。陀思妥耶夫斯基采用的是另外一种十分独特的方法。如果对他的世界观做深入考察，那么很容易发现，他在对自己的理念的精确化时，把这些理念放在不同的但仍然是相互交织的形象里。

陀思妥耶夫斯基用来使自己的理念概念更加精确的最高形象是"神的种子"，上帝把种子撒向大地，从这个种子里在大地上长出上帝的花园。陀思妥耶夫斯基把理念界定为种子，他以此使自己的理念概念与柏拉图的理念概念区分开来：柏拉图的理念只是地上现实的超验模型，但无论如何不是在大地上生长的种子。我们在《作家日记》里可以读到：理念在人间是通过传染的途径传播的，"理念具有传染性"。很难认识理念在传播时所遵循的规律。陀思妥耶夫斯基写道:"常有这样的情况,一个似乎只能引起非常有学问和智力发达的人注意的理念,却突然被没有受过教育的、粗野的、对一切都漠不关心的人所接受。"

陀思妥耶夫斯基认为,整个历史最终都是由理念创造的。他在自己的《作家日记》里写道:"不,不是百万群众创造历史。(创造历史的)既不是物质力量,不是似乎不可动摇的利益,也不是金钱,不是宝剑,也不是权力,而总是起初根本没有被注意到的思想——有时甚至是些根本不显眼的人的思想。"对理念的这个信仰在陀思妥耶夫斯基那里是如此深刻,他甚至企图把金钱与犯罪的力量理解为被歪曲的理念的力量。

陀思妥耶夫斯基用来使自己对理念的理解精确化的第二个形象是"秘密"。他把人靠着它生活并相信它的那个理念定义为人的"秘密"。神秘人物、神秘命运和神秘时刻的形象充斥着他的所有小说。只有在人身上存在的那个秘密才能把人变成个性。陀思妥耶夫斯基认为,个性无非就是实现了的理念。从理念是个性的秘密这个定义可以获得一个结论,彼岸世界种子的储备不可能完全由同样的种子构成;理念的种子要产生个性,它应该把个性藏在自身之中。

在维尔希洛夫关于肖像艺术的思考中,陀思妥耶夫斯基描绘了理念的这个神秘而具体的特征以及理念的巨大深度。维尔希洛夫认为,人的类上帝的面孔永远只是模糊地显现在人的脸上。我们的罪恶生活给整个世界带来个性的丧失,首先表现为歪曲人的类上帝的面孔。维尔希洛夫认为,由此产生肖像画家的任务,就是不能满足于所有人都能看见的人的外表,应该凭直觉找到隐藏在他背后的类上帝的面孔,并在自己的画上恢复它。这个肖像理论是陀思妥耶夫斯基信念的流露,他相信"美能拯救世界",当然不是靠对可见事物的美化,而是靠对隐秘事物的洞察。

陀思妥耶夫斯基的信念给这些思考增添了典型的俄罗斯色调。这个信念就是,理念在女人的脸上比在男人的脸上更直接地存在着,更直接地被感受到。这个想法大概是俄罗斯文学暗示给他的。在俄罗斯文学里,大多数正面形象不是男人,而是女人:普希金的塔季扬娜和丽莎·卡利京娜;《战争与和平》中的娜塔莎·拉斯托娃,公爵小姐玛丽娅;冈察洛夫《悬崖》里的祖母;《少年》里的索尼娅·多尔戈鲁科娃——都是女人,她们都深深地和顺从地根植于神圣存在的原初性里。男人们除了佐西马长老、见习修士阿辽莎·卡拉马佐夫和无性别的梅什金公爵外,更多地都是分裂的、精神上沮丧的人,是从为他们指定的生活轨道上被挤出来的人。在他们中间有许多深刻的、显要的、聪明的人,但几乎没有人顺从地和明智地根植于上帝的世界里。俄罗斯文学里全部多余的人,全部革命领袖以及陀思妥耶夫斯基的大多数主人公,从拉斯科里尼科夫到斯塔夫罗金,都属于这类人。

上帝撒向大地的种子首先在女人的心灵里生长。这个想法很少体现在话语里,更多地表现在沉默的眼神里。索尼娅·多尔戈鲁科娃是个富有同情心的安静的女人,她的理念只在她的眼神里闪现,但她没有能力把它说出来。对陀思妥耶夫斯基而言,最重要的、在自身中隐藏着伟大理念的女性是俄罗斯。她"背负着上亿的人口伸展在几千俄里的空间里,无声无息地处在永恒的妊娠状态,被认为是永远无力说出或做出什么事情,她朴实而顺从。"——这就是陀思妥耶夫斯基的俄罗斯大地。《群魔》里的跛女人说:"大地是圣母。"

对前面提出的问题,即陀思妥耶夫斯基如何理解理念,以上所说的一切可以给出一个确定的答复。理念是彼岸世界的种子;这种子进入大地的花园,这是每个人的心灵和每个人的命运的秘密。它(理念)是艺术的灵魂,女性的期盼在其中超越了男性的理性知识。它(理念)是俄罗斯灵魂和俄罗斯民族的安宁和贞洁。理念遍布整个世界,然而远非每个人都能看见它。它只向从超世界的高度看世界的目光显现。陀思妥耶夫斯基认为,这个目光把世界看作是整体;作为世界的基础,理念同时也是对这个基础的真正认识的前提。

我对理念进行分析时,只涉及到这个概念肯定的方面,但陀思妥耶夫斯基也在否定的意义上使用它。只要回忆一下他最著名的几部小说就足可以确信这一点。正如已经说过的,拉斯科里尼科夫靠理念生活,这个理念也令年轻时期的陀思妥耶夫斯基不安。这个理念就是社会公正。对公正的渴望在拉斯科里尼科夫身上产生一个问题:为了养活一贫如洗的、饥饿的人,是否允许杀害一个老太婆?这个老太婆更像物,而不像人。

从瑞士来的那些魔鬼所宣传的理念和拉斯科里尼科夫所宣传的理念几乎是一样的;无论在拉斯科里尼科夫的心里,还是在这些魔鬼的心里,对人的抽象的社会主义之爱都变成了对人的鄙视和暴力。这个辩证法的可怕表达就是希加廖夫的纲领,即把人类分为两个不平等的类,赋予执政的少数人以权利把多数人变成吃饱的和幸福的奴隶。

宗教大法官的纲领对同一个理念作了特别突出的强调,即靠剥夺人类的自由使之幸福。这比基里洛夫的理念更加反常。基里洛夫理解并相信上帝不存在,但也理解,没有对上帝的信仰人类不可能生存,于是他作出结论,必须宣布全能的人就是上帝。

和宗教大法官一样,和基里洛夫一样,沙托夫也靠理念生活。折磨他的问题是对民族主义作宗教上的证明。沙托夫相信俄罗斯民族的优越性。对他来说上帝就是民族的身体。他认为,每个民族都应该有自己的上帝。

把上边列举出来的主人公的理念与陀思妥耶夫斯基所理解的理念比较一下,不能不看到,他用同一个词称呼不但不同,而且相互之间明显不相容的东西。这些主人公的理念当然不是从上帝的种子里长出来的,而是从魔鬼撒在大地上的种子里长出来的。

为了使陀思妥耶夫斯基模糊的术语更清晰,下面我将只在上帝的种子的意义上使用柏拉图的理念(идея)这个术语。我将用思想(идеология)来称呼魔鬼和陀思妥耶夫斯基其他主人公的理念。理念和思想之间的区别当然不否定它们的密切联系,大概这就是陀思妥耶夫斯基术语的模糊性的原因。理念——是超验的实在。它们是存在的原型和历史的力量中心。抽象的理性无法认识理念。它们的实质和力量只向完整的、包容一切的体验显现。

与理念不同,思想不是支配人的超验实在,而是人自己创造的,几乎总是具有乌托邦特征的理论,人靠它们把握生活,以便在生活里站稳。对思想的信奉并不迫使人顺从客观真理,而是解放他头脑中不负责任的主观意见,常常是理论上伪装的意志冲动,主要政治的意志冲动。

理念和思想之间的差别用对比两种自由的概念也许更容易解释,《圣经》中谈到过这两种自由的概念。靠理念生活的人根据经验知道,自由与真理是不可分割的,只有真理能够解放人:"你们必晓得真理,真理必叫你们得以自由。"理念的人也知道,自由的功绩首先是顺从真理,就是那个先于世界的,原初存在的真理,基督就是其在大地上的不可见的体现。

在思想家那里,自由的概念完全是另外一种。它不是植根于《约翰福音》的话里,而是在关于人堕落的叙述里获得揭示,这里讲的是人从禁树上摘下果实,以便与上帝类似。他用革命创举的自由与服从上帝意志的自由对抗。

这两种自由的斗争是陀思妥耶夫斯基全部创作的主要问题。他也不可能把自己的创作用于更深刻的问题了:因为上帝与魔鬼的惨烈斗争就是最神秘和最具悲剧性的历史问题。

陀思妥耶夫斯基用同一个词称呼两种相互对立的实在,——这当然不是术语上简单的疏忽大意,也不只是作家草率。在这个仿佛是草率的背后隐藏着对复杂关系的一种直观感受,不但是两个概念的关系,而且还包括概念背后的体验。

人们常把陀思妥耶夫斯基称为斯拉夫派的小兄弟,特别强调他对天主教会及其亚里士多德式的理性主义和教皇个人威望的敌视态度,以及对空洞的西方自由主义的敌视态度。这当然是合理的。然而,就其整个情感结构而言,就其思维的风格而言,陀思妥耶夫斯基绝对不是典型的斯拉夫派。所有的斯拉夫派:霍米雅科夫、基里耶夫斯基兄弟、萨马林和其他人,都是富家子弟,都是在旧贵族家庭气氛中培养出来的,在这里有日常生活的安宁和传统的东正教。早期斯拉夫派的全部书信和著作都散发出这样的安宁气息。尽管他们写了许多东西,但他们毕竟不是职业作家,无论如何不是职业的新闻记者,正如他们不曾是,也不可能是教授一样。就其思想和情感的整个风格而言,他们与这一切格格不入。他们与彼得大帝建立的帝国在日常生活和精神方面的隔阂无论在哪儿也没有像在霍米雅科夫的一个发现里表达得那么清楚。即他在孩童时代来到彼得堡后,感觉自己生活在异教徒的城市里,并且担心人们会强迫他放弃东正教信仰。尽管斯拉夫派在许多方面都批判地对待与自己同时代的那个俄罗斯国家,并希望更多的改革,但他们毕竟是自己时代的宠儿,并感觉到这个时代就是自己的家园。绝望和任何破坏性的神魂颠倒都与他们格格不入。

陀思妥耶夫斯基完全是另外一种生活方式和精神气质的人。他生活在官吏拥挤、黑暗的城市住宅里,在专制父亲棍棒的压制下成长。在军事工程学校里,他感觉自己是个囚犯,父亲完全根据物质上的考虑把他塞进这所学校,他因此而痛苦。

众所周知,在五年的写作生涯后,陀思妥耶夫斯基被判处死刑。取消这个死刑后,他在监狱和流放中度过了十年。

最近几年,在陀思妥耶夫斯基的两个研究者之间产生了一场有意思的争论,围绕的话题是年轻的陀思妥耶夫斯基的革命情绪的严肃性和深刻性到了什么程度。争论产生的原因是诗人迈科夫给维斯科瓦特的一封信。前者在信中宣布,陀思妥耶夫斯基不仅仅属于彼得拉舍夫斯基文学小组,而且还属于政治上更严肃的杜罗夫团体。列斯科夫斯基没有赋予这封信以任何意义,认为杜罗夫的文学、音乐晚会在政治上比彼得拉舍夫斯基小组的会议稍微严肃一点。与他相反,莫丘里斯基企图通过手中的事实证明,40年代的陀思妥耶夫斯基具有强烈的革命情绪,所以自然就推测说,他加入了积极的杜罗夫革命者小组,这些革命者认为必须训练人民起义,为此目的建立秘密印刷所。

陀思妥耶夫斯基自己在1873年写的文章(《作家日记》——《公民》杂志)也有利于莫丘里斯基。在这篇文章里,陀思妥耶夫斯基与自由主义的《俄罗斯世界》进行争论,他问自己的论敌,为什么认为彼得拉舍夫斯基分子就不能变成涅恰耶夫分子。他称自己为"最大的涅恰耶夫分子",并且写道:"请允许我谈谈自己。我大概永远也不能成为涅恰耶夫，但是成为涅恰耶夫分子是可能的，在我的青年时期，我可能成为涅恰耶夫分子。"当然，这个坦白不能证明陀思妥耶夫斯基实际上是杜罗夫小组里积极的活动家，但不管怎么说，它证明了这样一种意见，即迈科夫的信绝非杜撰。

在监狱和流放的那些年里，陀思妥耶夫斯基从一个无神论者转变为一个信教的基督徒，从一个革命者转变为一个有保守主义信念的人，但绝对没有转变成为一个保守的人。在成为教会的忠实子民和君主制的保卫者之后，陀思妥耶夫斯基仍然还是个革命者，——但不是要为"推翻"什么而让人流血。罗赞诺夫以其所固有的精确性和独创性指出过这一点："陀思妥耶夫斯基对待欧洲，就像革命对待旧制度一样。"梅列日科夫斯基后来在其《革命的先知》一书里按照自己的方式发展了罗赞诺夫的思想。这个思想以反常的表达方式出现在施泰因贝格那里，他认为陀思妥耶夫斯基甚至感觉到君主皇帝也是"俄罗斯的革命使命的上帝认可了的化身"。与斯拉夫派相比，陀思妥耶夫斯基更加好高骛远，更少根植于他所喜爱的大地。

上述一切还可以解释这两种自由的接近，一种自由是对真理的充满灵性的顺从，另一种是对上帝的革命反抗，这种接近在陀思妥耶夫斯基那里是很典型的。福音书上的话——"我就是道路、真理、生命"（约 14:6）——以惊人的准确性反映在陀思妥耶夫斯基的世界观里。在他关于基督教的话里可以感觉到有一条生命之路，他就是通过它而走向信仰的。他坚信，自由要求服从真理，他同时也相信，只有在自由的道路上才能获得真理。他从来都不能接受宗教大法官所宣传的强迫人服从真理，而且也不能接受不经斗争而获得的自由，他可以放弃与自己的出生一起被赐予的真理。在他看来，对上帝活生生的和坚定的信仰，只有在人反抗他的斗争失败后才是可能的。有这样一种人，他说完"主，我信"，却不急于补充"帮助我的不信"，陀思妥耶夫斯基从来也不认为这种人的信仰是活生生的信仰。自满的法利赛人的教义最与他格格不入。他的基督教是税吏和罪犯的基督教。佐西马长老有句话在《卡拉马佐夫兄弟》定稿中被删除了。这句话非常清晰地，甚至是带有诱惑的清晰性说明了这一点。他说："去爱那些处在罪恶之中的人们吧，爱他们的罪恶吧，因为这就是神的爱。"最后，"爱罪恶"，这已经完全是诱惑的话了。这种对待罪恶的态度不但是个性的，而且几乎也是肯定的，其基础当然是陀思妥耶夫斯基对痛苦的崇拜，他把痛苦当作人的最伟大的精神创造力量，当作俄罗斯民族的主要品格。每个人都应该为一切和所有的人负责，这个要求必然导致加深和扩大每个人身上和整个世界里的痛苦，导致痛苦体验的积累，从而导致深化人类在为生活完善而进行的斗争中的创造力量。

对基督教的这种理解不能与稳稳地扎根于传统日常生活的东正教顺利地融合,这是显然的。陀思妥耶夫斯基渴望的不是在过去里的安宁,而是在未来里的不安。尽管无论作为艺术家,还是作为宗教类型的人,他都与托尔斯泰完全对立,但他也可以重复亚斯纳亚波利亚纳(即托尔斯泰庄园——译者)的这位传教士的话:"安宁是精神上的卑鄙"。

在一定的意义上,陀思妥耶夫斯基对待斗争、不安和运动的这种肯定态度,是其处世态度中唯一的西方派特征。对于解释其关于西方和俄罗斯之间相互关系的观念十分重要的是文章《老人》,发表在1873年的《作家日记》里。他在该文中写道:

"存在着有意识的理念……,这种仿佛是与人的心灵融为一体的理念有许多。在整个民族里有这样的理念,在作为整体而被理解的人类里也有这样的理念。只有当这些理念无意识地存在于民族的生活之中,而且能被强烈地和正确地感觉到,这个民族才能成为最强有力的,过上活生生的生活。"[7]

顺便指出,在说出这句十分现代的思想后,陀思妥耶夫斯基接着说道:"民族生活的全部能量就在向自己解释这些隐秘理念的渴望之中。"这里似乎有个无法解决的矛盾。一方面,陀思妥耶夫斯基断定,民族情感的力量和可靠性与无意识的原则有深刻联系,另一方面,民族生活的全部能量就在于认识生活里隐秘的、无意识的深度的渴望之中。

没有必要对逻辑上的这个不协调而感到惊讶:写作上的某种疏忽大意在陀思妥耶夫斯基那里并非稀有,当他抱怨常常被迫仓促地写作时,他自己就感觉到这一点。然而,也有可能,他是在非常疲倦的情况下写作此文的,他在给自己的朋友弗兰格尔的信中曾抱怨自己的疲倦,同时还通报说,在他的头脑里有一个理念,这个理念就是欧洲的理念。

但是,无论怎样解释我们引用的这段话里的矛盾,只要了解陀思妥耶夫斯基,就不能不感觉到,在这个矛盾里隐藏着作家的一个最实质的问题。他应该感觉到,认识生活的无意识的深度是个巨大的危险,无论对个别人而言,还是对整个民族而言都如此——这一点是明显的,就包含在他的整个世界观里。但在意识到揭示生活秘密的危险性时,陀思妥耶夫斯基还是认为不能忽略这

---

[7] 斯捷蓬的引文有错误。他所引用的陀思妥耶夫斯基的这段话不在《老人》里,而在《环境》一文里。引文的开头也不准确,应该是这样:"存在着没有被表达的,无意识的理念……"(《陀思妥耶夫斯基全集》,30卷本,第21卷,第33—34页)——原编者注

个过程。他清楚,一个民族要保持自己的民族健康,保持自己道德的创造力,它只能冒险丧失它们。然而,他没有保卫这样一个思想,即认识无意识的东西必然要导致对民族生活的贬损和破坏。他就意识和无意识的关系这个主题所进行的全部思考,只能清楚地解释一点,和丹麦思想家克尔凯郭尔一样,他认为这个认识过程可以导致死亡,但也可能相反,即增进民族的健康。

至于超理性主义的西方可以走上健康之路,陀思妥耶夫斯基觉得可能性很小,实质上是不可能的。他看见,无论是西方的生活,还是西方的创造,似乎很早就已经彻底地偏离了神圣的中心,包括宇宙生活和历史生活的神圣中心。他感觉到,甚至欧洲文化最著名的代表们也丧失了精神的完整性,这也可以解释欧洲文化的分裂。伊万·基里耶夫斯基就曾写道,理性把西方推向一个方向,意志把它推向另外一个方向,情感把它推向第三个方向,因此它经历着双重悲剧,即生活的原子主义的瓦解和无结果的理性主义的思维。在欧洲,生活的思想供给正以极快的速度在枯竭,贪婪的思想的力量以同样的速度在增长。

陀思妥耶夫斯基认为,俄罗斯的状态完全是另外一个样子。他乐观地感觉到,俄罗斯被彼得大帝西方化的呼唤给叫醒了,她还没有丧失,在未来也不会丧失自己精神的完整性,因此不会丧失自己文化的统一性。他认为,伟大的普希金及其所开创的整个俄罗斯文学为此作了保证。普希金热情洋溢地颂扬彼得大帝打开的通向欧洲的窗口,但他毕竟没有片面地预言西方化的帝国,而是讴歌全民族的俄罗斯。

众所周知,陀思妥耶夫斯基在纪念普希金的讲话中热情洋溢地发展了这些思想,这篇讲话是他于1880年5月在诗人纪念碑揭幕时宣读的。这不是即兴之作:陀思妥耶夫斯基很早就曾表述过其中的主要思想。在谈论普希金和称赞他的天才时,陀思妥耶夫斯基实质上在谈论俄罗斯,揭示她的天才特性,在她为世界服务的道路上设置路标。

作为一个热情的爱国主义者,陀思妥耶夫斯基在自己的讲话里绝对没有为狭隘的民族主义辩护。相反,他认为俄罗斯人的特征是全人(всечеловек),但这个全人很理解西班牙人和英国人,同样地理解阿拉伯人和罗马人,作家的作品就是对这一点的见证。陀思妥耶夫斯基认为,斯拉夫派和西方派之间持续已久的斗争不是俄罗斯式的斗争,因为俄罗斯是西方和东方的统一。俄罗斯的出现不是为了斗争,而是为了把宽恕一切和安抚一切的话语带给世界。

在作家死后出版的1881年最后一期《作家日记》里,陀思妥耶夫斯基极其反常地界定和赞扬这种俄罗斯式的精神完整性,在文化的所有领域,这个完整性都是统一的。他称之为"我们俄罗斯的社会主义",并保卫这样一个思想,它

（完整性）的根源不但在俄罗斯民族的教会性里，而且在于俄罗斯民族就是教会。他在《作家日记》里写道："我们知识人的全部重大错误就在于，他们不承认俄罗斯民族就是教会，当然不是在教堂的房子及僧侣的意义上，而是在俄罗斯社会主义的意义上，它（俄罗斯社会主义）的目的和结局就是全民族的和普世的教会，这个教会可以在大地上被实现，因为大地可以容纳它。"在陀思妥耶夫斯基最后这篇文章里，他把俄罗斯理念界定为俄罗斯社会主义，这一点再次表明其在青年时期对社会理念的迷恋是真诚和有深度的。

《作家日记》最后这篇文章谈的是俄罗斯在亚洲的作用。陀思妥耶夫斯基超前于欧亚主义者的思想和期望，他写道："俄罗斯不仅仅位于欧洲，而且也位于亚洲；俄罗斯人不但是欧洲人，而且也是亚洲人。此外，我们的希望在亚洲可能比在欧洲更多。此外，在我们即将来临的命运里，也许，亚洲才是我们的主要出路！……在欧洲我们是寄人篱下者和奴隶，而在亚洲我们将是主人。在欧洲我们是鞑靼人，而在亚洲我们是欧洲人。我们在亚洲的文明传播者的使命将加强我们的精神，并把我们引向那里。那时将建立一个新的俄罗斯，她也能恢复和复兴旧的俄罗斯。"[8]

在谈到这篇文章时，莫丘里斯基称之为"陀思妥耶夫斯基最惊人的预言"，并认为在该文里已经预先规划了"革命后俄罗斯的亚洲政策"。我觉得对陀思妥耶夫斯基临死前说的这番话的评价太夸张了，因为文章最终是由一个不太重要的理由引起的：斯科别列夫对帖金人的胜利和他抓获格奥克—泰别（Геок-Тепе）。文章的动机显然是纯政治性的。俄罗斯给亚洲带去俄罗斯社会主义，后者的结局是普世的教会，这个思想并不十分令人信服。在欧洲面前的突然贬低听起来很令人奇怪："……在欧洲我们是寄人篱下者和奴隶"。同样令人奇怪的是，亚洲将使俄罗斯复活——那么，陀思妥耶夫斯基什么时候认为她是死的呢？当然，在说东正教会处在瘫痪状态时，他也没有认为俄罗斯是死的。至于说革命后的政策，这当然是个更大的问题：俄罗斯走向亚洲，还是亚洲走向俄罗斯？无论怎么评价这篇献给斯科别列夫的文章，有一点是无可争议的，即陀思妥耶夫斯基坚信，未来属于俄罗斯，历史进程为她准备了在世界上的核心位置——这不是由于她的天赋和天生的政治积极性，而只是因为她有信仰，走上认识自己的深刻理念之路后，她没有脱离世界的宗教中心，没有让自己的理性和自己的意志、情感发生争执，没有迷恋于非宗教的、无前提

---

[8] 引文不太准确，见1881年的《作家日记》，《陀思妥耶夫斯基全集》，30卷本，列宁格勒，1984年，第27卷，第33，36页。——原编者注

的哲学和自满自足的为了艺术的艺术,没有沉湎于从西方还在向她进攻的革命思想。陀思妥耶夫斯基知道这个进攻的危险性。《群魔》的全部内容都针对这个危险性,都是对其最深刻根源的揭露,他知道这个危险性,同时仍然还相信,俄罗斯能坚持住。俄罗斯坚持住了吗?以后还能坚持住吗?具有不同宗教信念和政治信念的人对这个问题的回答是不同的。假如陀思妥耶夫斯基和我们一起解决这个问题,那么他将如何回答呢?

当然,谁也不会怀疑,从列宁获得胜利的最初几天起,陀思妥耶夫斯基就会感觉到自己是无神论暴力政权的毫不妥协的敌人。还有一点也是明显的,即他将同情地对待吉洪牧首把布尔什维克革除教籍,并勇敢地参加东正教的俄罗斯反对革新派教会和活的教会。我认为可以自信地说,他会理解现代牧首制的悲剧,并为发生的一切而伤心,但在对所发生事件的评断上,他会谨慎的。只有一点是不完全清楚的:他将如何对待这样的俄罗斯人,包括工人、农民、知识分子,他们有的因为恐惧,有的因良心驱使,禁不住诱惑而认同布尔什维克革命,并献身保卫革命。说没有这样的人,或者说这样的人很少,当然这都是错误的。整团的士兵不愿意与德国人作战,"溜回"家里,以便和地主们作战,并认为自己有权这样做,因为土地不是地主的,而是上帝的。工人夺取了工厂,因为《圣经》上说:"你必汗流满面才得糊口"(创 3:19),但资本家不但不流汗就能吃到面包,而且还让人民流血。在似乎属于教会的人士中间也有革新教会的保卫者和韦坚斯基神父的崇拜者。他们为自己证明的依据是,主教公会的教会处在瘫痪状态,如陀思妥耶夫斯基就这样看。

我个人确信,假如陀思妥耶夫斯基在革命的最初几年为寻找面包而到俄罗斯各地走走,乘加温车,车里极其拥挤地塞满了普通老百姓,倾听一下总是很活跃的争论,假如他走进茶馆,在这里马克思主义者、博览群书者与《圣经》的行家进行争论,那么,在老百姓对无神论、虚无主义的苏维埃习气(советчина)的理解和证明里,他会觉察到宗教的伴音,当然还会觉察到这个伴音在政治上的走调。但我认为,他不会害怕,也不会感到十分委屈。能够表明这一点的是,在他的小说里,不但是宗教意识的错误,而且甚至还有可怕的亵渎神明的行为都被预见了,甚至提前获得了宽恕,他的《群魔》可以证明这一点。哪来的这种宽容?显然,在这个宽容的背后是佐西马长老的话:"爱他们的罪恶吧,因为这就是神的爱。"在宽恕一切的背后是这样一种希望,即罪人会忏悔。如果把陀思妥耶夫斯基的人物形象理解为象征,如果能够感觉到,所有这些人物都针对俄罗斯,而俄罗斯就是他的艺术创作及其全部思索的最高对象,那么就不能怀疑,假如他现在和我们在一起,他就会相信,布尔什维克的俄罗斯将忏悔。

在1873年的《作家日记》里,在以"弗拉斯"为题的片段里,陀思妥耶夫斯基讲述两个农村小伙子,他们相互争论起来:谁比谁做事更勇敢。一个自告奋勇要做人们命令他的一切,甚至许下誓言不后退。朋友们想出来这样一种粗鲁举动:去领圣餐,接受圣餐后不吃它,而是到菜园里去,把圣餐放在插入地下的杆子上,然后对其进行射击。

"年轻时曾大胆地向基督的圣体举起枪,现在跪在地上向长老爬去的庄稼汉这样结束自己的故事:刚要射击,突然在我面前出现一个十字架,上面是那个**被钉死的人**。当时我带着枪倒下,就不醒人事了。"[9]

就自己最深刻的实质而言,布尔什维克主义无非就是在俄罗斯民族灵魂里消灭基督形象的企图,——陀思妥耶夫斯基对这一点当然从来也没有怀疑过。但我想,他也不会怀疑,在被弄得疲惫不堪之后,俄罗斯民族会看见位于自己上面的那个**被钉死的人**。

---

[9] 转述《弗拉斯》的片段。参见《陀思妥耶夫斯基全集》,30卷本,第21卷,第33—34页。——原编者注

陀思妥耶夫斯基五部
伟大小说结尾的特点[1]

塔吉娅娜·卡萨特金娜(俄罗斯)文[2]
张变革(北京第二外国语学院)译

  众所周知,对陀思妥耶夫斯基作品,读者存在着不同的接受心理:有的读者陷入绝望和黑暗的深渊时,另外一些则穿过绝望和黑暗,获得光明和希望。分析这些读者的反应——有许多评论、政论、哲学、文学理论方面的文章——可以发现,能够根据其对待宗教的态度把他们分成两类:有宗教信仰的和无宗教信仰的。
  由于预见到可能遭到的反对,我这里说的是宗教,而不是东正教的基督教。虽然在陀思妥耶夫斯基的小说中与上帝的联系("宗教"这个词来自拉丁语"religare",就是联结、联系的意思)正是以这种东正教的方式表现出来。我觉得,每个体验到这种联系(或者渴望感受到这种联系)的读者,都能够或多或少地感受到,作家创作中存在着这种联系。看来,正是读者的这种品质决定了

---

[1] 本文选自卡伦·斯捷帕尼扬编选的陀学论文集《20世纪末的陀思妥耶夫斯基》,莫斯科"经典注释",1996年,第67—82页。(Достоевский в конце XX века. Составитель и редактор Карен Степанян. Москва, издательство《Классика плюс》, 1996, сс. 67 - 82.)——此处及后文中的注释均为译者所做。

[2] 卡萨特金娜(Т. А. Касаткина, 1963年生)当代俄罗斯文艺学家、宗教学家,毕业于国立莫斯科师范大学语文系,现为俄罗斯科学院高尔基文学研究所文学理论研究室主任,主要研究领域涉及文化理论、文学理论、哲学、宗教学、陀思妥耶夫斯基创作等。卡萨特金娜长期从事陀思妥耶夫斯基研究,为国际陀思妥耶夫斯基研究学会成员,是国际著名陀学杂志《陀思妥耶夫斯基与世界文化》及《陀思妥耶夫斯基与现代性》编委会成员。其学术论文有200多篇,学术专著多部,主要著作有:《陀思妥耶夫斯基的性格学》(1996)、《论词语的创造性本质:陀思妥耶夫斯基创作中作为"最高意义上的现实主义"核心的本体论话语》(2004)等。她对陀思妥耶夫斯基创作中东正教思想的深入挖掘,特别是对圣像画的阐释,在陀思妥耶夫斯基研究界产生很大的影响。

他们能否发现作者所提供的"出路",使人走出小说"现实"的黑暗。

这个"出路"集中体现在"伟大五经"[3]的尾声。事实上,五部小说中至少有四部是结束于某一幅"圣像"。总的说来,从小说的最后几页看福音书,可以说,所有小说结尾处(文本后)都有"祝福的基督"[4]的形象(也许,这需要印出来看)。但存在于各不相同情节中的"圣像"仿佛是被尾声的文本描绘出来的。谈到不用解释就能看出来的圣像(从最不明显的开始),应该说,小说《少年》的尾声中有"写福音书的圣像"(而且,显然,这是圣约翰向学生传授福音的圣像);《群魔》的尾声——描写了基督坟墓旁三个拿香膏的女人;《罪与罚》的尾声——圣母马利亚的圣像(经分析,这是一种抄本);《卡拉马佐夫兄弟》的尾声——看上去,是圣徒领圣餐的圣像。只有一部小说——《白痴》——乍看起来,没有这种结束全文的总结性圣像(随后我们会看到,不完全是这样)。这部小说留下了最沉重、最绝望的印象,非常奇怪的是,正是在这部小说中陀思妥耶夫斯基描写了"正面的完美的人"。不过,《白痴》中的某个圣像形象还是被复制出来(虽然是后来才变成真正的圣像)。这可以猜到,是霍尔拜因的基督[5]。浏览了这些小说的尾声后,我们现在开始仔细地看其中每一部的结尾。

《罪与罚》

> "基督与人相遇的时刻,大地和其上的事物都被照亮了,陀思妥耶夫斯基在灵里感受到、并清晰地看到了这个时刻。"(H. 阿勃拉莫维奇:陀思妥耶夫斯基的基督)

我曾经撰文谈到《罪与罚》的主题:"只有一条路,只有藉着一个人,另一个人才能得救,此外没有其他得救的方法。"一个人为了救赎另一个人而显现,这种救赎是藉着与他的联结来实现的,特别是那"另一个人"是拉斯柯尔尼科夫时,这就尤其显得不同寻常而又令人费解。但对于陀思妥耶夫斯基来说,只有

---

[3] 伟大的五经,本来指圣经中旧约的摩西五经,这里指陀思妥耶夫斯基的五部长篇小说:《罪与罚》、《白痴》、《群魔》、《少年》、《卡拉马佐夫兄弟》。这是对陀思妥耶夫斯基小说的通用说法。

[4] "祝福的基督"或者叫"全能者基督"是东正教著名的圣像画,画面上基督左手拿圣经,右手做出祝福的手势。

[5] 霍尔拜因的基督,指德国画家小汉斯·霍尔拜因1521年的画作《坟墓中的基督尸体》,陀思妥耶夫斯基是1867年在瑞士巴塞尔的公共艺术博物馆中见到这幅画作的,作家曾被画面上展示的痛苦和绝望深深震撼,小说《白痴》中对这幅画及其给人的印象的详尽描述,研究者认为,作家就是根据这幅画的印象——它对信仰产生的作用——创作了小说《白痴》。

一条救赎之路,就是重新向人的灵魂开启与永生上帝联结的道路。索尼娅不仅把救赎表明出来,而且使通向上帝的道路神圣化,将可见的圣像清楚地显示给拉斯柯尔尼科夫。

为了便于小说中的人物和读者看清楚这个圣像,我们从头讲起,但明晰的启示始自小说中所描写的囚犯们看待索尼娅的目光。囚犯们对索尼娅的态度,让拉斯柯尔尼科夫大惑不解:"他还搞不懂一个问题:为什么他们全都爱她?她并没有讨好他们,他们也很少见到她,只有干活儿时,她来看他时才见到她。但他们都认识她,知道她是跟着他来到这里的,知道她住在哪儿以及怎样生活。她没有给过他们钱,也没有特别为他们做过什么。只有一次,圣诞节时,她向监狱的所有囚犯施舍了馅饼和白面包。但不知不觉中,他们和索尼娅建立了某种亲密的关系:她替他们给亲人写信并帮他们到邮局去寄信。他们的亲戚来这里探望时,按他们嘱咐的把东西和钱交给索尼娅保管。他们的妻子和情人都认识索尼娅,都来找她。当她来看拉斯柯尔尼科夫,出现在犯人干活儿的工地上时,或者在路上遇到他们去工地时,他们总是摘下帽子,向她鞠躬:'索菲娅·谢苗诺夫娜妈妈,你是我们的母亲,是我们亲切而心爱的母亲!'——这些脸上打着烙印的粗鲁的犯人对这个瘦小的人这样说。她总是羞怯地微笑着,他们都喜欢她的微笑。他们甚至喜爱她的步态,不停地转过头来看她走路的样子,甚至因为她长得瘦小而称赞她,无缘无故地称赞她。甚至还有人找她看病。"(6;419)[6]

读完这段文字,不能不看出,囚犯们把索尼娅当成了圣母,特别是第二部分。粗略地读过第一部分的描写,可能将之理解为索尼娅与囚犯们的关系的确立过程。但情况显然不是这样。一方面说他们对索尼娅的态度早在关系确立前就已经表明:所有犯人**一下子都**爱上了索尼娅。他们马上就看出——随着描写的进程,索尼娅成了监狱里所有人的庇护者和帮助者,安慰者和保护人,他们如此接受她,不需要任何外在的表现。

第二部分连作者语言的修辞都表明,出现了某种不同寻常的情形。这部分以感叹句开始:"当她出现时……"囚犯们的问候与她的"显现"相吻合:"所有人都摘下帽子向她鞠躬……"。他们称她为"妈妈"、"母亲",喜爱她向他们微笑,而这微笑是一种祝福。最后,圣母圣像的显现带来了奇迹:"他们甚至找她看病。"

---

[6] 陀氏作品的出处采用国际陀学界通用的 30 卷本陀思妥耶夫斯基全集,1971—1990 年,括号内前面的数字是卷数,后面是页码,中间用分号隔开。

陀思妥耶夫斯基五部伟大小说结尾的特点

显然囚犯们对索尼娅的态度让拉斯柯尔尼科夫大感不解。他——一个不信的人——看不到向他周围所有人显现的圣像。为了突出这点,这里讲的是有信仰的人的看见与无信仰的人的盲目,在这段描写之前是犯人们对拉斯柯尔尼科夫的态度以及这种态度产生的原因:"在大斋的第二周,轮到他和同牢房的犯人们去做斋戒祈祷。他在去教堂的路上和他们一起祈祷,他自己也不明白为什么会这样,有一次和他们吵了起来:所有人都一哄而起对他大发雷霆。——你是没有上帝的人!你不信上帝!——他们对他嚷道,——应该杀了你。他从没有对他们谈起过上帝和信仰,但他们想要杀死他,就像杀死不信上帝的人一样;他默不做声,没有反抗……"(6;419)直接连在一起的这两段文字说明了囚犯们对拉斯柯尔尼科夫的仇视,以及他们对索尼娅充满虔敬的爱(二者都是无缘无故的),还有拉斯柯尔尼科夫对这种爱的不理解——所有这些讲的都是一个问题:是信仰的问题。拉斯柯尔尼科夫暂时还没有看见,但感受到周围人对他的仇恨后,以及他病中见到了异象之后,他愿意看见。

他想要看见的意愿,那令人窒息的期待的瞬间,被陀思妥耶夫斯基在圣像"显现"的段落前直接写出来了:"已经是复活节后的第二周……有一次,傍晚时分,已经痊愈的拉斯柯尔尼科夫睡着了,醒来后他无意中走到窗口,突然看到远远站在医院的大门旁的索尼娅。她站在哪儿,**仿佛在等着什么**。那一刻,**仿佛什么东西穿透了**他的心:他全身一震,很快从窗口走开。"(6;420)此后索尼娅就生病了,卧床不起。她在大门旁守候着(在灵魂的门口),准备进来。现在轮到他不安焦虑地等待了:"他坐立不安,叫人去打听她的情况。很快他就知道了,她的病不严重。这回他也明白了,他想念她,关心她。索尼娅打发人给他送来了铅笔写的便条,说她只是感冒了,很快就会来工地上看他。读到这张便条,他的心缩紧了,狂跳着。"(6;420)

拉斯柯尔尼科夫病中做了个噩梦,梦见了建立理想社会的方法,康复过程中——他看见期待他的索尼娅,痊愈后——他看见了一副圣像,是圣母的圣像——于是开始敬拜她。

圣像"形成"的那一刻好像被特别突出出来,对于主人公醒悟过来的特殊状态的描写不同于此前的文字,这一刻仿佛是从习惯的时间流中被推出来,被带入永恒之中。朝向这图景的小窗户对于我们来说,也如同圣像画一般:"那里,沐浴在阳光下一眼望不到边的草原上,星星点点的帐篷依稀可见。那里是自由的,那里生活着另一些人,不是这里尘世的人,那里的时间仿佛停滞了,好像是亚伯拉罕的时代和他的羊群还没有过去。拉斯柯尔尼科夫坐着,静静地观望着,他陷入了遐想,沉入冥思:他什么也没有想,但某种惆怅的感受让他激动不已,折磨着他。"(6;421)从对《一个荒唐人的梦》的分析中我们可以知道,陀思妥耶夫斯基作品中莫名的惆怅是部分渴望加入整体的焦虑。这里,出现在我们面前的是——追求与上帝联结、与被拒绝的天父联结的愿望,渴望回到亚伯拉罕的怀抱的愿望。最终,这长久发出的真诚的呼声得到了答复。文本接下来的两段——是圣像的形成。第三段——是对圣像的敬拜。

"索尼娅突然出现在他的身旁。她轻轻地走近他,坐在他身边。天还很早,早上的寒冷还没有退去。她披着那件破旧的斗篷和绿色的头巾。她的脸上还有病后的倦容,她瘦了,脸色苍白,双颊微陷。她友善而快活地对他微笑着,但还是向往常一样,胆怯地向他伸出手来。"(6;421)

我们先来看索尼娅的衣服。她披着斗篷。斗篷——这是披在外面的衣服,有男式的和女式的,仿佛阿拉伯人的样子。"(达里详解词典)为了描绘出圣母玛丽亚的传统服饰——一种巴勒斯坦地区已婚女子的服饰,最接近的当然是斗篷了,而且也是当时常见的服饰。现在来谈绿色的头巾。总的说来,绿色作为地上生命的颜色直接与圣母相关——在主面前为世人和大地祈祷的人,世界万物的庇护者。绿色是圣像画中经常见到的颜色。例如,费拉朋特修道院的圣诞圣母大教堂中的指路者圣母像(现在保存在圣彼得堡俄罗斯博物馆内)头巾的底色就是绿色的。德米特罗夫城的圣母升天大教堂中,著名的狄奥尼西画室中的圣像"因你喜乐"(现在保存在莫斯科特列恰科夫斯基画廊中),其中描绘的是坐在宝座上的圣母,坐在荣耀中,从宝座向外发出了蓝色和绿色的光环。如果我们再回忆一下索尼娅那淡到几乎没有颜色的柔软蓬松的头发,和圣像画中画出的光环相近,于是绿色的头巾就可以描绘出"荣耀"。在旧鲁萨[7],在讲到《罪与罚》结尾处的圣像时,我对索尼娅头上的绿色头巾做了这样的解释。那时我就说过(为什么——下文再解释),向拉斯柯尔尼科夫显现的圣像——是非常确定的圣像,正是"罪人的中保"的圣像。我做完上述报告的第二天,我们到了胡定斯基修道院,在杰尔扎维娜举行的祭祷仪式后,我们去看了大教堂。那里有很多新画的圣像,其中大部分(有五个以上)都是"罪人的中保"的圣像——这本身就非同一般——因为这幅圣像并不是最常见的那种。但更令人惊讶的是,所有这些圣像中的圣母都是包着鲜艳的绿色头巾!也许,我作的解释是随意的,但所见到的图景证实了我的猜测。

苍白、消瘦、双颊陷下去的面孔(其结果总是眼睛显得更大),我想,这不用解释也很明白。现在来看脸上的表情:友善、喜乐,与羞怯地伸出的手(加上羞

---

[7] 指旧鲁萨陀思妥耶夫斯基故居博物馆每年举办的国际陀学研讨会。

怯的表情)一起,准确到令人惊异地传达出了这类圣像的手势中难以言传的感受——祈求、温柔与友善的手势。

还要指出的是,从任何其他观点看都很奇怪、但对看出小说文本中的圣像来说却非常必要的情形是——索尼娅悄无声息地走近并在拉斯柯尔尼科夫身旁坐下,然后向他伸出手打招呼——不是像人们通常所做的那样,一出现就先站着招呼他一声,也不是先问好。正是这种姿势对于圣母与"圣婴"一起出现是必要的——这里是拉斯柯尔尼科夫本人成了圣婴基督。也许,相比于小说的其他地方,对于呼唤可以应答,也可以不作应答,这里更加明显(那里她的出现更加明显,甚至是故意的:当波尔菲力掌握了所有证据时,主保护了拉斯柯尔尼科夫不让他被迫承认,引出了尼柯尔卡,后者承认自己是罪犯):"她总是怯生生地向他伸出手,有时干脆就不伸手,像是害怕他会拒绝她似的。他总是嫌弃地拿起她的手,总是心情懊丧地见到她,有时她来看他时,他故意不说话。而她的情况则是,她总是战战兢兢地为他担忧,为他陷入深深的悲哀。但现在,他们的手不再分开,他匆匆地瞥了她一眼,什么也没有说,垂下了眼睛。他们单独在一起,没有人看见他们。哨兵刚好转过身去。"(6;421)

拉斯柯尔尼科夫接受并握住索尼娅的手的姿势也是一种圣像画的样式。据我所知,圣像画里只有两种表达基督握住圣母的手的样式:基辅—布拉茨基的圣母圣像和"罪人的中保"的圣像。在基辅—布拉茨基的圣母圣像中基督用一只手握住圣母的手,另一只手举起做出祝福的样式。他的目光向上,脸颊贴近圣母的脸颊。在"罪人的中保"的圣像上,基督的双手与圣母的手连在一起。他的目光向前(与圣母的目光相比,后者更像是垂下的),他们的身体给人的印象是并排坐着的。在我看来,小说尾声中的情形更像第二种圣像,但从"情节的呼应"来看,也与基辅—布拉茨基的圣母圣像的历史接近。我把东正教教会日历1979年的解释写出来:"基辅—布拉茨基的圣母圣像出现在1654年,后来保存在基辅,在兄弟学习修道院,最初是维士城地方崇拜用的。1662年,克里木的鞑靼人穿过维士城旁边的第聂伯河,从教堂里盗走了这幅圣像和一些圣物,还有其他的圣像,但圣母显灵的圣像被扔进第聂伯河。圣像顺着河水漂到了基辅—波多尔城,停在了布拉茨基修道院的对面。这里的东正教修士们欢喜快乐地把它迎进自己的修道院,对它充满敬意。基辅—布拉茨基欢庆圣母像的节日分别是5月10日,6月2日和9月6日。"由河水中出来的圣母像与《罪与罚》中相符,小说中的圣母像也出现在河边,而且还特别强调了发生的地点。东正教的修士们迎接圣母像的情形在我看来,也非常像囚犯们"接受"索尼娅的情形。

小说《罪与罚》尾声中的真正主人公还是"罪人的中保"的圣像。这是东正教神学百科全书词典作出的解释(圣彼得堡,没有出版日期,再版信息:莫斯科,1992年,第二卷,第2110—2111页):"'罪人的中保'的圣像描绘的是圣母与双手握住她的右手的圣婴基督。基督以双手握住圣母的手,仿佛是对她的信任,他将始终接受她为罪人做的祈求。圣像何时、从何处而来没有人知道,但从1844年以来,它成了显灵的圣像。对它的庆祝节日是在3月7日和5月29日。"

这是东正教教会日历(1979年,第59页)对他的描述:"'罪人的中保'的圣像曾经保存在奥尔洛夫教区的敖德林斯基男修道院,圣像在那里曾经在19世纪40年代显灵。莫斯科对这个圣像的显灵记录保存在哈莫夫尼克的圣尼古拉教堂。1848年,这个教堂因每晚发出可见光、发出香气和伴随诸多神迹而著称。最初六年里,被这个圣像显出的神迹医病的例子超过115例。'罪人的中保'的圣母圣像的名称与圣母世世代代以来对有罪的人类充满恩典的爱相符。"

还有一处需要补充的是,这类圣像上面,有的有仿佛环绕着圣者形象的题词:"我在我儿子面前是罪人的中保,他把手伸给我作为永远听我祈求的记号。向我求喜乐的人,总能够经由我从基督那里得到永世的喜乐。"

因犯们将索尼娅当成自己的庇护者的事实本身让人觉得,对于由她引出的圣像,"罪人的中保"的名称是再合适不过了。那个在拉斯柯尔尼科夫身上由她的爱产生的奇迹本身——还有在拒绝上帝的罪人身上产生的奇迹(从某种意义上讲也是最没有希望的人),就是他得到救赎。对我而言,意义重大的事件还有,在写作《罪与罚》时,"罪人的中保"的圣像是新近显灵的圣像,不久前还在提醒"不信和怀疑的世代"的人们想到上帝无限的爱和圣母庇护的力量。

有意思的是,在圣像"形成"后,如上文提到的,接下来就是拉斯柯尔尼科夫对她的敬拜。"这一切是怎么发生的,他自己也不清楚,他好像突然被某种力量控制,这种力量迫使他跪倒在她脚下。他哭着抱住她的双膝。最初一刻她被吓坏了,她跳了起来,颤抖着看了他一眼。那一刻,她全都明白了。她的眼中充满无尽的幸福;她知道,她不需要再怀疑了,他爱着她,无尽地爱着她,这一刻终于来临了"(6;421)。再往后,小说的最后一页都充满了改变一切的幸福、生命和快乐的感受,甚至犯人们对拉斯柯尔尼科夫的态度也发生了改变。这种快乐是永远的:"……一个人的心为了另一个人的心源源不断地涌出生命的源泉"(6;421)。圣母践行着自己的诺言:"向我求喜乐的人,总能够经由我从基督那里得到永世的喜乐。"

至此似乎可以结束本文了,但还有一幅圣像让我们从另一个角度再看一下刚刚读过的文本。这是"指路者圣母像",它似乎对这种类型的圣像不太典型,这幅圣像画中基督的形象也是被描绘成握住圣母的手。圣像中身体的姿势未必能让人想起小说中的文本:圣母俯身朝着基督,而他也把身体转向她,头从她的左肩看过去。这幅圣母圣像画被命名为"基督受难圣母像"。东正教日历是这样解释的:"这幅圣像被称为'基督受难圣母像'的原因是,在圣母面容的两侧各有一个拿着基督受难刑具的天使。这幅圣像画最初显现的神迹出现在下诺夫格罗德,曾经医治好一个瘫痪的农妇叶夫多基娅;此后指路者圣像被运到帕利查村。1641 年被运到莫斯科,存放在特韦尔大门旁它被迎进的地方,那里在 1654 年建了一座少女修道院,由基督受难圣母圣像的名字命名。这幅圣像的节日发生在 8 月 13 日和复活节后的第六个周日"(1979 年,第 61 页)。这段文字中特别吸引我的是复活节后的第六个周日。我们面前的是"动态的"节日,《罪与罚》的尾声中,这一天也是这样算出来的。显然,这个节日与《罪与罚》中圣像显现的时间相吻合。所有这些都让人关注文本中出现的日期,而不是把它看成偶然的时间记录。

第一种日期属于上文引述的内容,与圣像"形成"有关,是他们到教堂的场景:"大斋的第二周,轮到他和同牢房的犯人一起做斋戒祈祷。"大斋的第二个七日是专门为罪的题目而设立的。周一诵读的经文有对人第一次犯罪(原罪)和第二次犯罪的叙述:关于人最初的堕落以及该隐嫉妒亚伯,因为上帝悦纳了后者的献祭。直接针对拉斯柯尔尼科夫的经文是《圣经·箴言》4 章 10—22 节:"我儿,你要听我的言语,就必延年益寿。我已指教你走智慧的道,引导你行正直的路。你行走,脚步必不狭窄;你奔跑,也不至跌倒。要持定训诲,不可放松,必当谨守,因为她是你的生命。不可行恶人的路,不要走坏人的道。要躲避,不可经过,要转身而去。这等人若不行恶,不得睡觉;不使人跌倒,睡卧不安。因为他们以奸恶吃饼,以强暴喝酒。但义人的路好像黎明的光,越照越明,直到日午。恶人的道好像幽暗,自己不知因什么跌倒。我儿,要留心听我的言词,侧耳听我的话语。都不可离开你的眼目,要存记在你的心中。因为得着它的,就得了生命,又得了医百体的良药。"

这好像是对他此前的"莫名的忧虑"给出的答复。这里指出了如何重新找到失丧的生命之路。

对于拉斯柯尔尼科夫,最根本的是在看见之前先要听见。

遗憾的是我在这里不能举出所有与这一周相关的《圣经》经文和布道文

（这将大大扩增文章的篇幅），但这些经文非常奇妙地"包含"在《罪与罚》的文本中——就如同上面引述的那样。这常常是独特的开启文本的"钥匙"，直接说出陀思妥耶夫斯基的"讲述"。比如，吉洪·扎顿斯基关于《圣经·新约·约翰一书》中"违背律法的都是罪"的阐释："什么是罪？就是远离活的、赐生命的上帝。这是背叛，是破坏当初受洗时向上帝所起的誓。这是推翻上帝设立的神圣、正义、永恒的律法，是反抗上帝美好神圣的意志，是辱没无限伟大、不可言说的上帝，辱没神圣可畏、永远美好的上帝，辱没虔诚的信徒和神圣的天使所敬拜的圣父、圣子和圣灵。"格里高利·尼斯基神父这样谈到罪："罪不是我们天性的本质属性，而是对它的偏离。就像疾病和丑陋不是我们本该有的状态一样，是违法自然的，这样，行恶也是对我们美好天性的扭曲。"

话语也起到了作用。但在人被开启和看见以前，在人还没有遇到上帝时，话语是死的。所以他沉默着，对那些因为他不信而想要杀死他的囚犯，他也不反抗。但他听到，他的罪是病，是对生命和健康的偏离——于是他接下来身体的疾病就仿佛暗示了某种危机。疾病发作了："整个大斋的末了和复活节他都躺在医院"（6；419）。

下一处被"日期"显示出来的事件，发生在他的心被开启的那一刻，这是以最模糊的表达写成的："那一刻，仿佛有什么东西穿过他的心。"耐人寻味的是，浓缩的时间存在于他的内心（我们不会忘记，下一个场景是转向永恒的）。"日期"是这样被陀思妥耶夫斯基所标识出来的："已经是复活节后的第二周。"（6；420）如果把教会的意义赋予这个词语，它表示的是一周中的一天，礼拜日，那么，从复活节（基督复活的圣星期日）算起的第二周就是使徒多马周。但复活节后的第二周——就是七日（世俗所讲的是一周）——是拿香膏的妇女们的节日。索尼娅和拉斯柯尔尼科夫最后的见面时间就是这样被标识出来：那个将要相信的人只是"用手探入"，而那个满怀爱心的人相信了话语。这就是使徒多马周教堂里读的经文（约 20：19—31）："那日（就是七日的第一日）晚上，门徒所在的地方，因怕犹太人，门都关了。耶稣来站在当中，对他们说：'愿你们平安！'说了这话，就把手和肋旁指给他们看。门徒看见主，就喜乐了。耶稣又对他们说：'你们受圣灵。你们赦免谁的罪，谁的罪就赦免了；你们留下谁的罪，谁的罪就留下了。'那十二个门徒中，有称为低土马的多马，耶稣来的时候，他没有和他们同在。那些门徒就对他说：'我们已经看见主了。'多马却说：'我非看见他手上的钉痕，用指头探入那钉痕，又用手探入他的肋旁，我总不相信。'过了八日，门徒又在屋里，多马也和他们同在。门都关了。耶稣来站在当中说：'愿你们平安！'就对多马说：'伸过你的指头来，摸我的手；伸出你的手来,探入我的肋旁。不要疑惑,总要信。'多马说:'我的主,我的神!'耶稣对他说:'你因看见了我才信;那没有看见就信的有福了。'耶稣在门徒面前另外行了许多神迹,没有记在这书上。但记这些事,要叫你们信耶稣是基督,是神的儿子,并且叫你们信了他,就可以因他的名得生命。"约翰让人相信他的话。如果回忆一下,索尼娅在拉斯柯尔尼科夫第一次拜访他时给他读的就是《约翰福音》,那么,关于复活的话语就更加意味深长。这是神职人员事奉神的书上关于拿香膏的妇女们的记载(引自东正教教会 1993 年日历):"主耶稣基督需要说很多话才能让门徒相信自己复活了。但对于那些拿香膏的妇女们来说,只要一个天使般的动词就可以让她们相信这大喜的消息。爱和信——这就是拿香膏的妇女们的不同之处。……约瑟和尼哥底母暗中做基督的学生,但当耶稣被钉死在十字架上时,爱战胜了恐惧,他们表现出的信心比基督最亲近的门徒还要大。对智性的相信并没有使门徒摆脱恐惧,而尼哥底母和约瑟,以及拿香膏的妇女们所充满的爱胜过了这一切。"

但这还不是奇妙的"日期"背后的一切。这一周(从世俗意义上讲)结束于礼拜日,那天读的是关于瘫痪的人的经文。拉斯柯尔尼科夫和索尼娅在神迹发生在他们身上之前,都生了病,这奇妙地与《使徒行传》中一处经文的描写相呼应,刚好是这一天要读的经文,在解释这段经文时,补充了福音书中耶稣在羊门旁医治好了一个瘫痪三十八年的瘫子的故事。后来,耶稣在圣殿里遇到他,对他说:"你已经痊愈了,不要再犯罪,恐怕你遭遇的更加利害。"(约 5:14)《使徒行传》中也讲了一个被彼得医治好的女圣徒:"在约帕有个女门徒,名叫大比大,就是多加("羚羊"的意思)。她广行善事,多施周济。当时,她患病而死,有人把她洗了,停在楼上。……彼得就起身和他们同去。到了,便有人领他上楼。众寡妇都站在彼得旁边哭,拿多加与她们同在时所作的里衣外衣给他看。"不能不注意到,索尼娅跟着拉斯科尔尼科夫来到流放地:"她开始做起了裁缝,因为城里没有一个设计女式服装的,成了很多人家里不可少的人"(6;416)。我们接着读《使徒行传》:"彼得叫他们都出去,就跪下祷告,转身对死人说:'大比大,起来!'她就睁开眼睛,见了彼得,便坐起来。彼得伸手扶她起来,叫众圣徒和寡妇进去,把多加活活地交给他们。"(徒 9:36—37,39—40)我以为,这里强调的是所有人都同样需要复活,因为死去的圣徒也需要另一个人帮助她复活,而不仅仅是身体瘫痪和罪人才需要复活。

如果这样的话,上述的日期就将复活节后的第二、第三、第四周包含在内,而第六周(第六个礼拜日)是"基督受难圣母圣像"日——我已经说过,还有一幅圣像,上面的基督被圣母的一只手抱着的那幅。考察尾声的文本,完全可以断定,主人公两次"见面"之间的时间差不多是两周。

这样,当然了,出现在我们面前的是复合的圣像,虽然我觉得,圣母"作罪人中保"的圣像对于小说中圣像的形成有着重要意义。但这里的关键不是找寻这些分析,而是陀思妥耶夫斯基的文本所蕴含的丰富意义,这些意义处于"潜文本"状态,通向它们的道路对每个渴望探求的读者都是敞开的;但同时,这些意义还要求读者充满感情的接受,为了"感受意义"("意义"是陀思妥耶夫斯基非常喜爱的词语),只要读出小说文本中人与上帝相遇的圣像就够了,而这圣像是"陀思妥耶夫斯基清晰地看到的,满怀激动地用感官和心灵所看见的"。

神学诗学评论与研究

"神学诗学"[1]的本源性[2]归向
——岛子诗歌论

艾蕾尔（[王蕾]中国传媒大学）文

天堂必须永远重建。它并不在某个遥远的极地；它常常在一种幽灵的名义下徘徊。万物都将其存在的最本质和谐作为潜能包含于自身。如每粒盐都在自身包含它的晶体原型。当水奔流而下，日渐湍急之时，一个静默的夜晚即将来临；于是在渺无人迹的深渊，神秘的晶体也会开花。[3]

一、前　言

里尔克（R. M. Rilke）说"我信仰黑暗"。这预示着黑暗诗学的诞生，它绝非后现代主义"玩弄碎片"的游戏学说，而指向一种沉重的献祭与救赎，即黑暗弥漫世界，在黑暗中摸索光的踪迹，众先知的使命诗学。用荷尔德林的话说，世界黑夜就是神圣之夜。[4]

20世纪，后现代吞噬了所有的白光：相对主义游戏与犬儒媚俗成为大众

---

[1] 神学诗学（theological poetics），泛指具有基督教世界观的诗学话语及诗歌写作，系国内诗学界开启的新的研究道路。可参见刘光耀主编《神学诗学十四人谈》，珠海：九州出版社，2012年3月。本文旨在以岛子的诗歌为研究个案，探讨、阐明一种超越现代性—后现代诗学的属灵诗歌写作。

[2] 作者按：本源一词取自海德格尔《艺术作品的本源》一文，海氏对"本源"有深入哲思："艺术让真理脱颖而出。作为创建着的保存，艺术是使存在着之真理在作品中一跃而出的源泉。使某物凭一跃而源出，在出自本质渊源的创建着的跳跃中把某物带入存在之中，这就是本源（Ursprung）一词的意思。"

[3] [美]赫伯特·马尔库塞：《爱欲与文明》，黄勇、薛民，译，上海：上海译文出版社，1987年版，第118页。

[4] 海德格尔：《诗人何为？》转引自《林中路》，第245页。

话语的潜在信仰,性欲倒错者、瘾君子、歇斯底里分裂者、零余者、绝对拜金者均被差异性所抹平。这肇始于"玩弄碎片就是后现代"⁵的戏谑宣言。当代艺术坠入一个历史的严重时刻,几乎所有的先锋诗人、流浪艺术家开始沉迷于鲍德里亚(Jean Baudrillard)式"玩弄碎片"的后现代游戏,先锋剧场在零余的荒诞舞台上演黑色幽默剧、诗人朗诵极致戏谑的语言游戏、艺术家把肉欲作为血腥的试验场地。一个鲍德里亚式的后现代寓言临到了:"所有能够做的事情都已被做过了。这些可能性已达到了极限。世界已经毁掉了自身。它解构了所有的一切,剩下的全都是一些支离破碎的东西。人们所能做的只是玩弄这些碎片。玩弄碎片就是后现代。"

不妨说,一个世界坠毁,另一个世界诞生,它绝对混乱、偶然、无序。海德格尔(Martin Heidegger)说,真理即永无休止的争执。当黑夜弥漫着它的黑暗,真理隐藏于无端,艺术的本质领域亦自行隐匿。诗歌作为一种语言的艺术,它能通过本源性语言的诉求,沿着真理之光的影子,找到它的归处。

"盲人与黑暗无缘"⁶这句话出自博尔赫斯(Jorge Luis Borges),它与里尔克"我信仰黑暗"构成一个永无休的争执:一旦黑暗湮没无光,光既熄灭;透过先知的弥赛亚诗学,光再次燃起,照亮黑暗。两者构成一个封闭逻辑,无限循环,无始无终。岛子的诗歌就是在历史的处境化轨迹上,一个永恒争执的场域。伫立于"现代性—后现代"废墟之后,一个趋向"神学诗学"的属灵诗歌境界。

二、观念之殇:早期的玄学派

1907年里尔克在一封信里写道:"几周以来,除了两次短暂的中断,我不曾开口说过话;我终于把自己禁闭在孤独中,而我投身于工作就像被果肉裹住的核一样。"⁷他所说的孤独,更根本上说并非孤独,而是一种本质性语言的存在状态。

20世纪80年代的中国诗坛上就有这样一个根本的孤独者,他就是岛子。当年继"白洋淀诗群"后起多家之秀,譬如"朦胧诗""非非主义""莽汉主义""海上诗群"等等,岛子诗歌创作活动难以归类,因其没有参与任何一个流派,批评

---

5 博德里亚:《残迹的游戏》。
6 [美]巴恩斯通:《博尔赫斯八十忆旧》,西川译,北京:作家出版社,2004年,第46页。
7 [法]莫里斯·布朗肖:《文学空间》,顾嘉琛译,北京:商务印书馆,2003年,第1页。

家勉为其难称其为中国的"玄学派"。[8]

他们认为"玄"字的适切性体现在岛子诗歌对老庄、易学、魏晋玄学在意象、逻辑、观念上的植入与化用,譬如他曾写下《错位与变卦》:

> 三根琴弦把乐师射向世外/三只乌鸦从一个方向飞来/要是有一只来自数学/它几乎是"2"的抽象/乘的时候你要砍一把木刀/一把木叉活像这把木叉/当它发芽时招来三只乌鸦/一只飞到2那里[9]

诗名"错位与变卦"直接显示出周易变卦变爻的玄学旨趣,加之诗句中化用老子《道德经》第四十二章"道生一,一生二,二生三,三生万物"的玄数"三""一""2",并将之形而上学化,将"三根琴弦""三只乌鸦"抽象相乘,此处又引入了西方逻辑学,交错杂糅,有无相生,可谓"玄之又玄,众眇之门"。[10]

笔者认为"玄"的含义,不止于此。在翻阅岛子历年诗歌时,笔者发现"玄"准确地说,它是岛子作为诗人独有的一种诗的呈现方式。诗,是语言的艺术。语言在法国象征主义诗人马拉美(Stephane Mallarme)的世界里有双重状况:"未加工的或直接的话语和本质的话语"。[11]其中,前者作为日常实用语言,乃事物实在的表征形式;后者是一种本质性语言呈现方式,以诗的语言纯粹性直接触及实在的真理。

本质性语言使表象远离、消失,并始终以暗示、类比的方式告诉我们真理的秘密。"玄学诗"在本体论上,即岛子把纯有的"玄"语言变为诗,并通过作品中的"玄"回归到其本质。

早期诗歌,仍以《错位与变卦》为例,作者试图以玄学意象语言影射本真的"混沌"。其间用到了类比模式,将词语"琴弦""乌鸦""木刀"以形而上的方式"乘"组合起来,通过音韵、意象、节拍的变动,在一个错位与变卦的混沌里进行语言表层的游戏。遗憾的是,此时的诗人,还没有找到唯一的本质性词语,故而显得更像是一场语言表层的实验。

这种先锋实验在另一首《树·兽骨·冬日黄昏的墙》更具后现代游戏的特质:

> 树。站树。站在/在树外。/墙外。根子。墙内。/根子。/触摸到一

---

[8] "玄学"一派源自西方玄学派诗歌(metaphysical poetry),主要代表人物有约翰·邓恩、赫伯特、沃恩、克拉肖、马韦尔及考利。
[9] 《岛子实验诗选》,北京:中国和平出版社,1987年。
[10] 语出老子《道德经》。
[11] [法]莫里斯·布朗肖:《文学空间》,顾嘉琛译,北京:商务印书馆,2003年,第19页。

架兽骨。触摸/到同一架兽骨。/a. 树仍然站在墙外/b. 墙移到墙内。/c. 兽骨·树·墙三项错位。/d. 或与 a. b. c 相反。/树站在这里没有目的。/树非树/墙非墙/兽骨/也不是兽骨。[12]

在此诗《树·兽骨·冬日黄昏的墙》中词语意象"树"、"墙"、"兽骨",以及上文提到的《错位与变卦》里的词语意象"琴弦"、"乌鸦"、"木刀",仅就词语本身的纯粹性而言,远未达到后期诗歌语言的本质化。

本质性词语是唯一被真理之光照亮的纯粹词语。按现代语言学家索绪尔(Ferdinand de Saussure)的观点,词语作为"能指"具有使物("所指"thing)消失的能力,这样它才能使某物(thing)不在场从而指代某物。这意味着莫里斯·布朗肖(Maurice Blanchot)的思想,纯粹的词语乃是永无休止的自毁,使自身消失、退场。

然而,早期诗作中的词语均没有在诗歌整体中永无休止的自毁,读者很容易将"乌鸦"、"兽骨"、"树"这些词语与作为实在的物(thing)的"乌鸦""兽骨""树"联想到一起,这些词语被所指的实在遮蔽了光芒。相反,岛子后期诗歌语言已经达到了更高,甚而更绝对的自由,譬如 2013 年《向我的母语致敬》"铁树的骨灰"已不再指涉实在之物,词语便远离了事物作为表象的羁绊;"饥饿的律法废止"将感知赋予抽象的"律法",使其极具陌生化效果;《诗艺》"一首诗:医治另一首诗,一切诗医治一首诗",此刻词语自身退场,纯粹想象力瞬间从包裹真理之光的地壳下涌现出来,穿透时空限制,回归至本质性语言,乃后文所谓语言的"本源性归向"。

从文化层面而言,词语的自我隐退是一种医治。这种自毁通过不断瓦解"能指"的意义,将现代诗歌从风格确定化的枷锁中拯救而出。就这样,诗不停地死去,又一次次地复活。在此意义上,才有象征主义诗人马拉美所谓"诗歌,接近于观念"。[13] 故而,岛子早期诗歌创作更接近于观念诗。

三、本体性实验:"春天"的类比

"语言和刽子手齐步进军,因此我们必须找到一种新语言。"瑞典诗人特朗斯特罗姆(Tomas Transtromer)在《守夜》中如是说。

什么是新语言?笔者认为其终极归属乃一种"本质性话语",一种纯粹的

---

[12] 岛子:《岛子实验诗选》,北京:中国和平出版社,1987 年。
[13] [法]莫里斯·布朗肖:《文学空间》,顾嘉琛译,北京:商务印书馆,2003 年,第 19 页。

"类比语言",其差异性体现在诗人们追踪本源性语言的道路上,因个体经验不同所形成的独特风格。故而新语言的开创与贡献,要求"诗人必须敢于放弃用过的风格,敢于割爱、削减。如果必要可放弃雄辩,做一个诗的禁欲主义者"[14]。

从80年代的玄学派实验走入90年代,岛子的诗歌创作正是孜孜不倦地寻觅一种"新语言"。他放下了一切探索过的实验道路,不拘泥于任何一种风格,在诗歌本体论意义上,创造出一种独有的"新语言"。

其代表作是"春天"组诗,作于1989年之后,堪与艾略特(T. S Eliot)《荒原》相媲美,1992年由《今天》文学杂志和国际笔会提名,与英籍印度裔作家萨曼·拉什迪(Salman Rushdie)的《撒旦诗篇》[15]同时获得美国诗歌奖。此组诗由三首诗歌组成,分别是《春天的三重替身及其图说》(1990)、《春天的切片》(1991)、《春天的见证》(1992)。它们彻底颠覆了诗歌本体的构成要素、内部逻辑、整体思维构架,无论在诗歌本体探索,还是形而上、形而下的范畴内,都推至诗歌的极端,堪称诗歌界的杜尚(Marcel Duchamp)之"泉"。

1. 类比语言[16]:理念—现实—个体

组诗"春天"从个体性而言,每一首诗都有其自足性、完整性;从整体而言,三首诗分有一个共有的主题"春天",以及共有的词语、诗句;这就形成一个三重奏,用神学话语来讲即"三位一体"。

那么被作者苦心孤诣反复吟唱的"春天",它是什么?在《春天的三重奏及其图说》中春天以下面的方式呈现出来:

  3.1 春天在春天着
  3.2 世界在世界着
  3.3 我在我着

---

[14]《特朗斯特罗姆诗歌全集》译者序,成都:四川文艺出版社,2012年。
[15] 萨尔曼·拉什迪(Salman Rushdie, 1948—),印度裔英国作家,曾获英国著名的"布克奖"。他以一本《撒旦诗篇》(The Satanic Verses)引发世界性的精神骚动,受到伊朗的阿亚图拉·哈梅内伊(Ayatollah Khomeini)的追杀。
[16] 马塞尔·杜尚(Marcel Duchamp, 1887-1968),纽约达达主义团体的核心人物。出生于法国,1954年入美国籍。他的出现改变了西方现代艺术的进程。1917年,杜尚将一个小便池放入展览场地,取名《泉》,此作品成为观念艺术之鼻祖,后现代艺术之滥觞。

3.1
命令那些梦的奴隶
继续为梦服刑

3.2
旗帜摆出艳遇的姿色,红的禁忌与喜庆?
女歌手沙哑地唱着她憎恨
感恩,满床的蓓蕾绽放:性感的挽歌

3.3
谁?梦见梦游人在月光下对饮
行为〈冥想而〉Ⅰ
——《春天的三重替身及其图说》

3.
1.春天从高处塌落
——《春天的三重替身及其图说》

在《春天的三重奏及其图说》中,"春天"与"世界"、"我"作为三种平行的主体形式,构成一个整体"3"这一特质性数字。在整体构成上:"3.1春天在春天着","3.2世界在世界着","3.3我在我着",诗歌整篇使用了奥古斯丁"圣三位一体"的神学理念结构,每一章成为既独立又无法与整体之"3"相分离的位格。

由是,从这首诗中读者获取了一个理念,即"3"乃最根本性的存在,它与《圣经》信仰里的"God",黑格尔哲学里的"绝对精神",亚里士多德所谓的"第一因"等等所指为同一存有。换言之,"3"就是终极真理。其存在状态以海德格尔的哲学概念"being"呈现出亨利·柏格森(Henri Bergson)时间的绵延性——"春天在春天着","世界在世界着","我在我着"。从本体论而言,现象学之后的哲学观念,乃至神学学说无一不强调"终极真理"的"生成性",这种生成性如何以诗性话语言明,自然是一个难题。笔者认为《春天的三重奏及其图说》绝妙地完成了一次新语言的创造,即神学家圣奥古斯丁(Augustinus)在"肯定神学"范畴内,当代哲学家吉尔·德勒兹(Gilles Deleuze)哲学概念共同推崇的"类比语言"[17]。

那究竟春天是什么呢?从"3.1春天在春天着"、"3.1命令那些梦的奴隶/

---

[17] [法]吉尔·德勒兹:《弗兰西斯·培根——感觉的逻辑》,董强译,桂林:广西师范大学出版社,2007年,第113—122页,第十三章"类比"。

继续为梦服刑"两句诗来看,"春天"作为第一性的位格,其的替代语的一种可能性为"梦"。从与之平行的第二性的位格"世界"的诗性表征为:"3.2 世界在世界着"、"3.2 旗帜摆出艳遇的姿色,红的禁忌与喜庆?/女歌手沙哑地唱着她憎恨/感恩,满床的蓓蕾绽放:性感的挽歌"。其中"艳遇"、"红的禁忌与喜庆"、"女歌手"显示出一个过于形而下的世俗世界,它是混乱、诱惑、罪恶的人间地狱,一个遮蔽性的表象世界。第三性的位格"我":"3.3 我在我着","3.3 谁?梦见梦游人在月光下对饮/行为〈冥想而〉Ⅰ","我"即"谁"——"我思"(冥想)的主体,亦为"行为"的主体,这个主体是普遍性与个体性的统一体,指代任何一个存在者,即海德格尔的"此在"(Dasein)[18],乃"梦"的主体。更高级别的"此在"则是被梦到的"梦游人",那些在春天里的理想主义者。

然而发生的事实却是"3.1.春天从高处塌落",个体性的"我"被混沌世界紧紧包裹,成为一个钟摆,一个指针,终极指向为"春天"的类比。故而,"春天"被诗人建构为一个形而上学的理想,作为终极真理"3"的镜像而存在。此镜像"从高处塌落",从梦中坠下,破碎、覆灭,构成一个信仰、历史、个体的惨案。

  春天:从未谋面的凶手。
  春天:精瘦的狼群,穿过雪的镜子。
  春天:一个喊:卖!
  另一个在哄抬。
  ……春天:耻辱是她的粮仓。
  白色的臀,扭动着她的性。
  ……春天:耻辱是她的粮仓。
  白色的臀,扭动着她的性。
  ……
  春天:窥视和窃听。
  春天:那预言中被牺牲允诺的步伐,
  再次惊飞暮鸦与旌旗。
  ……
  春天:热量与运动。丁香花的奢望。
  光,是形而上的老虎,下山喝水。

---

[18] 此在(Dasein)是海德格尔在他的巨著《存在与时间》中提出的哲学概念。它由两部分组成:da(此时此地)和sein(存在、是)。为表达da与sein本身的关系,有时也译作"亲在"、"缘在"等等,"此在"是现在比较通用的译名。

春天:□□□□□□□人质,□□。

春天:□□!□□□□□□□。

春天:肮脏的刀。愤怒和鞋子,

向谁去借?□□□□□缺席。

春天:蓓蕾的线索,马眼里的隐秘。

阴影在沙漠格斗,畏葸在病历上书写。

春天:你磨砖为镜,照见我

一个以耳鸣吟唱的石匠。

春天:你又积雪成粮,赈济那些允诺的允诺:

在饥馑的赤道

在苹果树下的裁决

在誓言和恸哭

在花朵簇拥着棺椁和婚床的

春天

——《春天的切片》

1991年《春天的切片》里,"春天"成为诗歌中心主题(《春天的三重奏及其图说》中心,揭示出"春天"、"世界"、"我"三者之间的关系。从诗题"切片"与全文的指涉互文来看,作者旨于把"春天"这个位格剖开进入深入描述。它曾彻底死去,在此篇又被赋予更多个体情感与经验。春天成为自戕的无名凶手:"春天:从未谋面的凶手",其"从未谋面"渊源极深,上溯于80年代诗歌《凶手》[19]里无名的刽子手。继《春天的三重替身及其图说》"3.1.春天从高处塌落"酿成喋血惨案之后,《春天的切片》继而回答春天乃自戕而亡,理想本身过于形而上的特质终因饥饿扼住了自我的喉咙。

作者彻底悲观主题体现在,他认为"春天之死"仅仅是悲剧的开端:"春天:耻辱是她的粮仓。"与《春天的见证》"春天在春天着:她预付了人类死后的耻辱"互文,预示了未发生的耻辱时刻等待发生,一种生成性涌出。

自理想覆灭,"那预言中被牺牲允诺的步伐",会"再次惊飞暮鸦与旌旗。""暮鸦"意象本取归家之意,"旌旗"本取征战、凯旋之意,然而戏剧性的结局却是"再次被惊飞",作者对春天理想实现的无望略见一斑,人类个体无家可归,

---

[19] 《凶手》为岛子20世纪80年代诗歌作品。

理想消散，真理的镜像碎裂，黯淡。"光，是形而上的老虎，下山喝水。""光"乃真理之光，它不再自行涌现自身，解蔽自我，相反沦为一个残酷世界表象的傀儡与侏儒，被绑架，被阉割，被遮蔽。于是在诗的第六节，诗人说道："春天：肮脏的刀。愤怒和鞋子，向谁去借/□□□□□缺席。"真理的镜像，梦里的春天竟荒诞绝伦成为一把自我阉割的刀，它过于肮脏，被罪恶遮蔽因而缺席退场。

跌落于理想破灭的深渊里，作者对真理之光的渴求，从"春天：你磨砖为镜，照见我/一个以耳鸣吟唱的石匠。"开始，直指结束。诗人自比为石匠，召唤真理之光"磨砖为镜，照见我"，如泣如诉。接着喃喃自语，与还未到来的春天盟约："春天：你又积雪成粮，赈济那些允诺的允诺：在饥馑的赤道/在苹果树下的裁决/在誓言和恸哭/在花朵簇拥着棺椁和婚床的/春天。"消失的真理之光本在创世之初"苹果树下的裁决"始，便被允诺赦免所有的罪恶，将其掩埋，允诺新生，即是丧礼又是婚床。

值得重视的是，那些被微妙化用的《圣经》意象，早已在诗人生命力埋下归向本源的种子，指向他写作圣诗圣水墨的精神之路。

> 预言中被牺牲允诺的步伐轰响了蝇群
> 血的粘附
> 一千滴松脂的黄色泪水
> 使历史的琥珀绚丽多姿
> ……
> 沿着重返的曲度，精虫的赤卫队
> 吟唱肉的暴行，动词与宾语
> 狭路相逢
> 形容词武装到腔肠和子宫
> 集权的子宫
> 集权的节育环
>
> 哦，介入命运
> 就是介入亿人一面的苟活（犬儒）
> 日渐和蒜泥，酱油味的标准音
> 和口号混为一谈
> ——《春天的见证》

1992年《春天的见证》以"预言中被牺牲允诺的步伐轰响了蝇群"开篇，呼应先前两首诗中诗句"3 那些用马尾把巢系结在春天的候鸟呵/当寒风骤起/我们的眩晕多么相似/这就是/「预言中被牺牲允许的步伐」它来得从容、迅疾、不及掩耳"(《春天的三重奏及其图说》),"春天:那预言中被牺牲允诺的步伐,再次惊飞暮鸦与旌旗。"(《春天的切片》)诗歌互文手法的使用增加了"春天"本身的层次与深度。

此诗侧重于个体反思,即"我在我着"。作为个体的"我",被围困在罪恶表象世界遮蔽真理之光的深渊里,何去何从?这涉及"抉择与自由"的存在论哲学母题。

有一种抉择:个体作为"蝇群",这是"亿人一面的苟活"、"吟唱肉的暴行","肉"指代形而下的肉身,与"真理""精神"相对,实则是深入一步追讨集体性自我阉割的惨案源于犬儒主义,犹如《春天的三重替身及其图说》里,"改造男人为太监的工作/要比把粪土捏出丰收容易"的二重奏。这种犬儒主义的存在抉择,它所触及到的自由唯有"亿人一面的苟活","逼视可见的余生"(《春天的三重奏及其图说》)。这既是最小的自由,也是最有限的自由。

另一种抉择与自由,像诗人信仰良知与无限的自由,在诗歌后半章提出:

又有谁能否认:良知是个连体婴儿
内和外,循环与咳嗽,诚如
正义、道德,目前的癌变环境

如此独独拍遍地图
怀想绝育的安达卢西亚天鹅
把祖国(像一瓶安眠药)
咽进胃里

从零开始,把玫瑰炼成血砖
从零开始,直到孩子将零画圆
他头颅过大,蒙面的证人杀鸡取卵
翻遍辞海,一教室的父亲默写1÷1
……
我知道,再有一刻
秘密的距离,就要缩短
我就要赶在零时刽子手之前
说出丰收的废铁,巨冰的诗篇
——《春天的见证》

第二种个体生命的抉择是面对整个"癌变环境"与"春天塌落",拒绝犬儒主义,相信良知:"又有谁能否认:良知是个连体婴儿/内和外,循环与咳嗽,诚如/正义、道德"。这便是作为知识分子、艺术家秉承先知与弥赛亚(christos)[20]精神的存在本质。如此,当恐怖来临时,个体仍然被真理之光照亮,当有人动摇问:"上帝现在在哪里?"他回答:"相信就意味着看见。"虽然90年代的岛子还未归向基督,在生命之光的引领下,他一定经验性地领受了弥赛亚精神的洗礼:"从零开始,把玫瑰炼成血砖","玫瑰"炼成"血砖",在现实表象层面,这象征喋血与谋杀;在不可见的潜在层面则隐喻献祭与救赎。

唯有弥赛亚的献祭与救赎方能见证春天的复活。作为诗人,"我知道,再有一刻/秘密的距离,就要缩短/我就要赶在零时刽子手之前/说出丰收的废铁,巨冰的诗篇",其个体性觉悟源于《圣经》里伟大的先知撒母耳、耶利米、以西结以及苏格拉底之死、孟子舍生取义的圣人。其抉择必然是"零时刽子手之前"就要"说出",而非缄默。这便是无限的自由,"一条废铁的蛙虫使语言显灵"。

圣奥古斯丁(Augustinul)曾区分过这两种自由:"最小的自由"与"最大的自由",前者若走入极端则是奥斯维辛主义,罪恶的极端道路;后者即福音书里所写:"你们必晓得真理,真理必叫你们得自由。"别尔嘉耶夫(Nicolas Berdyaev)称之为"初始的自由"与"终结的自由",认为"人的道路就在这两种自由之间,充满折磨和苦难,是一条双重道路"[21]。

"世界在世界着:生存,既免于死亡的缓刑/春天在春天着:她预付了人类死后的耻辱/我在我着:一条废铁的蛙虫使语言显灵",未阙再次与其他两首诗产成互文印证,《春天的三重奏及其图说》以类比语言建构真理的模式,"世界在世界着:生存,既免于死亡的缓刑";《春天的切片》重于对形而上理想的深究,"春天在春天着:她预付了人类死后的耻辱";《春天的见证》重于个体此在的献祭与救赎,"我在我着:一条废铁的蛙虫使语言显灵"。

---

20 弥赛亚来自于希伯来文 מָשִׁיחַ (moshiahch),与希腊语词基督(christos)同意,直译为受膏者。受膏是一种宗教仪式,经由先知,以圣膏油涂在候选者的头上,确认此人是上帝所选中的人,将可以成为君主或是祭司。在阿拉伯语中 مَسَح (masah)亦有擦拭之意。此处引申为献祭与救赎意。

21 参见[俄]尼古拉·别尔嘉耶夫:《文化的哲学》第三章"自由",上海:上海人民出版社2007年版,第36页。

2. 语言的本体论实验:《春天的三重奏及其图说》

笔者看来,组诗中的绝唱诗篇为《春天的三重奏及其图说》。上文提到诗歌本体论实验即在此诗篇中得到了极尽的展现,故以此诗为例探讨诗歌语言的本体论发现。此诗的构成要素,除了传统的文字之外,诗人独辟蹊径还植入视觉与听觉要素,此亦为"三重奏"的意涵,由文字、乐谱、视觉图示组成的三重奏通感文体。

视觉上的本体论实验,首先体现在对"图形诗"的解构与重组。诗中出现了三张图片:约翰·凯奇的静默乐谱,人的头骨骷髅,一把钢铁式冰冷的手枪。三个图式,成为文字的替身,被作者以第一性的语言方式运用到诗歌创作中。

传统意义上,诗,往往以文字为要素。在突破文字限制的探索历史中,出现了图形诗。所谓图形诗,不外乎是将诗歌所要传达的意象以拼图的方式传达出来。追溯其滥觞,从中国先秦古诗就已出现。它有各种图格、范式,但仅仅为局限于文人间的一种趣味游戏,并不构成本体实验。

另外一种本体论语言实验首推法国诗人阿波利纳尔(Guillaume Apollinaire)等先锋诗人的"图形诗",譬如其典型作品《康乃馨》,以康乃馨的形状为轨迹,安排文字的位置,呈现一支花朵的形状。这种图形框架打破了文字审美趣味的范畴,加入了视觉因素,堪称语言本体论的贡献。其不足在于,这种图形诗仅仅停留在一种机械的"象形"表层上,对诗歌本体的探索贡献极为有限。

真正出现诗歌本体论实验的诗歌,纵观古今中外《春天的三重替身及其图说》堪称鼻祖。它超越了图形诗表层"象形"体系,首次打破诗歌文字第一性观念,将文字与视觉,听觉元素当成均质的因素构成一首诗。

《春天的三重奏及其图说》以三个图片的交叠为界,构成挽歌安魂曲三重奏。

第一个图示为:约翰·凯奇(John Cage)的乐谱《Tacet》[22]。

---

22 Tacet 意为"沉默",借此,约翰·凯奇首次提出"空的节奏结构"概念,即作曲家划定的时间结构内,任何声音都可以投入到空的时间框架之中。其中,实验性的作品《4 分 33 秒》,在音乐史上首次将"silence(无声)"这个概念在音乐舞台上得以实现。凯奇在这部作品中想要做的就是清空节奏结构,让它在一无所有的状态下,坦然地拥抱所有最纯粹的、自然发生的音,在空的结构框架内所有的声音,包括无声,都可以成为音乐。

作者将其插入"春雷刮宫的配乐"之后。如图：
"3.3 猩红的提取器夹紧春雷/刮宫的配乐"：

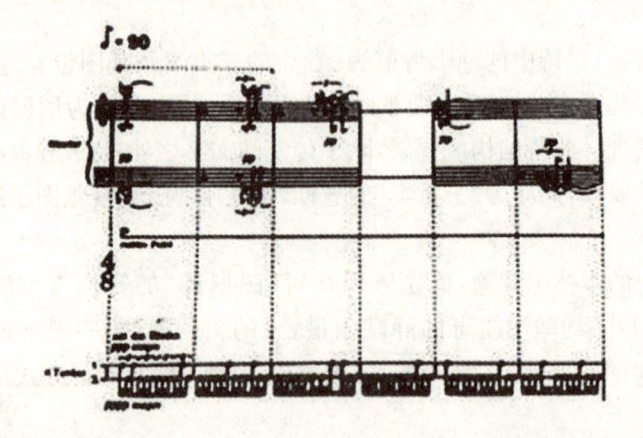

此句里的"春雷"是理想主义在理想覆灭后的形而上隐喻。在此历史情景之下，个体命运被隐喻为一个被"刮宫"所戕害的女性，她在无声哀鸣。由是，我们深刻体会到，无尽的伤痕被建立在理想主义流产，有怨无处诉说的巨大悲痛里。生命被枪杀，被不公义与残忍的奥斯维辛割断喉管。此处我们听到约翰·凯奇的静默，从地下升起，以它无言的沉默对罪恶控诉："命令那些梦的奴隶继续为梦服刑。"

这是一首猩红的哀歌，爬满临产的阵痛。诞生在枪口下的血骨头，那不得不面对的残骸，疼痛的头骨，在诗篇的祭奠里，夜夜哀鸣。这还是一首痛彻心扉的挽歌，它为谁而鸣？"我已经用力，心有余……，上帝，疼……"那些死去的义士，何其壮哉！为了原本该来的"春天"，他们献祭了。

第二个图示：一个骷髅。
"3.2 世界Ⅲ"：

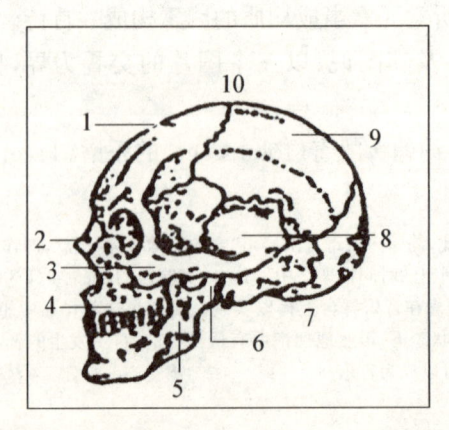

诗人把死去的头颅放在"世界Ⅲ"的下边,预示着此世界沦为末世的命运。以骷髅为配图的后现代诗歌手法,岛子是首创,他将解构主义与反讽塞进了那颗头盖骨拼凑的诗林。一则从象征手法上,头骨是含怨亡灵与悲惨现实的绝妙的"指意"隐喻。具有强烈的视觉直观冲击。那种惨烈与死亡,比文字的表现力更加锋利。二则,从头骨的十个构造中,寻求一种尖锐的反讽。它像一粒解构主义的种子,将头骨撑开裂成碎片。

至此米歇尔·福柯(Michel Foucault)所揭露的霸权执有者,下令道:"把死亡租给枪,□□□□,□□……勿论!"你要选择闭口,看见当作没有看见,听到的即是谎言,否则个人命运就是枪的寓言。于是诗人绝望地喊:"把牌租给赌徒,听□□,谎言,■■!"

"世界Ⅰ:我上哪去说?你们种下了天堂收获了巴别塔",这隐喻着本源性世界,说出的乃属灵话语。"世界Ⅱ:我说什么?你们为女子所生吃醋争风",这是对世相的描述。"世界Ⅲ:我还怎么说?你们/东西/尴尬。"却是亡灵的呼求。在此三重世界里,诗人类比出一种本源世界、现实世界以及个体命运相悖相生的悲剧感。

第三个图示出现在诗尾:枪筒解剖图

　　椅子＋男人＝帝国
　　椅子－男人＝油脂
　　椅子×男人＝氓
　　椅子÷男人＝女人
　　＝(椅子＋男人×帝国)
　　÷(椅子＋男人×帝国)＝

这把手枪代表的意涵是"1"(在那个数学等式里得知)。它代表着权利的绝对以及不可置疑,实则为法西斯主义的代言。手枪与骷髅对话,意味着杀戮与死亡是权力极端的武器,也将是它收割的唯一果子——死路。

此段里采用插入画外音的戏剧手法,增添了诗歌极端的后现代拼贴特征。例如:"3.1「不:我已活过,一个人投宿死屋即一次投生。」","3.3「恶没有受到欺骗,至少童谣唱红了肉冠。」","3.2「日出之前,我要回到墓园/哦,回到墓园。为什么不?!」"被精心插入的三段画外音来自于死去的无辜亡魂。又一次出现数字3,这个3,是诗人通过亡魂之口传唱的箴言,预言了弥赛亚的临到,一把空椅子,一个被牺牲允诺的伟大理念四脚落地,生根,开花,结果。

那把枪的图说,在最后出现:"椅子＋男人＝帝国",意象"椅子"代表帝王

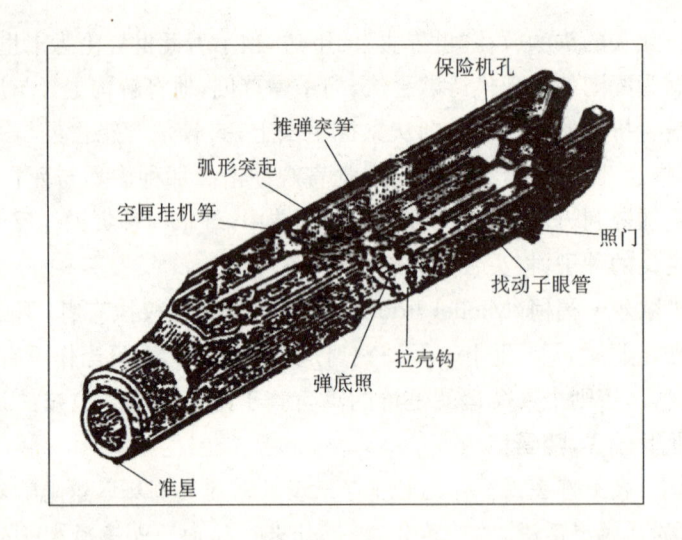

的宝座,是权力的象征。"男人"象征着法西斯的绝对父权。帝国即是封建集权的明喻。最后"(椅子＋男人×帝国)÷(椅子＋男人×帝国)＝(枪的图说)",在这个诗节里,诗人再次将数学符号杂糅到文字里,之前在第一章里"3.3谁？梦见梦游人在月光下对饮/行为〈冥想而〉1"用到了"大于号"和"小于号",以及诗尾的加减乘除,都不是与数字建立联系,而是与特定的"意象"。这未免是极端的诗歌体验,在意象与意象之间建立数字关系,实在为一种打破常规的语言实验。

这是在现代乃至后现代诗歌里首次借用视觉"拼贴"手法,拼贴听觉乐谱、视觉图像以及符号,完成诗歌创作,除了上文看到的约翰·凯奇乐谱、骷髅头骨、枪筒解剖图,还有特殊符号,譬如"「把肉租给谋望,■■！□！」「把死亡租给枪,□□□□,□□……勿论！」「把牌租给赌徒,听□□,谎言,■■！」"里的黑白格子；以及结尾"椅子＋男人＝帝国/椅子－男人＝油脂/椅子×男人＝氓/椅子÷男人＝女人/＝(椅子＋男人×帝国)÷(椅子＋男人×帝国)＝"里的数学符号。这虽然看似延续了早期诗歌里的"玄"倾向,实则乃指向本源性语言归属意涵,它不再是表层观念性的诗歌结构,而是一种元语言。

故而笔者认为在寻求诗的新语言的道路上,《春天的三重奏及其图说》开创了元语言的可能性,恰如美国诗人霍华德·奈莫洛夫(Howard Nemorow)在《论诗歌与绘画,兼及对于音乐的一点思考》中所言:"诗歌在起作用的时候,也是被一种内在能量所照亮的浓缩形式；诗歌中的观点并不重要,重要的是诗歌本身。"[23]

四、处境化：诗人何为？

世界文学大师博尔赫斯（Jorge Luis Borges）曾遭遇了失明的命运，他在《一个盲人》中写道："我在两眼漆黑里慢慢悠悠地/用手摸索着我看不见的痕迹。一阵闪光来到我眼前，我看见了。"

当春天塌落，坠入漫长的黑夜，真理之光湮没不现，诗人被流放到黑暗的深渊，这未尝不是一种失明，它与博尔赫斯的失明有同样的本质——沿着踪迹的脚印，寻找另一种看见。这些失明者另有一个充满悖论的名字，它就是岛子诗作里的"瞎天使"。在岛子新诗篇《收割》里，另一种看见乃一种"收割"，一个盲天使于万古黑暗中，磨镰的声音响彻旷野。

磨镰的声音涌入麦浪
万古
响彻旷野

瞎天使：尖翅膀的利刃
呼啸——
掠过麦茬围拢的村落

求你：挽住云雀与晨星
求你：挽住蛙鸣与麦垛
你能否挽紧：无地拾荒的臂膀
你能否更瞎：瞎到——
能摸黑递给我灯座

何处？你升天的麦粒
再次掰开耶稣
主啊，何地？你掰开我
——词语的天国

——《收割》2013

---

[23] 《诗人与画家》"论诗歌与绘画，兼及对于音乐的一点思考"一章，济南：山东画报出版社 2006 年，第 18 页。由美国诗人霍华德·奈莫洛夫（Howard Nemorow 1920－1991）所撰写。

此诗撷取圣经意象"天使",从其语境来看更是"先知"(prophet)的别称。"先知"源于《圣经》,记述了众先知的事迹,包括亚伯拉罕、摩西、撒母耳、大卫、以利亚、以利沙、以赛亚、耶利米、以西结、但以理等诸先知的事迹,其使命即为天国而收割。然而《收割》中本为收割的天使却"无地拾荒",这预示着深渊时代的临到,"春天"隐喻的真理之光被罪恶吞噬、遮蔽,雾霾遍布天穹,幽灵响彻旷野。

此处境即"贫困时代"亦称深渊时代的当下类比,意指海德格尔提出的"从赫拉克勒斯、狄奥尼索斯和基督耶稣所构成的'三位一体'弃世而去,世界时代的夜晚趋向于黑夜"。[24]《收割》以先知的处境化类比幽暗深渊遮蔽真理之光的悲剧。这意味着另一种"失明",犹如博尔赫斯反复地说:"我失去的仅仅是/事物的毫无意义的外表。"[25]黑暗湮没了可见世俗之物的眼睛,双眼不再作为可视器官,毋宁说先知自毁双眼,瓦解感官经验,召唤一种超验的通感,唯此才能"看那盲者所见到的黑暗",才能"挽住云雀与晨星,挽住蛙鸣与麦垛"。因而诗人吟唱着"你能否更瞎:瞎到——能摸黑递给我灯座。"即使彻底失明,先知仍然能够摸黑传递弥赛亚精神,直到诗人睁开另一双眼睛"你掰开我——词语的天国",诗歌回归其本源的话语,先知复明。

从"你掰开我——词语的天国"可知,诗人找到了语言的家。早期诗作的修辞化转变为真正的本源性语言,一种诗的新语言直抵"道言",自然天成。尤其诗人即先知的理念,贯穿始终。在深渊时代里,诗人何为?诗者何为?岛子在写于1992年的《诗人》与《诗艺》中道出了真正的诗人本质:"诗人职权和诗人之天职出于时代的贫困而首先转化为诗人的诗意追问。"[26]

> 全体云层分担,一双芒鞋从来浪迹
> 从来!选择这一焚尸的柴垛浴火
> 游子熟悉诱惑,光线悬在蛛丝
>
> 哦,浴火:那薄冰煮熟的秤砣,偏要
> 探听一只蜗牛的触须,偏要

---

[24] 海德格尔:《诗人何为》,转引自《林中路》第245页。
[25] 博尔赫斯:《一个盲人》,译者王央乐,原诗:"我不知道,我在望着镜子里的脸时,回望着我的是什么脸;我不知道,是什么衰老的脸,在沉默和已经疲劳的怨恨中寻找自己的形象。我在两眼漆黑里慢慢悠悠地用手摸索着我的看不见的痕迹。一阵闪光来到我眼前,我看见了你的头发,灰白的或者仍然是金黄。我反复地说:我失去的仅仅是事物的毫无意义的外表。这句慰藉的话来自弥尔顿,那么高尚,然而我依然想着文字,想着玫瑰。我也想着,如果我能看见我的脸,我就知道,在这个难得的夜晚,我是谁。"
[26] 海德格尔:《诗人何为》,转引自《林中路》第245页。

采集一根竹杖的血珠,偏要

无名的病痛,偏要

养成有名的医术,偏要

千年多病,多雄蕊,多豺狗,偏要

独自登高而流淌。为石蜡发言,灌进鹤唳

为拒绝:铁椅子的竞技。为你:千年哭墙迁移

为这:羽族,虫族,世代,哦,龙麟面具

那霜降,迟早柿子黄,

那马胃里反转的青草,迟早

要变成白垩的书页,迟早全不配

迟早落笔!迟早都要发生
——《诗人》

岛子诗歌意象只要出现便极具惊世骇俗的奇幻诡谲。此诗中,"芒鞋"类比"诗人",芒鞋不仅仅在"赋比兴"的象征层面揭示了诗人多刺、敏感、坚韧、游牧的特质,恰若被放逐的游子——"一双芒鞋从来浪迹"。更加绝妙的是,词语与词语,诗句与诗句之间,形成德里达(Derrida)"延异"[27]的生成特质,芒鞋浴火的过程恰恰是海德格尔所说诗人"吟唱着去摸索远逝诸神的踪迹"。[28]

那薄冰煮熟的秤砣,偏要

探听一只蜗牛的触须,偏要

采集一根竹杖的血珠,偏要

无名的病痛,偏要

养成有名的医术,偏要

千年多病,多雄蕊,多豺狗,偏要

独自登高而流淌。
——《诗人》

---

[27] 延异(différance)一词是德里达将法语中名词"差异"(différence)的词尾-ence,改写为-ance生造而成。在此,这个不发音的字母"a"以其"金字塔式的沉默",阐明了书写的重要性,进而从根本上颠覆了声音的在场特权。由此,这个"缄默的记号"便成为拆解语音中心主义原则的重要策略。作为一种观念,延异包含着延宕化和间距化的双重意味,这本是符号作为语言缺席的替代证明,然而借助海德格尔的实体—本体论差异,和索绪尔语言学有关符号任意性和差别化的原则,德里达深入阐释的"原初性的延异"却从根本意义上取消了"本源"和"在场"。

[28] 海德格尔:《诗人何为》,转引自《林中路》第245页。

由本质性芒鞋隐喻,经"浴火"、"薄冰煮熟"、生成"秤砣"的个体经验延异过程,不得不使人想起元杂剧诗人关汉卿"铜豌豆"的命运多蹇。"那薄冰煮熟的秤砣"却偏要探听不闻的声音——"蜗牛的触须";偏要采集不可之物——"竹杖的血珠";偏要铸就不可言说的极端的悖论——"无名的病痛","有名的医术";偏要隔空直追不可弥留的时间——"千年多病,多雄蕊,多豺狗,偏要独自登高而流淌"化用杜甫"百年多病独登台"。这就是诗人,以超验的经验,而非超验的丧失出发,近乎执拗般"偏要"摸索那已远逝丢失的潜在本源。

这就是诗人,亦为先知。岛子在《诗艺》中进一步揭示诗者何为?他甚而用形而上学与超验的阀门撬开了诗歌的秘密:

一首诗为你把棉被捂紧
就不会再有睡意。一首诗
跪行在煤层,嘴衔饥饿的矿灯

从一粒黑盐,听到海啸,一首诗
缄默多半:如火烧云的残卷,遗民
雪岭阴坡,陋室的上颚

一首诗要有惊马的神采
直到轮子溅火,冒烟,直到草味的响鼻
颤栗在起句,辙,韵,守在你门前

一首诗:沿着语义的歧路,追踪丢失的脚
一首诗:被攀登的血液高举,响成暗河
一首诗:像蝰蛇过路,逃一次蜕皮一层

美是不够的。一首诗
等她:墓树,沉香,刨成一案锦瑟:无端
等她:渊面,生风,马槽托起圣婴:无稽

一首诗的真实,形同浪迹,刚毛临风
一首诗哦,在有无之间,空山,崆峒
变幻跟着变换,几微,无名

一首诗纯粹到老家,白发直立,倒栽云头
不像疾病隔世流传,一首诗:
医治另一首诗,一切诗医治一首诗
——《诗艺》

一首诗召唤着真理的无蔽,人类的有限性被诗的无限性撕碎,凝结而成形而上的超验真理。界限的消散构成一种真理的永恒在场,即为黑暗弥漫的现实表象与隐现的真理之光,构成一种恒久的"争执",诗人用诗性的语言将其显现出来:"一首诗:沿着语义的歧路,追踪丢失的脚/一首诗:被攀登的血液高举,响成暗河/一首诗:像蝰蛇过路,逃一次蜕皮一层",其中"语义的歧路"、"攀登的血液"、"蛇蜕"建构成为一个世界的表象,同时作为潜在真理的表征,沿着它("沿着语义的歧路")追寻真理之光——"丢失的脚"、"暗河"。这个过程即为"解蔽",类比于"蛇蜕皮"的过程。此过程有两个特征:一则,"丢失的脚"、"暗河"预示了真理存在状态为暗藏的隐匿的;一则,"蝰蛇过路,逃一次蜕皮一层"揭示出存在者解蔽真理这一过程定为极具生成性,永无止息,痛饮苦酒之路。因而,美是不够的,这是一条通向真理的荆棘之路。

因而才会有"一首诗/跪行在煤层,嘴衔饥饿的矿灯",诗人把抽象的"诗"人格化、经验化,让饱受饥饿的诗在煤层匍匐跪行,把诗的感知延伸到存在的全部性。可以看出,岛子的诗歌理念跳出了现代美学范畴,延续了黑格尔(Hegel)对康德(Immanuel Kant)美学的反思。如此一来,康德审美范畴里"美"的超验性被绝对的个体性经验所瓦解,成为超验的经验,亦即一种绝对精神对海德格尔所说"神性之光在世界历史中黯然熄灭"的永恒争执。"直到轮子溅火,冒烟,直到草味的响鼻",诗的真理才会显现——"颤栗在起句,辙,韵,守在你门前"。

在理解海德格尔"无蔽"概念时,岛子写出了诗意的双关语:"等她:墓树,沉香,刨成一案锦瑟:无端/等她:渊面,生风,马槽托起圣婴:无稽",献祭先于救赎,或者说,黑夜是弥赛亚的前奏。在《圣经》里,当真理(基督)逐渐成为黑暗里不可见的被遮蔽的缺席者,寻找消逝的神迹成为众先知迎接弥赛亚临到的唯一使命。诗人如斯,沿着深渊的歧路,追踪丢失的真理,"在有无之间,空山,崆峒/变幻跟着变换,几微,无名"直至"一首诗:医治另一首诗,一切诗医治一首诗"。

当世界黑夜弥漫着它的黑暗,真理之光隐匿不见,黯然熄灭。所谓的真理逐渐成为黑暗里不可见的被遮蔽的缺席者,那么谁能追寻这真理之光的踪迹呢?踪迹往往隐而不显,往往是那几乎不可预料的指示之遗留。海德格尔的回答是:先知或者贫困时代的诗人。他说,"在贫穷时代里作为诗人意味着:吟唱着去摸索远逝诸神的踪迹。因此,诗人就能在世界黑夜的时代里道说神圣者。"[29]

---

29 海德格尔:《诗人何为?》,转引自《林中路》,第245页。

五、一种新语言:本源性的回归

荷尔德林(Friedrich Hölderlin)诗云:"依于本源而居者,终难离弃原位。"[30]

"在被认为是永恒的东西中,无非是隐匿着一个被悬置起来的消逝者,它被悬置在一种停滞的现在的虚空之中。"[31]海德格尔在《诗人何为》中如是说。所谓被悬置起来的消逝者,不再单义指称一个"他者",既非基督教的"上帝",亦非希腊"诸神"。它是处境化的一种本源性回归,彼岸通向一个本源的归巢,母语。

继解构诗学之后,岛子的诗歌提出了新的问题:如何回归本源?

一条道路指向弥赛亚,它源自于对基督精神的领受:从《安慰之歌》到《收割》;一条道路指向自然本源,体现在诗歌里便是对自然的召唤:从《雪夜三叹》到《白洋淀晨歌》;一条道路指向传统,追踪母语的弥赛亚:从《向我的母语致敬》到《祭孔》。

所谓一种诗的新语言,即于三者之间构建精神桥梁,建立一个"三位一体"的诗歌元语言。所指为"一",即为太初、本源,又为无蔽真理;"能指—位格"有"三",基督精神、自然本源、母语归向,三者构成一个"皱褶"(fold)。[32]

犹如艾略特(T. S. Eliot)在《传统与个人才能》中所说,"不仅要意识到过去的过去式,而且要意识到过去的现在式,……这种历史感,既是一种无时间感,以及两者的同在,这样才能造就不脱离传统的作家。与此同时,它使得一个作家最敏锐地意识到他在时间中的处所,意识到他自己的同时代感"。[33]这种"无时间感"的感觉恰恰成为本源性回归的一种诗性体验。

从母语传统里寻找一种通向本源的话语,这不失为通向无蔽真理的一条

---

[30] 此诗句出自荷尔德林《漫游》诗篇。

[31] 海德格尔:《诗人何为》,转引自《林中路》,第290页。

[32] 皱褶,又译成"褶子"(fold),是当代法国著名的哲学家吉尔·德勒兹(Gilles Deleuze, 1925-1995)在其著作《褶子:莱布尼茨与巴罗克风格》中的核心概念,也是德勒兹整个哲学体系中的核心概念之一。褶子的特质在于它有三重套叠:(1)它是一个反外延的多元概念,一种迷宫式的复杂性的多元表达;(2)它是一种事件或一个反辩证的概念,是让思想与个性互相"分层"的操作者;(3)它是一个反笛卡尔(或反拉康)的主体概念,是绝对内在性的一种"传播"(交流)形象,既与世界等同,又是审视世界的一种视点。德勒兹哲学美学攫住生活,强调活力论:生活本身既是整体的,又是富于差异的。

[33] T. S. 艾略特:《传统与个人才能:艾略特文集·论文》,卞之琳、李赋宁译,陆建德主编,上海:上海译文出版社,2012年第1版,第3页。

拯救之路。岛子 2013 年诗篇《向我的母语致敬》所要达到的彼岸即寻找一种对于传统与当下处境,以及基督精神交合时的无时间感。

> 你打开你,给我看:我变成水
> 水看不到自己,灵泉一滴,比
> 脑浆更白,比过雪莲,比过银河
> 百年长衫落魄,你的足迹丧乱,比
> 铁树的骨灰更黑;比
> 杜宇的啼血呀,更无比
> ——《向我的母语致敬》

首句"你怀有我,游弋,一个词"中的"你",从诗题来看,指称"母语",即传统。在"我变成水/水看不到自己"中,个体性,亦即"个人"才能被传统母语所围拢,此处点出诗人对于个体经验的观点,即个体经验应消除"自我"束缚,即庄子所言"成心",抵达"本无自性"、"无自无他"的境界。正应了艾略特所言一种"无时间感"的超越性经验。

> 你怀有我,我便守在你羊水的方块上眺望
> 草根与烟岚,抓住下滑的泥石,你瓣开你
> 瓣开山海的好风水,唤我,赐我
> 笔意中的神子、芥子和葡萄园
>
> 你鸟虫篆书,你横平竖直,大道扛起厚德流离
> 你黄泉锥沙,你碧落折钗,水袖挽扶竹马流离,
> 流离哦,流离的茱萸遍插飞檐,数不清
> 你究竟有多少盏簌簌流离的青灯,照不亮
> 人世的白日梦和判决书,可太初有你,其命如你
> ——《向我的母语致敬》

"你瓣开你/瓣开山海的好风水,唤我,赐我/笔意中的神子、芥子和葡萄园",唯有放下自性与成心[34],才能领受本源施予的恩典。作者在此揭示了"灵感"的秘密,它不像现代美学家所宣称的灵感来自于个人才华,其中最著名的论断即康德"天才论",而是将其归于一种恩赐,圣灵的浇灌。所以说"唤我、赐

---

[34] "成心"语出庄子《齐物论》"夫随其成心而师之,谁独且无师乎?"见《庄子集释上:齐物论第二》,郭庆藩撰,王孝鱼校,北京:中华书局,1961 年第一版,第 56 页。

我",在存在主义理念中,真理召唤自身自行显现,而在圣经话语里,一切来自于神赐。此处暗含着一种置换与超越:基督教里的God,哲学世界里的"真理"、传统中的"母语"其所指为一。

"你鸟虫篆书,你横平竖直,大道扛起厚德流离/你黄泉锥沙,你碧落折钗,水袖搀扶竹马流离",此句直接指向上古母语"鸟虫篆书,横平竖直""黄泉锥沙、碧落折钗",以类比语言构建了母语传统维度,以上古的文字书法传统承载"太初""大道"。历经时空之"流离"却终至消逝缺席。诗人感喟道"可太初有你,其命如兴",母语作为传统的语言载体,太初即存在,作者在此点明,真正的传统归向即守住本源性母语,此即本源性语言归向。

> 一个食草寡母,擦拭她镜中的游子
> 在你涂抹辣椒的乳头,饥饿的律法废止
>
> 恨血千年,一只无常假眼
> 怎能见识姨母断魂,祭侄绝境?即便
> 神龟的脊背完全破裂,即便
> 躲在革命下水道的马蜂,哄然将她分食
>
> 你怀有我,游弋,一个词
> 你打开你,给我看:我变成墨
> ——《向我的母语致敬》

接下来,出现了一个新语言的端倪,即揉碎传统与圣经意象,以本源性母语直接言道。"一个食草寡母,擦拭她镜中的游子"此句用典绝妙,诗艺炉火纯青,"食草"之物在基督教《圣经》话语中指称"羊",即得神牧养之门徒意。"寡母"为传统词语,多见于古文。"食草寡母"将圣经意象与传统意象杂糅合一,以本源性母语道出双重语义,即为救赎又为苦难,此乃弥赛亚精神显现为母语形态。乃至末阙"姨母断魂,祭侄绝境"、"神龟的脊背完全破裂",均为此母语手法的化典妙用,分别化用了王羲之的《姨母帖》和颜真卿的《祭侄稿》。

尾句"你怀有我,游弋,一个词/你打开你,给我看:我变成墨",呼应首句"你打开你,给我看:我变成水",呈现出时间的维度,在"水—墨"的转变中,所有的情感、经验、行动全部被抽离其个体性,上升到一种超验的变形"无时间感"、"无我",恰恰是时间维度的潜在变化"水—墨",抽空了时间自身,抑或说,消解了线性时间观。"墨"意象的建构显现出诗歌语言具有一种生成性机制。

"神学诗学"的本源性归向

这种"生成性"[35]机制，构成一个场域。此场域中，历史传统、形而上精神、个体经验生成为一个个游牧[36]之"象"，不断变形、延宕、溶解、消散。尤其在《祭孔》里，对于传统"儒家"之鼻祖孔丘的还原性建构，极具本源性归向：

风暴吹转星相
旋转，又旋转

你的牛车陷落在坟茔边缘
手指在沂水上写不成字据
一次被卖，就有千万次倒卖
孤儿啊，你水瓢空空饥肠咩咩
——《祭孔》

作者以"孤儿"指代孔丘，据上文所述，孤儿游子意象隐喻诗人与先知，可见此诗中，透过诗人与先知的形而上学契合，再次赋予其传统意涵，圣人的人格构建。如此便出现一个"三位一体"的诗歌结构：信仰上的不可见之神，形而上学的真理，以及中国传统文化的人格维度，三者源自无蔽之"一体"的三个位格，如是便将传统、个体与真理之光的关系揭示而出。

谁，又能筛尽那堆到天边的光粒
有何等的金子或谷糠，而这
又多么近乎一个伟大的德性
或宿命

"逝者如斯夫"
——《祭孔》

作者以两个主体对话的方式，产生时光交叠的效果。这是一种有限生命与无限使命的悖论，括号内的声音直接来自于孔丘，其余为作者所抒写。诗歌将叙述者"我"与孔丘置于相同时空，此时，孔丘即为我，我即为孔丘，同时它既不是我，亦非孔丘，而是先知与真理。这是一场充满悖谬与争执的存在，"又多么近乎一个伟大的德性/或宿命"，它是终极的"德行"或"宿命"。在此诗中历史消遁自身，时间隐退呈现一种"无时间感"。

---

[35] 此处"生成性"概念，来自法国当代哲学家吉尔·德勒兹哲学思想。
[36] 此处"游牧"概念来自于法国当代哲学家吉尔·德勒兹哲学思想，请参见吉尔·德勒兹《资本主义与精神分裂（卷2）：千高原》，姜宇辉译，上海：上海书店出版社，2010年。

皱褶里的另一个纬度乃面向自然的本源回归。以《白洋淀晨歌》为例：

水。鸟。荷。云。芦苇

百里宋人绢本，百里随风
飘拂，掀开九米深的湖底
下沉者的舌头，被救起

湖水的皱褶展开
倒映一只翠鸟，倒映你
词语的完全水乡，怎样

绝尘的洛神，无赋，无踪。怎样
痉挛的桨耳，遍体扎满针管，怎样
扶起，遍地倒伏的路标

而一根莲藕，通往神的好心肠
船灯星星点点，跟随你的唇和小痣，从你
五岁的笔迹摇来
——《白洋淀晨歌》

首节以"水。鸟。荷。云。芦苇"掀开自然序曲；继之，第二、三节以"百里宋人绢本，百里随风/飘拂，掀开九米深的湖底"揉进传统文化意境，构造自然与文化的皱褶；第四节则以处境化手法隐喻"道隐"之语境："绝尘的洛神，无赋，无踪。怎样/痉挛的桨耳，遍体扎满针管，怎样/扶起，遍地倒伏的路标。"道统崩殂，人心离散，传统根基再也无赋、无踪；自然表象亦随之呈现一种荒芜、衰败、苦痛之感，"痉挛的桨耳，遍体扎满针管""遍地倒伏的路标"；至此，作者以传统文化、自然归向之崩塌类比真理之隐匿不见。

"而一根莲藕，通往神的好心肠"，此处峰回路转，弥赛亚在形而上层面，以经验性诗歌语言道出了救赎的可能性，即神的好心肠。此种恩典，穿过自然表象"一根莲藕"，穿过本源性文化"五岁的笔迹"，摇向真理之光，弥赛亚的临到。由是，诗歌"三位一体"的内在结构瞬间跃起，自然镜像、传统语境、弥赛亚启示，三者撑起一个神迹："你还在编织"。

被，荷叶的波涛卷起
白茫茫冻进湖冰，一张宣纸
白茫茫为鸟有天地哭泣

最白的仙鹤飞走了
最黑的天鹅倒挂在
对岸的网笼

而那思者的草帽,你还在编织
蓴片催动蓴片,向四野
芦根的肺叶击节吟唱,在天边
——《白洋淀晨歌》

"你"即自然本性之人、存在论之认识、形而上学之先知,三者共同编织的超验性个体,以及本质之此在。这是此在如何面对存在问题的诗性追问与回答。当世界坠入深渊,"一张宣纸/白茫茫为鸟有天地哭泣",当"最白的仙鹤飞走了/最黑的天鹅倒挂在/对岸的网笼",当罪恶与雾霾遍布大地,作为先知的羔羊自当静守太初之道,追寻不可见神(真理)的踪迹。唯有如此,才能在无处生还的绝望中得以新生。

岛子《雪夜三叹》曾表述了此种绝望与新生,一种新的诗歌语言诞生了:

大雪:奔丧的风影抬走穿寿衣的星座

我父亲的坟茔,更白了
我母亲的坟茔,更白了
我舅父的坟茔,更白了

看!我前世的坟茔,更高了

大雪:挤破梦与醒的栅栏

青松的梦,更青了
黑马的梦,更黑了
黄河的梦,更黄了
毒蛇的梦,更毒了

死的时候只有更轻,才能埋进雪原

大雪:带着冰和谜前来交谈

核电和天使哦你们谈,交谈冻结了
候鸟和湿地哦你们谈,交谈冻结了
穷人和资本哦你们谈,交谈冻结了
魂幡和气息哦你们谈,交谈冻结了

大雪：没有词，只有冰还在哭
大雪：没有冰，只有谜还在笑
——《雪夜三叹》

这是一首灵歌，关乎有限的死与无限的生，情感充沛深沉。意象"雪"被作者营造成一种临界点，生与死，拯救与堕落，圣洁与罪恶中间的介质与条件："大雪：奔丧的风影抬走穿寿衣的星座"，它介于生死之间；"大雪：挤破梦与醒的栅栏"，它介于理想与现实之间。一场雪就像一场弥赛亚的临到，一个谜通过它解蔽："大雪：带着冰和谜前来交谈"。至此，我们知道"雪"的意象已经构成一个完全透明的介质，绝非实体。所谓的本源性语言，即此意义上的回归，穿透物质，向纯粹精神性靠拢。

透明的诗歌语言诞生了，它们在极力揭开秘密，生命的秘密。在自然主义镜像与形而上真理的多次交谈中，遇到了劫难："核电和天使哦你们谈，交谈冻结了／候鸟和湿地哦你们谈，交谈冻结了／穷人和资本哦你们谈，交谈冻结了／魂幡和气息哦你们谈，交谈冻结了。"这又是一个处境化的隐喻，结局却是满含玄机："大雪：没有词，只有冰还在哭／大雪：没有冰，只有谜还在笑"。

谁在哭？谁又在笑？一个彻底悖论式的回声，以永无休止的争执宣告了新语言的诞生，在我们的当下处境里，一种本源性的语言破壳而出，它在哭，还在笑。

道恶乎隐而有真伪？言恶乎隐而有是非？道恶乎往而不存？言恶乎存而不可？[37]真正的诗，乃大道大言。毫无疑问，在后现代深渊里，诗人即先知。岛子作为诗人，早已远远超越了后现代主义，时间满了，他转向了"神学诗学"的光明维度：一种本源性语言的回归。唯此"才能埋进雪原"。[38]

---

[37] 见《庄子集释上·齐物论第二》，郭庆藩撰，王孝鱼校，北京：中华书局，1961年第一版，第63页。
[38] 见岛子2013年诗篇《雪夜三叹》。

启示与悬念

黎衡（自由撰稿人）文

一、启　示

1.

神说，要有光，就有了光。

神看光是好的，就把光暗分开了。

（创 1:3—4）

　　创世是一次诗性的行动。上帝说出的第一个词是"光"，于是，虚无和浑茫被照亮，世界随着圣言之光徐徐展开。现代的量子物理学和天文学，用"光速"描述速度之快，用"光年"形容距离之远。没错，"光"本来就是世界的开端与终结。作为语言的"光"最先照亮了作为现象的"光"。上帝的圣言是世界的原点，是关于宇宙的命令。人类的语言则是文明的基质，是人的一切创造活动的核心秘密。把语言当作工具，或者把语言功能化（交流、商务、审美、科学），都只抓住了一鳞半爪，是盲人摸象式的对语言的窄化和"贬低"。因为本质上，语言是世界的"原型"，上帝创世是人类写作行为的"原型"。海子在《我热爱的诗人——荷尔德林》一文中阐述了他的诗歌观，把诗人分为两类，一类诗人"认为生命可能只是自我的官能的抽搐和内分泌"，另一类诗人则热爱"人类秘密"，"从景色进入元素"。虽然以境界来判断写作高下有时会显得武断，但我还是认为，"秘密和元素的诗人"比"官能和内分泌的诗人"更接近诗写的本义。人类学的研究也证明，最早的语言多是关于占卜，最早的诗多用于祈祷、祭祀。

蒙昧时代的祭司,集通天者、知识精英、诗人的身份于一身,甚至还是最高世俗权力的化身。在科技日新月异、媒介变化多端、艺术五花八门的当代,真正意义上的诗人仍是人类文明的古老秘密的掌握者、宣誓者。写作,是意志的、真理的、美学的根本性实践。

2.
神就照着自己的形像造人,乃是照着他的形像造男造女。
(创 1:27)
耶和华神用地上的尘土造人,将生气吹在他鼻孔里,他就成了有灵的活人,名叫亚当。
(创 2:7)

人是上帝按自己的形象造的,这形象不是指长相,而是说人和上帝一样,有灵魂和语言能力,这也使人与其他一切受造物区别开来。因为分享了上帝的部分属性,人类的写作(以创作"模仿"创世)才是可能的。由"尘土"和"生气"构成的人,艰难地寻求着肉身与灵性的平衡。与造物主强力的、绝对的命令不同,人的写作表征着自身的易朽与无限之间的紧张关系。

3.
耶和华神用土所造成的野地各样走兽,和空中各样飞鸟,都带到那人面前看他叫什么。那人怎样叫各样的活物,那就是它的名字。
(创 2:19)

创世的诗性行动完成后,上帝把受造物的一部分命名权交给了人类。计算机时代编程语言的命名、微观到基因或遥远到星云的命名,只是这一权力的发展和衍生。写作,则是对人类自我理解的秩序的重塑,通过打破语法规则、建立隐喻体系、讲述寓言、描绘幻象,把僵化的命名权夺回诗人手中。诗人面对白纸和空无的 Word 文档,就如同亚当面对没有名字的各样的物。

4.
于是女人见那棵树的果子好作食物,也悦人的眼目,且是可喜爱的,能使人有智慧,就摘下果子来吃了。又给他丈夫,他丈夫也吃了。
他们二人的眼睛就明亮了,才知道自己是赤身露体,便拿无花果树的叶子,为自己编作裙子。
天起了凉风,耶和华神在园中行走。那人和他妻子听见神的声音,就藏在园里的树木中,躲避耶和华神的面。

耶和华神呼唤那人，对他说，你在哪里。

（创 3:6—9）

夏娃和亚当偷吃"分辨善恶树上的果子"，意味着三点：第一，与"禁止"相伴的"自由"诱惑着人，但人并不能把握"先验的禁止"的意涵和自由的边界，当跨出这违逆命定的冒险一步，罪便成了自由的代价，此后，当人类为自由意志雀跃、为"存在先于本质"激动不已的时候，无穷的远方也遍布无数的断崖；第二，正如被告不能同时担任法官一样，有限的人类也不能据有全能的上帝"分辨善恶"的权柄，当人僭越这一特权，每个并不纯全的人（族群、国家）都私设审判席，每个他者都成了孤岛和"地狱"；第三，在不能分辨善恶之前，人是天真的，善恶是无意义的（赤身露体而不羞耻），当人辨明善恶，便总是会趋向恶，这时遮挡自己，只是对罪的掩耳盗铃。

上帝问"你在哪里"，意味着人因为罪而与神隔绝了。人的写作也成了"罪感"和"耻感"阴影下的写作，"自由"、"善恶"成了两难的、自我驳诘的写作母题。

5.
那时，天下人的口音言语，都是一样。

他们说，来吧，我们要建造一座城，和一座塔，塔顶通天，为要传扬我们的名，免得我们分散在全地上。

耶和华降临要看看世人所建造的城和塔。

于是耶和华使他们从那里分散在全地上，他们就停工，不造那城了。

因为耶和华在那里变乱天下人的言语，使众人分散在全地上，所以那城名叫巴别。

（创 11:1,4,5,8,9）

犯罪后，人类不仅想在"分辨善恶"方面和上帝一样，还想在"创造"方面与上帝比肩（尽管这不过是受造物对受造物重复的堆砌）。从《圣经》的通天塔到今日的摩天大楼、唯科学论，人类不遗余力地彰显自己的能力和荣耀，"为要传扬我们的名"。按本雅明的观点，堕落的人类离开了纯粹的语言，把语言变成工具，而且至少有一部分变成了彻底的符号，"人的堕落在使语言间接化的过程中，为语言的多重性奠定了基础，此后，语言的混乱就会是咫尺之遥"。

作为工具的、失去了灵韵的同一语言，最终被上帝"变乱"。"分散在全地"的人类，不仅在"口音言语"上各各不同，而且产生了犹太教、基督教、伊斯兰教之间"文明的冲突"。塔利班恐怖组织对当代巴别塔纽约帝国大厦的撞击，成了最沉痛的反讽。本雅明还论及,今日译者的任务,不是为读者而译,不是为交流而译,而"要用自己的语言去释放被另一种语言的符咒困住的纯语言,要在对原作的再创造中解放那种被囚禁的语言",纯语言存在于各个具体语言超历史的"亲缘关系"和每一种语言的整体意指中。

这一神话式的纯语言,是巴别塔和堕落前唯一的语言,现在,也许只能在祈祷时,在地球各个角度不同语言、异口同声的"哈利路亚"、"阿门"的祷词中窥豹一斑。

6.
太初有道,道与神同在,道就是神。
这道太初与神同在。
万物是藉着他造的。凡被造的,没有一样不是藉着他造的。
生命在他里头。这生命就是人的光。
(约 1:1—4)
道成了肉身,住在我们中间,充充满满的有恩典有真理。我们也见过他的荣光,正是父独生子的荣光。
(约 1:14)

圣言就是神,与神同在。言词之"光"即生命之光。写作必须投入到真实的生命中,才是具体、有效的。创作材质的丰富与技艺的精深固然重要,但个体经验和存在状态的切身性是其成立的前提。重大的题材、复杂的观念、富于强力的大词不能天然地使一部作品重要,有时适得其反,会暴露拙劣的空洞或主题先行的急进与写作雄心毫不对称。我看到有一些诗的表达方式,更多的来自阅读习得,而不是个人生命的锻打,是一种文本到文本的下意识的移植拼贴,并由此形成被他人的阴影重重覆盖的语言惯性,轻易地绕过了经验的暗礁,仿佛那不是他在写诗,不是他出于创作者的精神的困惑或情绪的迫切在写诗,而是作为一个传声筒,留下一些杂音和返响。

"道成了肉身,住在我们中间",这"光"扑面而来,临在于每一个当下的场景,熠熠生辉。写作也是一种"道"与"肉身"的相遇,不是文以载道,而是文道同一,文质彬彬,寄无穷于有形,如风中之旗。

7.
耶稣说,我就是道路、真理、生命。若不藉着我,没有人能到父那里去。
(约 14:6)

道成肉身的耶稣,提供了一个关于写作的绝佳隐喻。"道路、真理、生命"的统一,是我的诗歌理想。"道路"相应于诗的形式、结构、修辞、语调、声音;"真理"相应于诗的内容、蕴藉和词语的意义、所指,在更高的层面上还指向超越性价值;"生命"相应于写作者的激情、意志、情绪,还包括前文提到的"个体经验和存在状态的切身性"。对一首杰作而言,三者是圆融合一的。没有"道路",就无法精确地实现写作意图,表达便会显得粗糙甚至粗暴;没有"真理",就只剩下修辞学和比喻句的演练,或只剩下声音的碎片拖着意义混乱的鬼影幢幢;没有"生命",则只能提供空洞的废话和无效的表演。"道路、真理、生命"的统合,也意味着整部作品形成"牵一发而动全身"的整体,词句不是孤立的部分,而在共振和呼吸中浑然,像一件完美的织物。这件织物,使诗克服了词语的音乐、思想的光斑、神秘的灵氛的顾此失彼,它是三者的妥协,是"抽刀断水"的平衡之艺。

瓦雷里在论及"纯诗"时说:"如果诗人能够……写出一种诗来,在这种诗里音乐之美一直继续不断,各种意义之间的关系一直近似谐音的关系,思想之间的相互演变显得比任何思想重要,词藻的使用包含着主题的现实——那么人们可以把'纯诗'作为一种存在的东西来谈。但事实上是这样:语言的实际或实用主义的部分,习惯和逻辑形式,以及我早已讲过的在词汇中发现的杂乱与不合理……使得这些'绝对的诗'的作品不可能存在。""纯诗"构想了声音、意义、逻辑、主题无限和谐、毫无冗余的一种诗。我所说的"道路、真理、生命"合一的诗,则更强调一种状态,一种趋向,一种妥协的、不断接近完成的写作现实。就像"道成肉身"的圣子降卑,拆毁藩篱,成为人与神的中保,"道路、真理、生命"之诗也并非无法企及的理想形态,它是实践理想之诗的过程和通道。

二、悬　　念

我高中开始写诗(2001年),一度非常迷狂,断断续续地写,直到大一、大二,这个过程是真正的青春期写作,阅读视野有限,没什么现代的语言意识,郁悒的性格和丰沛的情感像浅井荡漾,让我挥洒十几岁镜花水月的灵气。这是语感的准备,偶有佳句,但没有可留下的作品。不过,即使在那个时候,我也坐井观天地对才华满怀自信。如果说诗歌有什么天赋,信心就是一种。"信就是所望之事的实底,是未见之事的确据。"(来11:1)借用这句信仰之信的经文来谈写作之信,大约也是恰切的。写作的天赋,是对未写出的作品拥有先见的蓝图,仿佛此时此刻足以触发未来的可能性,尽管它沉睡着,悬而未决。

"你的个性将渐渐固定,你的寂寞将渐渐扩大,成为一所朦胧的住室,别人的喧扰只远远地从旁走过。——如果从这收视反听,从这向自己世界的深处产生出'诗'来,你一定不会再想问别人,这是不是好诗。你也不会再尝试让杂志去注意这些作品:因为你将在作品里看到你亲爱的天然产物,你生活的断片与声音。一件艺术品是好的,只要它是从'必要'里产生的。在它这样的根源里就含有对它的评判:别无他途。"(里尔克《给青年诗人的十封信》)成熟是一夜之间的事。2006年秋天开始,我写出了一组"从'必要'里产生的"诗:《走廊上的斜照》《温暖》《某地》《陌生人》《夜间上坟》等,还曾自印一本薄薄的诗集《某地》,纪念觉醒的秋冬。

2011年至今,南下深圳、定居广州,开辟新的生活。写作上,也需要新的突围与警示。《百年后谒黄花岗烈士墓》用终末论的时间观将革命史纳入视野,审视1911年那些从海外归来牺牲的年轻基督徒,这时,我还被《小镇一日》《乌有镇的晚餐》中描述的体制桎梏煎熬着;《给无名者的信》以团契精神为底蕴,团契,正呼唤着与无名的他者建立亲密的"你—我"关系,这时,我已开始了都市里匆忙的《日常的学习》;《南国指南》介于幻视与真实之间,在叙述中建构寓言,这时,《海上读诗》《雨后的巴赫》试图为经验中质朴的精神意味赋形。去年下半年,我奉献于翻译工作苦辛的乐趣。译介的两位诗人,都是英美的基督徒:威廉·布莱克是18、19世纪之交英国的浪漫主义诗人,《天真与经验之歌》的作者;理查德·威尔伯是战后至今活跃于美国诗坛的大诗人。一方面,我对了解他们的写作状况以作为参照系充满兴趣,另一方面,信仰经验和宗教知识也能帮助我更准确地理解其作品。我发现,这两位相隔近两个世纪的诗人有着一些共同点:艺术个性与保守主义美学趣味的平衡,对基督信仰既有沉浸的甘甜又有尖锐的批判,他们并不是教义的复述者,他们的激情和洞见投注在基督教世界的内部张力和自相矛盾中。

在南粤的楼宇间,无边的世俗、成家立业的压力接踵而至:"像童年的暴雨前,穿堂风、过道风、/天井里锐角的风同时从外婆的眼睛刮向我。/可除了写诗我一事无成,她的盼望无非是让我/在远方娶妻生子,回到称之为家的崭新客厅。"(《回家》,2012)"你是否终会在祷告中/把陡坡变成向上的漩涡,称谢你的/一无所有?/并向所有不相识的人致以敬意?/握着:微小平静的螺旋桨/向群山降落/向每个没能完成的自己降落"。(《分别的时刻》,2012)十几年过去,青春少年的自信已渐渐变成而立之年的战兢。我的作品不多,一则生性闲散;二则因为,当我为"道路、真理、生命"之诗努力时,当我不满于重复、冗沓、精神涣散的写作时,当我稳住年月的馈赠与命理的恐惧的天平时,我感到了失败,不是某一具体作品,而是作为整体的写作图景和旨归的失败,所以我停下来,用时间来延宕,守候它的悬而未决。

弹得纯正,唱得巧妙:基督徒的诗歌创作谈

康晓蓉(自由撰稿人)文

  题记:我要向耶和华唱新歌,弹得纯正,唱得巧妙。写诗如同爱情,奇妙就在这里……

  诗歌创作谈的文章一大摞,多为后知后觉——回头再看的一些感悟经验或难以言尽的部分总结。而诗歌创作本身及其过程中绝对是先知先觉,诗作者似乎莫名地被赋予先知的恩赐,或被放在了先见的位置,有时甚至连创作者自身都不能清楚知觉。用大白话来说,写诗如同爱情,人不知何时发生,写了上句不知下句如何。明知写诗难为,好诗天成,却被一种神奇的爱和力量牵引。有的诗人为追求达到这种"境界",醉酒、撒野、癫狂、痴迷……甚乃有明明地宣告者:诗歌就是我的宗教。我信什么教?诗教。

  这些诗歌创作背后的玄关何在?奇妙就在这里:写诗乃生命之爱情,而爱情的本质乃是信仰,创作的过程何尝不是信仰之旅。不懂这玄妙而误入歧途的,诗潮落水的,似傻若狂的,抑郁自杀的,"二"得有盐有味的,自以为风流却贻笑大方的……诸如此类的诗海大观当时热闹,却不过青山依旧在,几度夕阳红。

  写诗乃生命之爱情,自古诗者容易多情,甚至滥情。情由心生,爱有对象。爱的对象在诗歌的背后摇曳生姿,情之种种迷离随之跌宕起伏。写景抒情、爱人咏物、明理见性等无不在诗写者与对象的关系之中波澜生辉。故而最动人心弦的是情诗,流传久远的是大爱之歌。那么有什么样的对象是至高至圣、叫人不至失望、反至明亮呢?只有上帝,那创造天地万物的主并赋予人诗写才华与能力的那一位。

这也是一个蕴藏在诗歌背后的生命与爱的奥秘:男女关系本身就是上帝的形象,人与上帝的关系才是爱情的本体,爱到极处我们将它称为信仰。男女爱情实际上是对神圣爱情的模仿、移情和替代。所以 C. S. 路易斯说:爱情一向以上帝的口吻说话,全身心地投入,无私到将幸福置之度外。爱情蓬勃时散发着天国的气息,不费吹灰之力就自发地履行了爱人如己的律法,虽然只是对一个人。可惜在一个被罪全地污染的世界,根深蒂固的罪性让男女爱情之间横亘着自我和情欲,那种在占有的满足和得失的盘算中裹挟着的虚空与厌倦。

在自我与对象的摆渡之中,在理性的有限和情感的废墟之间,诗歌创作的过程何尝不是信仰之旅!无论哀鸣盘旋,无论歌之咏之,无论潇洒与沦陷,无论轻盈与沉重,内核的脉流都是这一条:所信的是什么,所爱的就是什么,所爱的是什么,所写的就是什么。

弹得纯正:是谁在拨动看不见的琴弦,并让心与笔琴瑟和鸣

若说所信、所爱、所写重在诗写者的思想与情感,诗歌创作中还有一个必不可少的:灵感。若无灵感来临,诗写者再是一把好琴,也无妙音可言。对此大多有所知,有所不知而易出问题的地方在于:诗写者往往以为我的灵感我作主,实际上灵与我并不等同,灵是灵,我是我,绝对相别,又绝对相交。两者的生命关系和交互作用实在是一个极深的奥秘。

纯正之根基:灵与我的绝对相别,且警惕另一个灵

任何人也无法否认灵感的存在及其在创造、诗写中的重要性,从此也可反证上帝之实存,《圣经》诗篇中说上帝之灵发出,全地就更新。上帝之灵乃是圣灵,如同圣灵浇灌,生命就成长,圣灵若造访、引导,诗写者自然诗性勃发,妙笔生花。并且上帝之灵之奇妙伟大还在于祂绝对的临在,又绝对的超越。祂不是诗写者可以把控并据为己有的,在创作中,诗写者是受者,而非发出者。若不能认识到这点,自以为灵感泉涌,才华横溢,且以此为满足和荣耀,诗歌创作很难提升,不断涌出更美的新作。

难以创作而又暗暗追求更大的虚荣时,人会不知不觉中采用各种办法去刺激自己,以求灵感接踵而至。殊不知,就在不知不觉中撒旦扮作光明天使出现——此时悄然进来的"灵感"已非圣灵,而是邪灵。邪灵乃属魔鬼的,它大有智慧和能力,披着浮华与光鲜。内里却幽暗、沉沦,让诗人痴傻、疯魔、寻死觅活的就是它。它本就是堕落的天使,属地的沉沦之子。此间的真道,德国的吕迪格尔·萨弗朗斯基在他的《恶:或者自由的戏剧》一书中有深刻阐述:诗人所在的位置既蒙受上帝特别的恩宠，又很容易被撒旦掳掠。当人不明白离开真理就没有自由可言，而自主地寻求自己最大的自由时，恶就在其间悄然生成。

"清心的人有福了，因为他们必得见上帝"（马太福音 5:8）！诗歌创作的纯正根基就在于：做上帝手中的一支笔，让灵感动我、主宰我，不求自己的荣耀。如果有人要自己做主呢？上帝也不拦阻，就如夏娃吃禁果时，上帝没有出手。因为上帝是爱，祂向人所要的也是爱，完全的自由才有完全的爱。我在我的诗作《回应之诗：风过琴弦》一诗中写道：

　　　光从不走出自身，以此定义各种的黑暗/你的灵自由地运行在无情的时间水面之上/神羔羊呵你要去哪里？宗教将你叙事，文化将你谈论/又有多少人在逻辑中追求你，在感情上憧憬你……/你无言地望着一切属你的：真的爱我吗？去死吧！

　　　去死吧，死的深度决定着上升的高度/光，就在死的一刻庄严降临，覆盖我如同天覆地/啊，浓重阴影中谁在拨动生命的琴弦，美善的琴心/是你！疯狂地爱了微小的我，爱了你用心创造的一切/却孤独地走着，一个呼吸迫近又永不能超越的启示

纯正之丰盛：灵与我的同在共生性

既然灵与我的绝对相别，那在诗歌创作中灵感又是如何工作，尤其是如何与我一起工作的呢？我又是怎样来完成或欣赏一首诗歌（读赏一首诗歌何尝不是一次诗歌的再创作）呢？这需要更深地进入灵与我的同在共生性。灵与我的同在性大致可分为三类，灵与我的共生性则几乎无法分类，它在活泼的生命运动的关系之中精彩纷呈，如同上帝所创造的大自然的丰富多彩。

灵与我的同在性包括被造的同在；命定的同在；呼召的同在。被造的同在是什么意思呢？就是每一个人，不论他的宗教信仰、种族支派、学识教养等如何，他在未出母腹之先，他就被造为一个有灵的存在。从这个角度每个人都是潜在的诗人，当被自然美景、青春爱情、穷极哀号等所激发时，诗情感、诗写性随之散发。这时的诗情、感概、写作如同一堆木头，碰着火星，偶尔燃了一下。

命定的同在是什么意思呢？命定的同在乃是随己意行做万事的神，藉着圣灵将诗写的恩赐丰丰富富分给某一些人，所谓天赋的才华、天才的诗人，所谓这人就是为诗歌而生、为诗歌而来的，便属此类。这类诗人是否一生都能持续写出诗歌呢？也不一定。恩赐既是上帝给的，祂也可以收回。祂可以多给，也可以少给。

呼召的同在是什么意思呢？呼召的同在就是上帝在某个特定的时间或某个历史事件中，将一个感动或托付放在某一个人心里，以致这人有感而发，做起诗歌来，好像有句俗语说"扫罗也列在先知中吗？"刘邦的《大风歌》、项羽的《垓下歌》、谭嗣同的《狱中题壁》，"我自横刀向天笑，去留肝胆两昆仑"一类的革命人士的抒怀壮志歌等，诗写者不是诗人，但他的一两句、一两首诗却传之久远。不在他写得多好，而在特定历史的人、事、物、景中，上帝的呼召临到，"主要用它"（马太福音 21：3）。有的诗写者既有命定的同在，也有呼召的同在，如曹操、鲁迅、尼采等。

灵与我的共生性是什么意思呢？科学上解释共生，是指两种不同生物之间所形成的紧密互利关系。在共生关系中，一方为另一方提供有利于生存的帮助，同时也获得对方的帮助。两种不同生物的特性怎么会进化到可以配合得天衣无缝呢？许多对进化持怀疑态度的人认为共生就是驳斥自然进化的有力"证据"。灵与我的共生性在诗歌创作中，极其丰盛而活跃。灵生我——看不见的手拨动心灵的琴弦；我育心——悄然而猛烈地面向至高者，以生命做出爱的回应；灵与我共同着力于心与笔的琴瑟和鸣，一路歌吟一路风。

灵感丰茂，行云流水，物我两忘，天人合一等梦寐以求的至境在诗情笔底柔软抵达。在这方面，东方内求式的宗教影响下的诗歌创作占有天然的优势，诗—我—灵容易内蕴在一个局部的自由、和谐里。基督徒若不懂得灵修、享受灵修之精妙、甜美，在十字架废去冤仇、成就和平的美好的人神关系中如鱼得水，会使本当丰沛如雨的诗写反而变得干瘪、寡味。从这个意义上，诗歌创作乃是一次美妙非常而危险难测的灵性之旅，种种风光迤逦而开。

唱得巧妙：好诗是生命、艺术、技术的三位一体

明晓灵与我的关系，也体会了他们在诗写中的作用，也不一定能写出好诗。就如上帝是圣父、圣子、圣灵三位一体的独一真神。好的诗歌是生命、艺术、技术的三位一体，三者皆丰满而合一才是上帝所喜悦的诗写。

生命——生活是生命内容的具体运动，生命之丰富呈现为生活之精彩。神性之丰饶体现在人性的纷纭，罪的搅扰与污染又加深人性的复杂微妙。有的认为基督徒的诗作有真理性，欠缺艺术性，其实远不是这么简单。基督徒更大的误区在于虽然信上帝、爱上帝，却并不认识上帝，和上帝少有真实而活泼的生命相交。在诗歌创作中把上帝单一化、概念化，以神学性来取代诗歌性。就像保罗说的以色列人"向着上帝有热心，但不是按着真知识"（罗马书 10：2）。爱上帝和认识上帝不是一回事，爱是起点，也贯穿认识之中；"认识"在旧约原文有"夫妻同房"之意,相较于爱的情感,它侧重与经验、动作、奇妙的生命交合。法国思想家、数学家、物理学家帕斯卡说:"在认识上帝和爱上帝之间,存在着多么漫长的道路!"在这点上,基督徒在写作和生活中都不当有任何的优越感,尤其不能自以为真理在握。自己真实的生活、情感、思考只管向上帝敞开,流淌在生动的江河诗海。我在写作《怜悯与感恩》一诗时,我毫不掩饰自己难以名状而又铭刻在心的恨与痛。甚至不去想是写哀歌还是赞美?怎样的心路历程,怎样的呐喊与挣扎,就怎样摆上手术台。大卫的诗里,耶稣在十字架上大喊:"我的神,我的神,为什么离弃我?!"(马太福音 27:46)大卫王、主基督尚且如此,基督徒还"装什么"呢?

生命是一条河,流到哪里,就是哪里的歌。圣灵给我什么样的感动,心灵就怎样闻风起舞。信主之后,生命有怎样的翻转、改变,自然带来相应的诗歌气象之变,开阔、清新、生动等何尝不源于真理里的自由。

《怜悯与感恩》

星光斗转,日暑未动/出神的间隙里手起刀落的率性江湖/就像谎言的真诚之爱中罂粟如火如荼/风仍裹于意思的翅膀,临水低飞/我们终究无法站成一棵树面对死亡的姿势

诗篇的安岳,石刻的安岳/哪一个更真实,那一刻是真的存在?/不要述说柔软的真实和刻骨的存在/以金刚经第三句隐秘的声音,酒总归是酒/流出来的却是血,围棋人生的血

没有命运,只有自食其果/没有落叶点缀的宗教,只有巨大无言的罪恶/莽莽错误的森林盘根错节你我和人类/然十字架默然倾注,还原出生命最初的美/在今夜静谧地渐行渐远,而又如此迫近

艺术——辞典上解释艺术的"根本在于不断创造新兴之美,借此宣泄内心的欲望与情绪,属浓缩化和夸张化的生活。文字、绘画、雕塑、建筑、音乐、舞蹈、戏剧、电影等任何可以表达美的行为或事物,皆属艺术"。诗歌无疑是艺术中的艺术,所有艺术中最精粹的、所有灵性中最通灵。上帝是创造的主,生命与全地的主,信主之人在诗歌创作中当越发具有创造性和创新性。可惜有的基督徒虽然信主,却缺乏真知识,并且陷入宗教、教义中,不经意间让教义来做了主宰,一笔一画反落在条条框框里。就像保罗说的你们明明领了真道,却从了那不可吃、不可拿、不可摸的规条。不是一般的莫名其妙!得救的人必有自由的穿堂风过,艺术就在自由之风里化腐呈新、花枝招展。

我写《春天来了,我就死了》一诗,不仅是自己真切的生命之感:老我折腾

着死去,新生命在安息中静静地生发。也将在基督里的乃"出死入生的人,第二个亚当的新造"这样的神学思想融于诗间,不经意里就完成了诗性的创意。

春天来了,我就死了/阳光一寸一寸地抽打着枯峻的脸庞/抽得慢些再慢些,猛些再猛些……/月下万顷泪水冰河,缓缓解冻/这迷醉的死亡的气息啊

日子沉舟侧畔,千帆而过/在根脉的生长与黑暗中遭遇你/像一场纯粹爱恋的沉沙折戟/树树春日繁花的泥土深处/终于歇了自己的工,进入更美的安息。(《春天来了,我就死了》)

技术——不论在何种文化,技术都是异曲同工的词汇。它可以指物质,如机器、技术硬件或器皿,也可以包含更广的架构,如系统、组织方法和技巧等。诗歌是生命的艺术,也绝对需要专业的技术。就如万事各有其道运行,万物各从其类被造,诗歌创作离不开磨炼、精湛的技术打造。诗人蓝蓝在她的一首诗里将诗人的夜晚写作喻为通宵在炉火边抡起铁锤劳作的铁匠。基督徒在诗写中不能因着灵魂的救恩、生命的丰美而轻视了诗技的学习、借鉴,和不断的操练。诗技何尝不是在上帝的普遍恩典中随着时间而来的积累、打磨。

技与艺如一枚钱币的两面,在生命的熔炉里从来是不可相分的。写作《美在说不出的叹息》是在一次汽车大巴的长途行进中,窗外不停闪过川东山坡上发白的芦苇花。时已初冬渐消,人也渐至中年。回首人生起伏沟坎,美并叹息着,抽出一张餐巾纸,很快草成此诗。写得虽快,但自己知道其中运用了很多技巧,包括中国传统的和现代的。

苇草正静静飞白/冬日的白,雪白,水消/露为霜。美,无言/叹息,一如难解的命运/踏空,跌入,又从深渊之底/几时炊烟升起。哀,也无言/沉默,缓缓为人生封缄/寄与谁,不再重要/举自尘土的自然归于尘土/但求珍惜此时温存的叹息/像掌心的泪珠,像酒/流出来的时候,细细的一脉。(《美在说不出的叹息》)

没有结语

常言说"好诗天成",打开属灵的眼睛,就能窥见为什么好诗天成。根要在灵的运动与作用,这本就出于天,非人力能为。世界著名的诗人里尔克在写他脍炙人口的《秋日》一诗的当天,是写了两首诗,一首成为经典广传,一首却是平庸之作,除了专门的研究者,其诗名都难为人知。上帝之灵怎样幸临到祂宠爱的诗人,又是怎样工作,这是极深的奥秘。但有一点是无可辩驳的,不要窃

取上帝的荣耀,若非灵感悄至,再天才的诗人也无所添色。

而在整个诗歌创作过程中,灵和我的同在互生关系让生命、艺术、技术如同三套车,共同协力,和谐驱动,天然地成就诗写之旅。其运作之精妙,世上任何文艺或诗歌理论可全部并逐一概况总结的。它就如大千世界的复杂丰盛,生命河流的涌动不息。非诗写者自己在与灵同行的过程中去体会、操练、琢磨,难窥其貌。认识上帝,认识自己,勇敢地进入,刻苦地练习,并在这生命的相交中感恩地放飞手中的笔,让诗歌自由高飞。[1]

---

[1] 文中诗歌皆系本文作者所作。——编者注

基督信仰与中国文学

吴历的基督宗教信仰对其
文学创作的影响

包兆会（南京大学）文

《诗大序》曾总结诗歌写作与作家内心的关系，"诗者，志之所之也，在心为志，发言为诗。情动于中而形于言，言之不足，故嗟叹之，嗟叹之不足故永歌之，永歌之不足，不知手之舞之，足之蹈之也。"西汉哲学家扬雄在《法言·问神》中提到："故言；心声也；书；心画也。"这两处都提到了诗是用来抒发心志怀抱的，一个人内心的心志和情感需要对应的语言甚至歌唱、舞蹈来对应表述。要研究吴历的基督宗教信仰对其文学写作的影响，首先要研究吴历的心灵转向，只有充分了解了吴历的心灵转向上帝后，才能更好地明白他皈依宗教信仰后他诗歌写作的题材和内容都转向"天学"，因为"天学"正是他内心信仰的一种表达，也是他内心对信仰的一种体认和认信。

一、吴历的心灵转向及其文学创作的转变

在吴历未皈依天主教之前，中国传统文化是他安身立命之所，也是他文学创作的主要动力和表现对象。后来吴历在走向基督宗教信仰的过程中，渐渐发现，相较于基督宗教信仰，中国传统文化有它自身鄙陋之所在，他渐渐不再像以前那样热衷于道家的审美、佛教的空无。

1662年，30岁时其母逝，不久其妻也丧，吴历益觉人生无常，加上对时局的失望，他开始寻求解脱之道，希望通过参禅和学道来减轻人生愁苦。他早年学琴于陈珉，学诗于钱谦益，学儒于陈瑚，学画于王鉴、王时敏。后钱谦益和陈

瑚转向禅悦,吴渔山在心灵转向上与业师相合,自此,以桃溪居士自居,十余年间,喜托迹于僧寺,广结交于禅友,或游江苏常熟虞山兴福寺,或与陈瑚赏玩浙江吴兴道场山,或探苏州好友默容和尚。渔山这种不屑于俗务、俗名的道家审美式[1]和佛教的超然式态度却在他遇到好友默容和尚去世,使他再无法审美和超然起来。默容是渔山禅道知己,也是书画良朋。就是这样知己,在1671年,即吴渔山39岁那年,因创建藏经阁,尽瘁而卒。噩耗传来,渔山悲痛欲绝,久未能已。时隔三年后,他在《兴福庵感旧图卷》款识中提到失去默公的感受:"闻默公已挂履峰头,痛可言哉。"所能做的仅是"形于绢素,觱笔陨涕而已"。在那种情境下,佛教难以安慰他,"却到昙摩地,泪盈难解空",道家的审美也起不到安慰一个人在世上的孤独和孤单,"自怜南北客,未尽死生心。痴蝶还疑梦,饥鸟独守林。"在此人生境遇下,他多年前在心中已埋下的基督信仰种子开始从沉睡中苏醒,并在心田中发芽、开花、生根。现在,他终于找到了人生最重要的目标,潜心修道,"争如勤自克,振策入修门"(《三巴集·克怠》),以及积极引人归道,"愿以常生道,引人笃信谋"(《三余集·《次韵杂诗七首》之四),"予今村铎为谁鸣?十年踯躅无倦行。安得千村与万落,人人向道为死生。"(《三余集·可叹》后来,在1688年他晋升为司铎(神父)后,教会事务繁忙,在牧会与创作二者在时间上产生冲突时,吴历优先考虑了前者,他担心的是世人如羊迷路,走偏人生方向,不愿通过认罪悔改与永恒之上帝和好,最终在死亡面前人生变得一场空,"但见似羊亡去路,不见谁从悔复归。时光冉冉去如矢,此生长短难免死。"(《三余集·可叹》)此时道家审美自娱的写作以及儒家为追求所谓不朽[2]而进行的写作都没有像基督信仰在吴历心目和生活中具有分量,也就是说为了他的基督宗教信仰,他可以在必要时搁置他的创作,甚至他非常喜欢的绘事。[3]事实上,由于他修道的殷勤和牧养的繁重,他确实在50岁至70岁的二十年间基本搁置了他的绘画创作。在《画债》一诗引言中他提道:"盖学道以来,笔墨诸废。兼老病交侵,记司日钝矣。"确实,为了上帝的国度,他近二十年几乎不画画,他也欠别人诗债,至于信主后,他也戒酒,欠人家酒债,用他自

---

[1] 在渔山的早年诗画中对道家的遗世独立、寄情山水和道教的神仙思想均有反映,"笔到自成高遁处,采芝应有绮黄来。"(《写忧集·题画诗》之其十六)"援笔不离黄子久,澹浓游戏画虞山。"(《写忧集·题画诗》之其二十三)本文中吴历诗文的具体编撰体例及出处请参见《吴渔山集笺注》(吴历撰,章文钦笺注,北京:中华书局,2007年)。

[2] 曹丕《典论·论文》:"盖文章经国之大业,不朽之盛事。"

[3] "人世事无大小,皆如一梦,而绘事独非梦乎?然予所梦,惟笔与墨,梦之所见,山川草木而已。"(《墨井画跋·四十六》)"而今所适惟漫尔,无物荣枯无戚喜。深林不管风书来,终岁卧游探画理。"(《写忧集·题凤阿山房图赠侯大年》之其五)绘事在吴历早期人生中非常重要,是他重要的精神寄托。

己的话说,"酒债诗逋正未归"(《三余集·见床头雪》)。

对于儒家伦理中对父慈子孝和对天下苍生的体恤,吴历一直认可、躬行。[4]但儒家思想在人的终极问题上语焉不详,若人的终极问题不解决,人的生死问题就无法给出满意的解释,这势必严重影响人生态度和选择,吴历自己经历这一点,"纷纷歧路久迷漫,所误非独鬓霜霰"(《三余集·可叹》),当时有些儒者面对宇宙之始是选择儒家的解释还是基督宗教的解释存在困惑,认为天主是宇宙之始,理、气、无极、太极又如何,吴渔山认为基督宗教在这一方面比儒家思考得更清楚,在《三巴集·诵圣会源流》第十一和第八首中,渔山试图将基督教中三位一体的观念与万物源于一种物质的观念区分开来:"太极含三是漫然,真从元气说浑沦。残篇昔识诚明善,奥义今知父子神";"最高之处府潭潭,眷属团圆乐且耽。无古无今三位一,彻天彻地一家三"。同时上帝在"三位一体"中所展示出来的爱的连结也解决了人与世界的一种关系,人当效仿父、子、神的相亲相爱,应以爱来维系他人和万物。

嘉定教友赵仑与吴历关系密切,并仿明李九标记艾儒略等言行,为吴渔山神父作《续口铎日钞》,他曾在劝人入教时曾有一段自白:"即如余亦儒教中人也,幼而吟诗,长而裒集《四书五经大全》诸书,壮而屡试风檐,欣欣自得,以为道在是矣。即反而求诸理之大本大原,则穷思极虑,殚精疲神,而不可得。乃知生死之故,性命之源,即孔子亦罕言之,不可得而闻焉。用是洗心涤虑,俯首入教,从此蒙昧一开,而大本大原之所在,是恍然若有以遇之,自喜非复自我矣。"[5]这段话对以耶补儒及为什么信教的阐述相信对吴渔山也是心有戚戚焉。由于儒者固执其所见识,忘却事物关键,反而嘲笑基督宗教不讲正理,"往往儒者堕其机,反嘲天学正理微。"

吴历大概是从 1676 年以后信主的,他的创作可以以此为分界线大体划分为两个时期,他的前期创作主要表现与信仰无关的应酬、从游、感怀、赏景之作。前期诗集分别为《桃溪》和《从游》,《桃溪》是他 30 岁前写的诗集,钱谦益为其作序,《从游》是康熙三年(1664)、四年(1665)渔山从陈瑚游吴兴所写,有陈瑚为其写序。1680 年,渔山奔赴澳门学道,在澳所作诸诗为《三巴集》,在收录的一百一十多首诗中,其中"圣学诗"占 82 首,《澳中杂咏》以吟泳澳门风物为主,占 30 首,部分亦涉及天主教,这说明他信教后的写作兴趣和对象都转向

---

[4] "遥怜稚子痴难疗,未解征夫鬓易零。花落鸟啼残醉后,何人不念故国亭?"《吴兴月夜思家》,作于 1664 年。
[5] 转引自方豪《中国天主教人物传·赵仑》,北京:宗教文化出版社,2007 年,第 387 页。

了他所信仰的对象。渔山晚年写有《三余集》,是他在上海、嘉定传道时所作,年代在《三巴集》之后,此集收录的主要是他在修道、传道之余吟咏所得之诗作,计有九十余首,内容涉及信仰生活及在教会牧养群羊的情况。

《写忧集》编订于渔山传道于嘉定(约1696年)之时,包括了渔山早年至晚年之诗。同样,在这个诗集当中早年的渔山未皈依基督宗教,所写的诗有赏景,有朋友间的赠诗和应和,但不乏"发哀怨之音,寄其家国身世之感"之作,比较有代表性的在《写忧》(写于1659年)中提到"十年萍迹总无端,恸哭西台泪未干。……今日战尘犹不息,共谁沈醉老渔竿?"易代之际,衣冠之族,半破其家,伤其身世,渔山早期的诗中多用"悲秋"、"愁雨"、(《避地水乡》)"水寒"、"泪眼"、"悲歌"、"恸处"(《读西台恸哭记》)、"衔恨"、"泪眼"(《哭临桂伯瞿相国》)、"孤坟"(《孤山》)等哀怨之词,在题材上流露出对现实的逃逸,如"爱此一方烟水阔,后期垂钓送斜阳"(《同陈南浦过横塘》),"从来话隐家山好,雨后烟萝更几层?"(《著书楼次韵话隐》)或感觉人生"路漫漫"(《哭临桂伯瞿相国》)。《写忧集》中写于晚年上海、嘉定的诗作不是很多,这些不多的诗作中主要记录了渔山与朋友的交往与创作上的应和,但以教友交往和应和为主,如与教友陆道淮谈论元画,苏州教友沈惠子等来访不遇,张靓光、陆道淮教友拜访渔山老家常熟虞山情况。[6]可见,《写忧集》中的早年诗歌与晚年诗歌在写作旨趣和题材的不同也可看出宗教信仰对渔山写作的影响。

二、基督信仰对书写姿态的改变以及对旧有书写传统的转化

吴历因着心灵转向上帝,他的文学创作也随之发生了一百八十度转变。正如上文所分析的,他皈依基督宗教后,创作的内容和题材主要转向了基督宗教,因着他书写内容和题材的改变,吴历书写语汇的改变和突破也就成了自然而然的事情。在他的诗歌中提到了西洋器物,《三余集》中一些诗的标题如《葡萄西酒》、《试观千里镜》、《自鸣钟声》、《西灯》、《显微镜》等直接标示出这些器物,在《三巴集》中则出现了大量基督宗教专有词汇,从一些诗的标题如《庆贺圣母领报二首》、《闻教宗复辟》、《感谢圣会洪恩》(二首)、《七克颂》、《赞圣若瑟》(二首)、《圣依纳爵》、《圣方济各·沙勿略》等可看出。在吴历时代,诗歌中出现西方西洋器物和基督宗教专有词汇并不希罕,因为这些书写语汇实际上

---

[6] 分别见《与陆上游论元画》)、《苏娄诸子见访不值》(二首)、《汉昭、上游二子过虞山郊居》(二首)诗作。

在较早以前或同时代的教外人士、反教者、同情基督宗教者及信教者的文章中使用过。

在吴渔山创作天学诗的时代,天主教传入中国已逾百年,教内外人士已有人用基督宗教词汇入诗。隆武元年(1645),曾在澳门受洗的郑成功父亲郑芝龙,其赠毕方济诗云:"紫薇之垣下毕星,沐日浴月过沧溟。泰西景教传天语,身是飞梁接天庭。……君伏天心来救世,崆峒访道归黄帝。"[7]此诗以"泰西景教"指天主教,以"天语"喻《圣经》和神示。毕方济字今梁,芝龙以"毕"为"毕宿星",以"梁"为可接天庭的"飞梁",谓毕方济为毕宿星下凡,"伏天心来救世",做人类的飞梁,可以济人升天庭。这首诗充分表现作者对毕神父的了解和对教义的理解。康熙二十年(1681年),尤侗(1608—1704)撰《外国竹枝词》百首,其《欧罗巴》一首描述天主教音乐:"音声万变都成字,试作耶稣十字歌。"另一首是描写利玛窦的竹枝词:"天主堂开天籁齐,钟鸣琴响自高低。阜成门外玫瑰发,杯酒还浇利泰西。"城通成,泰西应作西泰,利玛窦字,为趋韵而改。利玛窦始入中国,1610年赐葬于阜成门二里沟。[8]这两首词中以天主、耶稣、利玛窦、天主堂入诗。当时反教最激进者杨光先在《破邪集》中也提到基督宗教信仰内容:"天主悯亚当造罪,祸延世世苗裔,许躬自降生,救赎于五千年中。或遣天神下告,或托前知之口,代传降生在世事迹,预题其端,载之国史。降生期至,天神报童女玛利亚胎孕天主,玛利亚怡然允从,遂生子名曰耶稣,故玛利亚为天主之母,童身尚犹未坏。"虽然他认为这一信仰告白是"荒唐怪诞",不足为信,但也是在传统文化框架外引介西方基督文化。同时代的基督宗教同情者康熙皇帝写有《十字歌》、《生命之宝》歌,在后一首歌中提到"天门久为初人闭,福路全是圣子通。我愿接受神圣子,儿子名分得永生"。他在康熙五十九年(1720),在阅读罗马禁令后认为天主教"禁止可也,免得多事",下令全面禁教。同时代的生活在杭州的天主教教徒张星曜写有《十二宗徒赞》(四言与七律)。可见天学诗的创作,并不始于吴渔山,虽然这个名字由吴渔山提出。[9]

吴渔山真正给天学诗创作注入新的活力和创新性改变的不是因为写作语

---

[7] 见方豪《中国天主教史人物传·毕方济》,北京:宗教文化出版社,2007年,第141—142页。

[8] 《外国竹枝词一卷》,(清)尤侗撰(新文丰版),1988年,第587页。

[9] 吴历于康熙三十五年(1696)在上海一带传道时,对牧下教友赵仑称:"作天学诗最难,比不得他诗"。(转引自《吴渔山集笺注·卷八续口铎日抄》,(清)吴历撰,章文钦笺注,北京:中华书局,2007年,第583页)在吴渔山诗中还提到"天学"等词,"晚知天学到城府,买鱼喜有守斋户。"《三余集·渔父吟》》

汇和题材的突破——这些其他诗人创作中都有，而是诗人皈依基督宗教后在信仰深处的写作，这种在信仰深处的写作反应在文本中就是书写姿态的转变以及对旧有书写传统对接过程中的创新转化。

一个诗人虽从事基督宗教题材写作，但若没有实际信仰体验，这样的写作难免有隔靴搔痒之嫌，难怪教外诗人尤侗一见渔山《三巴集》之〈岙中杂咏〉，便有自愧不如之叹。为之作序曰："予在史馆，纂《外国传》，见其风俗瑰怪，心甚异之，因作《竹枝词》百首，以纪其略。今吴子渔山所咏澳门，其地未离南粤，而为外国贡市会聚。耳目所遇，往往殊焉。使子云复起，必赍油素录其方言，而惜予之未及备也。……予异之益甚，亦执化人之袪矣。"[10] "执化人之袪"语出《列子·周穆王》："周穆王时，西极之国，有化人来，入水火，贯金石；反山川，移城邑，乘虚不坠，……居亡几何，谒王同游。王执化人之袪，腾而上者，中天乃止。"袪，袖口，周穆王是拉着飞仙的袖口上天的，这里尤侗用"执化人之袪（袖口）"，比喻自己对渔山及其所传的基督宗教信仰的向慕之情。

对渔山来所说，他不但信，而且决定一生把自己献给传教事业，并效法耶稣和先辈贤人，所以，他的写作不同于普通的信徒写作，而是在信仰深处的写作。这种在信仰深处的写作所带出来的是人生的信、望、爱和生命的喜乐，而不是先前的人生的迷茫与无望，生命的哀怨与逃逸。[11]

吴渔山认为此生是有盼望的，因为人生不是漫无目的，在世时有上主掌管，在死后有天上永恒祝福等待，"永福在高天，人生非漫然，一身由我主，谁遣受拘牵"（《三巴集·五绝·其二》），"常生今有望，泼濯出尘封"（《三巴集·感咏圣会真理·其三》）。人生的盼望也在于人死后得到公正的审判，"若非死后权卫在，取义存仁枉圣贤"（《三巴集·佚题》其十）。因着天主掌握着赏善罚恶的权力，使取义成仁者死后上天堂，生前所做的一切得到了肯定，而作恶犯罪

---

10 转引自《吴渔山集笺注·三巴集序》，（清）吴历撰，章文钦笺注，北京：中华书局，2007年，第21页。
11 渔山早期在诗文表达人生的迷茫和哀怨已在正文第一部分详述，兹不举例，这里仅列举他在早期诗画题跋中多次表达他人生逃逸的心态："自违尘俗累，到此可偷安。"（《三余集·次韵杂诗七首》之其五）"时危不易论诗史，世醉宁知饮蔗浆。爱此一方山水阔，后期垂钓送斜阳。"（《写忧集·同陈南浦过横塘》）"晋宋人物，意不在酒，托于酒以免时艰。元季人士，也曾绘事以逃名，悠悠自适，老于林泉矣。"（《墨井画跋·四十六》）表达了自己效法古人，借诗画自娱逃世的想法。写于延陵（今江苏丹阳、常州一带）的1668年2月的诗云："自甘僵卧茅茨里，州县无求识姓名"（《诗钞补遗·题卧雪图》）就在他初次接触天主教信仰前后，他在1675年11—12月期间写的一首诗，也表明了他隐居、远放、独往的生活，"隐居只在一舟раз，与世无求独往还。远放江湖读书去，还嫌耳目近青山。"（《诗钞补遗·题山水图》）

者将受到审判。因着对人生有这样一种盼望，也促使渔山50岁时决定把自己奉献给上主，并长期担任上海、嘉定驻堂神父，70岁回顾人生希冀的也是儿子能皈依在基督宗教里，"甲子重来又十年，飘然久不去琴川。堂前墨井水依在，屋后桃溪花自研，懒读有孙应长大，废耕无役少烦煎，两儿如愿随修业，却爱传家道气全"（《三巴集·七十自咏·其三》）。

人生也充满喜乐，这种喜乐不是人世间所有，是与"福音经"中的真理、与永恒的创造者同在的喜乐，"此喜非常喜，铎声振四溟，七千年过隙，九万里扬舲，杲杲中天日，煌煌向晓星，承欢无别事，一卷福音经。"（《三巴集·感咏圣会真理·其六》）吴渔山在另一首诗中也表达了人类重建永远幸福的事实，"寰区初建造，有地位中央，西序长春在，三时日不忙，此生皆极乐，其寿亦无疆，莫叹难寻觅，于今复降康"（《三巴集·感咏圣会真理·其二》）。虽然上主建立的伊甸园世界（"寰区"）因着亚当夏娃偷吃禁果被驱逐出园，从此人类失去了"极乐"和"寿无疆"，但因着耶稣基督道成肉身来到地上，重建了人与上主的和好，人类从此有了可以建立幸福安康。此生也有安慰，"一日婴儿堕地时，庶无罪悔盖难之。自天而降福哉福，由女以生奇矣奇。……与偕昔许今来慰，记取阳回四线期"《三巴集·诵圣会源流》之四）。

人生也充满感恩，当看到久旱的田禾遇到了从天而降的雨水时，渔山心中充满对造物主即天主的感恩，因为造物者顾念人的需要，"不遗斯民"，所以及时降下甘霖，作者自然"喜不自禁，作画题吟，以纪好雨应时之化"（《墨井画跋·三十七》）。

渔山认信后在写作中一方面继承自身旧有书写传统，另一方面对这一旧有的书写传统进行了创新与转化，这一创新与转化具体表现在两方面，一是对传统文化意象进行化用、拓新或直接引进外来文化意象，二是灵活运用中国古代各样文学形式表达基督宗教内容。

直接化用旧典，运用中国传统文化意象。渔山把传统文化意象中的语义隐而不显地转换成天主教含义，如"感叹渡来多少客，不求一掬洗尘心"（《渡头观浴禽》），"尘心"本指关心世俗事务的心情，道家和佛教的教义也都强调"洗尘心"，这里，"洗尘心"是指学道信天主教。其他如"却爱一方绿，高藏守道心"（《三余集·次韵和友人新绿》），方豪《释》："'守道'言虔守教义与教规。""而今谁不悟死归？梦回情至难忘耳"（《哭司教罗先生》），这里的视死如归不是儒家的"杀身成仁"、"舍生取义"，而是指死后魂归天国。《三巴集·七十自咏》第二首云："破堂如磬尚空悬……不愿人扶迎贵客，久衰我梦见前贤。床头囊橐都消尽，求舍艰难莫问田。"诗人所处的传道生活环境，与孔子赞颜回"一箪食，一瓢饮，在陋巷，人不堪其忧，回也不改其乐"（《论语·雍也》）情形并无二致，不同的是陋巷在这里转换成了"破堂"。"久衰"句之典亦出孔子《论语》:"甚矣,吾衰也!久矣吾不复梦见周公!"(《论语·述而》)只是"前贤",在这里不是指周公,而是指耶稣会前辈或徐光启等教中先贤。

让基督宗教文化通过与传统文化意象和语汇相关联的部分进行对接,并在保留和继承传统文化意象和语汇内涵的基础上进行横向扩展拓新,使天主教教义在与传统文化对话过程中获得意义自明和对传统文化的超越,如"朋侪改业去渔人,闻比渔鱼更若辛。晚知天学到城府,买鱼喜有守斋户"(《三余集·渔父吟》)。在中国文化中,渔父代表隐逸,也代表生活的艰辛,但这里的渔人不是指打鱼为生的渔夫,而是指得人如得鱼、拯救人灵魂的渔人,《马可福音》一章17节记载耶稣对跟随他的人说:"来跟从我,我要叫你们得人如得鱼一样。"渔山在这里讲述的是自己改行做了拯救人灵魂的渔人,他所从事的这一行业比捕鱼为生的渔人还辛苦。

直接运用基督宗教信仰系统中的词汇和语义。如"牧场"(《自东渡转西浦归途作》),"牧场"指教堂或信徒所在地。"守斋"(《三余集·渔父吟》),方豪《释》:"天主教昔规定星期中若干日必守小斋,以纪念耶稣受难。小斋不减食,仅禁食热血动物,故水族动物不在禁例之内。"[12]"主恩"、"神业"(《三巴集·克怠》),分别指主的恩典,侍奉神的事业,如此等等。

吴渔山在灵活运用中国古代各样文学形式表达基督宗教内容方面在同时代甚至在中国基督教文学史上都少有人与之匹敌。他既有天学文(含有天主教内容的画跋、《续口铎日抄》),也有天学散曲(《天乐正音谱》)和天学诗,其中天学诗成就最大。天学诗创作无论在数量(100多首)、质量和文体的灵活多变的使用上都有不凡的表现,如既有四言诗《三巴集·感谢圣会鸿恩》、带有四、六句的骈体文如《三巴集·圣方济各沙勿略》,也有绝句,绝句中以七绝居多,有五律、七律,律诗中以七律居多,诗歌中也有散体,比如七言古诗(《三巴集·诵圣会源流》)等,并结合"颂"、"赠"、"赞"、"诵"、"吟"、"题"、"和"等传统文学体例进行写作。限于篇幅,现以"和"这种文学体例考察渔山在信教后怎样用这种文学形式展现基督宗教内容的。在中国古代,和诗大致有以下几种方式:1.和诗,只作诗酬和,不用被和诗原韵;2.依韵,亦称同韵,和诗与被和诗同属一韵,但不必用其原字;3.用韵,即用原诗韵的字而不必顺其次序;4.次韵,亦称步韵,就是依次用原韵、原字按原次序相和。

渔山有"依韵"和诗,如《写忧集·灿文见访,予归不遇,用原韵答之》,也有

---

12 转引自《吴渔山集笺注》,吴历撰,章文钦笺注,北京:中华书局,2007年,第332页。

只作诗酬和的和诗,如《写忧集·和萧寺无聊纪事》(写于 1665 年)、《和拟买乃茗上》(写于 1665 年)、《和吊孙太处士墓》(写于 1665 年),也有"次韵"和诗。在上述各种和诗方式中,用次韵即依次用原韵、原字按原次序相和对方诗歌并有所出新对和诗的人来说要求比较高。渔山早期写有《著书楼次韵话隐》、《次韵答冯子玉》(写于 1669 年)、《次韵送冯半人归兰阴》(约写于 1678 年)、《次韵和许侍御仲冬六日》(写于 1675 年)[13]等应和之诗,叙述的是与朋友的友情、别离及各地风景的秀丽。

后期也有次韵的和诗之作,如《三余集·次韵和友人新绿》(约写于 1696 年),诗中标题中的"友人"不知是否是教友,写得是春光,但诗中内容透露的是因着上主创造世界,对春天的景象多一份欣赏,春光的易逝多一份豁达,以及自己对信仰的执著。"却爱一方绿,高藏守道心。物情春后见,超性句中深。谷雨休催老,梅天任布阴。海乡常愿暖,兼不问秋砧。""守道"指虔诚尊重天主教教义和教规,"超性"指天主教教义。写于 1690 年的《三余集·次韵杂诗七首》是与教友之间的往来唱和,诗中题记:"姑苏沈、范二子杂诗共十有四章,各具新致慷慨。予反覆披诵,已有所触,遂乃和。"表达的则是信仰的生活,以及对信仰的追求,"病身如瘦竹,道侣类飘萍。"(第一首)"近究西文学,竟虚东下帷"(第二首),"愿以常生道,引人笃信谋。"(第三首)在这些诗歌中,既能按照传统文学格式次韵进行和诗,又巧用历史典故,增加诗歌的历史感和文化厚度,同时诗句想像奇特,比喻新颖,又能把自身信仰生活和状况通过这些诗句充分展现出来的要数这当中的第三首:"近究西文学,竟虚东下帷。残篇多鼠迹,新简乱萤飞。忻见官除妄,绝无衲叩扉。"首句用"西文学"概括了西方语言文字之学,第二句"竟虚东下帷"句是挪用历史典故来表达自己意思,南朝梁任昉《赠王僧孺》诗:"下帷无倦,升高有属。""下帷"指闭门苦读,但在这里作者强调的不是自己下帷苦读,而是感慨自己年事已高,用功甚多效果徒然,虚,徒然。一、二句中的"西"与"东"还巧妙地构成了对应。三、四句把竖条状的拉丁文比作"鼠迹",把自己看拉丁文看得头昏目眩,眼花缭乱比作"乱萤飞",比喻新奇,想像新奇,此两句作为"颔联"对仗也工整。五、六句作为"颈联",作者在对仗中把自己所认信的信仰的真理性和与其他宗教的不相容性宣扬出来,"忻见官除妄,绝无衲叩扉",作者很高兴官府废除民间宗教祠庙,忻,心喜;他也因着皈依基督宗教信仰,入教前常与其往来的高僧也几乎不再叩门拜访。在遵守五律的平仄、对仗以及依次用原韵、原字按原次序相和对方诗歌的情况下,

---

[13] 以上都选自《写忧集》。

渔山用深厚的中国文学修养、高超的写作技术和熟谙的传统文学形式把基督宗教内容深切真挚地表达出来,这确实是他在创作天学诗方面所取得的极大成就。

三、影响下的成就

吴渔山基督宗教信仰对其文学创作影响是很大的,在基督宗教介入文学创作情况下,其写作取得的很大成就,现代以来学者对其基督宗教文学创作屡有溢美之词,并从各个角度对其进行肯定。著名书画研究家温肇桐在《清初六大家》一书中,评价渔山之诗"其诗中所写多抒发卓越的宗教情绪,令人读之遂有崇高之感。而其间或有论画或写景者,超逸可诵。"[14] 肯定了诗歌中所饱含的宗教情绪和崇高之感。民国时期文学史研究专家朱杰勤对渔山的诗歌评价甚高,引其《和萧寺无聊纪事》、《次韵答冯子玉》二诗评价说:"和作多难工,以其学他人之口吻,窒息自己之性情,步韵者其病尤甚,叠韵者其病又更甚,性情中人,每不喜此。但渔山此作,称心而出,不假修饰,得性情之正,温柔敦厚,吾见亦罕,故特表之。"[15] 朱氏虽然不是直接评价其天学诗的创作成就,但对其和诗创作的高度肯定,实际上也间接肯定了渔山在天学诗方面的贡献,就如前文已分析的,渔山遵循"和诗"这一传统文学形式,但诗歌内容上推陈出新,把基督宗教内容真挚、深切、新颖而自然地展示出来。当代学者章文钦认为,渔山在基督宗教文学写作方面贡献很大。"他所创作的天学诗,以中国古典诗歌的文学形式,来表现西方天主教的宗教内容。他的《天乐正音谱》,以中国传统音乐的元明散曲与中文曲辞配成弥撒乐章,可称为天学散曲。他的《续口铎日抄》及含有天主教文化内容的画跋,可称为天学文。从而使他成为创立华化天学的第一人。"[16]

章文钦还认为,"渔山以其深厚的中国文化素养、高超的文学才能,和通过长期的学道、修道、传道生活培养出来的同时代华籍教士罕能达到的天学造诣,较好地体现了这两者之间的统一。故其天学诗能独辟境界,造语妍妙,时见佳句,得未曾有。"[17] 章文钦笺注《吴渔山集》,出版有《吴渔山及其华化天学》和《吴渔山天学诗研究》等论著,对吴渔山文学文献搜集、校订和研究方面不遗

---

[14] 温肇桐:《清初六大家》,上海:世界书局,民国三十四年排印,中国名画家丛刊。
[15] 朱杰勤:《吴渔山评传》,上海,《东方杂志》39卷3号。
[16] 《吴渔山集笺注·前言》,吴历撰,章文钦笺注,北京:中华书局,2007年,第21页。
[17] 同上书,第19页。

余力,章氏评论应不是空穴来风,本文在前文中对其以"和诗"作为文学形式所进行的基督宗教写作给予详细分析,确实,其基督宗教诗歌中"造语妍妙,时见佳句"。赵盛楠在他的硕士学位论文《吴历诗歌研究二题》中对吴渔山在基督宗教文学方面作出的贡献进一步细化到对其各种宗教诗歌类型的贡献。赵盛楠按照宗教功能把吴渔山的基督宗教诗歌划分为冥想诗、赞美诗、传教诗、启示诗,[18]诗歌具有冥想的品质,而天主教对修士冥想品格的训练,正有助于诗歌创作展示冥想的特点,在冥想当中诗歌空间的想像性、视觉性得以拓展,《三巴集》中的《诵圣会源流》(十二首)、《感咏圣会真理》(九首)等诗歌既有音乐美感,又有表现基督内容的视觉效果,正是这方面的杰出代表。在创作赞美诗方面,《天乐正音谱·每瑟论众乐章》(即《摩西之歌》)体现了渔山在这方面创作的成就,赵盛楠对比了渔山翻译的《摩西之歌》(见《圣经·申命记·三十二章》)对磐石意象的处理,以及描写雅各在荒野中受天主眷顾这一节,[19]通过与其他译本对比(如思高、新译、和合本),"对比诸译本发现,吴译本的好处在于他精确的押韵和意象的创造。歌唱本文的特殊性要求在于有韵律,韵律的形成在于对韵脚的把握。吴译的韵律感较之现代本强的多,这一章各短句押'U'韵。其中'遇''趋''衢''须'是方言偏韵,与'路''步''误'属于同韵。押韵的文本无论歌唱还是朗读时,都可以形成绵延不断的音乐感。而现代翻译体极为欧化,没有韵律作为情绪上的连接,句与句之间的断裂感很强,失去了原本语言语义粘连圆融的美感。"[20]

吴渔山基督宗教文学创作所取得的成就不仅在明清时代的天学诗写作中,无人能与之匹敌,同时代的杭州张星曜虽写有《十二宗徒圣人赞》、《圣人宗徒十四位行实》,但在题材内容及文体使用方面相较于渔山狭隘。在中国基督宗教文学史上,只有民国时期的刘廷芳写过大量的基督教诗歌,在新诗中也取得了相当的成就,但这是用现代诗写成的。因此,可以这么说,在用古典文学诗歌形式创作基督宗教方面,吴渔山的天学诗创作在这方面达到了空前绝后的高峰。实际上,宗教文学创作并不那么容易,它涉及到宗教与文学的关系,宗教对文学就像一把双刃剑,双方结合得好对文学自身走向更高的一种情感和境界有提升的作用,若结合得不好,就容易牺牲文学成为宗教传达教义的工具。渔山曾提出:"作天学诗最难,比不得他诗。"[21]相信他对基督宗教介入文

---

18 赵盛楠:《吴历诗歌研究二题》,上海师范大学硕士学位论文,2008年未刊稿,第40页。
19 同上书,第48—50页。
20 同上书,第50页。
21 转引自方豪《中国天主教人物传·赵仑》,第387页。

学写作后对文学的正反面的影响都有很深的体会。本文是对这一问题的继续关注,希望通过这样的一个个案研究,更深地探讨宗教与文学的关系,并藉着这样的研究,让学界进一步关注他在这方面所取得的成就以及在中国基督宗教文学史上的地位,如果说,在中国古代,佛教文学的代表是王维,道教文学的代表是李白,儒家文学的代表是杜甫,道家文学的代表是陶渊明,那么天主教文学的代表是吴渔山。

《辅仁文苑》时期的张秀亚[*]

刘丽霞 赵婉莉（济南大学）文

台湾著名女作家张秀亚与辅仁大学及其校园文学刊物《辅仁文苑》有着极深的渊源。1938 年张秀亚考入辅仁大学文学系，次年以班级第一名的成绩转入西洋语文学系，毕业后考入本校史学研究所，1946 年回校执教。她在考入大学之前，就已有作品在刊物上发表，但其在《辅仁文苑》时期发表和出版的作品才真正奠定其在文坛的地位并开始受到外界关注。她在辅仁大学读书期间，勤于创作，出版了自己的小说集，文学作品也时常发表在《辅仁文苑》。其文学才能获得培育的园地，故得以在文学之路上不断前行。此外，她还担任了《辅仁文苑》和辅大校园生活月刊《辅仁生活》的编辑，为以后的编辑工作积累了经验。本文试图通过《辅仁文苑》这一平台，藉助其作家和编辑者的双重身份，较为全面地了解那一时期张秀亚的文学取向和创作特色。

一、创作道路的转向

张秀亚 1919 年出生于河北沧县，她自幼对文学的喜爱以及温婉细腻的性格多半是受到母亲的影响。幼年时阅读了大量名家作品，凭借着天生的悟性和灵敏，领悟到文艺内在的魅力，后来走上了文学道路。她曾说道："玛利·韦伯交给我如何把生活安排成适合写作的艺术生活，哈姆生教给我如何净化、美

---

[*] 本文系教育部规划基金项目"中国教会大学文学活动考察"（13YJAZH054）之阶段性成果。

化、生动化文字,而那个法国的福楼拜,却教给我写作应有的态度,我以为这是最要紧的。"

年仅15岁,张秀亚便在《大公报》、《益世报》、《国文周报》等刊物发表文章。17岁出版处女作短篇小说《在大龙河畔》,18岁在天津《大公报》上发表了八千字散文《寻梦草》,表现出超出同龄人的敏锐洞察力以及细腻情感。

1938年,张秀亚以优异成绩考入北平的天主教辅仁大学。1939年4月15日,在辅仁大学和燕京大学两校师生的共同努力下,集资创办了纯文艺期刊《文苑》,张秀亚是其中的一个积极参与者。创刊号《编辑后记》说:"这是一个友谊的刊物,我们不愿它成为一件公开推销的庸俗刊物,仅是珍贵的友情结成的结晶,是爱好文学同人们写作实习相互批评的园地。"编者还明确指出文艺不是"消遣",更非"以这为营利的妄念",而是他们欲为之献身的"事业",字里行间充满了校园文学青年对于新文学的"一种偏爱的热诚"。张秀亚后来回忆说:"《文苑》出版后,以内容纯净,态度谨严,立即博得读者们的赞誉,这个小刊物竟俨然成了文坛上一颗发光的星子,使我们几个创办人大为兴奋。"辅仁大学鉴于同学们对文学的热诚和经济的困难,决定从第2辑起由校方提供经费,将刊物改名《辅仁文苑》出版。校方同意刊物保持原先的编辑方针,但又提出"不要妨碍公教精神的传播",所以刊物中也刊登了一些宣传天主教义的作品。后来由于校方和刊物参与者拒绝伪教育总署的"聘书",刊物办至1942年4月第10、11合辑时,被迫停刊。在这短短的三年期间,刊物每一辑都刊登有张秀亚的作品,共6篇小说,4篇散文,1篇诗歌。除了在《辅仁文苑》上发表的作品外,张秀亚于1941年1月出版了首部中篇小说《皈依》,同年10月出版中篇小说《幸福的泉源》,还在校刊《辅仁生活》上刊登过几篇散文及诗歌。

作家的作品多为其心路历程的写照,张秀亚也不例外。若将其在1936年出版的处女作《在大龙河畔》同《辅仁文苑》时期的创作相比,可以发现,张秀亚的创作有了很大变化。《在大龙河畔》是一部短篇小说集,创作风格可以说是社会写实主义的。其创作背景是1925年张秀亚随全家迁居天津,落魄的家庭环境和窘困的物质经济,使她有机会接触到生活在城市贫民窟中的下层人群。她在书中的自序写道:这些作品的写作素材全部取自周围生活的见闻和感触,旨在"掘发眼前悲惨一群心灵矿山里埋伏的悲苦,揭开他们灵魂的角隅,发现他们生活的阴暗面"。

"七·七"事变后的民族命运的巨大转变,把张秀亚抛入迷惘和困惑中。在忧郁当中,她先是在大自然中找寻精神的寓所,并在《文苑》、《辅仁文苑》上发表了《珂萝佐女神》、《海鸥》、《梦之花》等驻足大自然的小说,但这种心灵的躲避是暂时的。在精神困境中,她后来皈依了天主教,并从宗教精神中"发现了真美善,以及坚定的信德,不萎的圣德和温暖的爱"。1942年9月1日的《公教白话报》上刊登了张秀亚《我皈依公教的经过》一文,从中我们可以大致了解到她在考入辅仁大学之后信仰历程以及文学道路的转向。

二、大自然的讴歌者

张秀亚在《辅仁文苑》早期发表的作品,多着眼对大自然的描写和讴歌,文字抒情优美,意境清新唯美。

张秀亚1940年冬天创作的长篇叙事诗《水上琴声》,多达六百四十行,是小说《白鸟的归来》的插曲,首次发表于《辅仁文苑》第六辑。她在文中特别提到其创作缘由:"故乡多水,清风明月夜,琴师歌人,临流抚弦,声行水上,自然成韵。先大父每凭楼窗,为道前代歌人故事,其一最凄美,幼曾撰文以记。二十九年冬夜读Allan Poe之长诗The Bells,风格雅丽,韵节富音乐之美,心羡之,遂据前记故事成此事,时正就读故都辅大二年级。"由此可知这首诗是中西方文学相互交融后的产物。该诗在长度、结构、韵律等方面皆可成为北平沦陷区诗坛中的杰作,并引发了当时一系列长诗的出现,逐渐形成一股长诗写作的潮流。

张秀亚喜好散文,如她自己所说:"我对散文,也许可以说有一种特殊的偏好,几年来试写的散文也较多。决定了我这条路线的,或许是个人的性格与以往阅读的书籍,除了两点以外,我想不出其他的理由了。我是生长于北方平原上的人,我赞美的是质朴与亢爽,平易而自然的散文体裁,最适于表现我那单纯的心声。"也因此,她的散文创作在文坛中最为瞩目。张秀亚在《辅仁文苑》中发表过四篇散文,分别是:《散文诗》、《花环》、《〈幸福的泉源〉序》及《挽歌》。其中刊登于第七辑的《花环》由19篇短篇散文组成,流露出作者细腻、感性和淡淡的哀愁。"青草不生的平原上,荆棘刺破了静美的蓝空。为了要恢复大自然的美貌,她伸手想折断那纵横的棘根。柔指却为那针刺所伤。滴滴的血点,凝成了花朵。她缀成了美丽的花环。这该是宝贵的献物,给那深秋里忘了春日的园。"

张秀亚在《辅仁文苑》发表最多的创作体裁是小说。刊登在第一辑的《珂萝佐女神》是她在沦陷时期发表的第一篇小说,面对当时黑暗复杂的社会环境,她依靠纯净的文学来排解内心的愤懑与孤寂。小说中"央"、"宛宛"和"超"三个人物的命运结局充满戏剧性,表现了人的命运结局无法预料、掌控及挽回的迷惘与伤感。小说中随处可见富有浪漫诗意的散文化描写,如"那个美丽的黄昏,在我们的记忆中,仍然如此鲜明。我虽坐在这幽闭的窗前,却依然好像看到了那久别的青涩远山,在淡红的夕阳下,向温和的我微笑。""我们傍着那圆湖缓缓行,月光,星光,岸上的灯影,在澄明的波上,辉映成一片。莹虫携带者红色的小灯笼,到处飞着,探寻草上黄花的踪迹。山脚边,有白孔雀在细声叫唱。这样一个夜晚,正适于写一首抒情长诗。"第三辑中名为《梦之花》的小说,围绕两个女孩子"珊"和"薇"的所见所想为线索展开故事情节。全文第一段是对黄昏景色的描写:"黄昏,真是凄美如梦,远山近水,都闪着落日的微光,林荫小路,雨后遍生翠色的苔藓,马车的银亮的轮子,轻轻在上面碾过,真如同走着梦中的道路。"这样描写大自然的片段还有不少,如写"薇"见到的花园景色:"园角有八角形的池塘,水自湖上引来,浇灌花朵。成了一道细流,流入池中,重复的说着一个陈旧而却永远不变的故事,水声淙淙不觉,水流脉脉,告诉人,世间有点事,已经逝去,正在继续,将要发生。水边,一株亭高的榕树,俯视着根株边边的蔷薇。白云托着精巧的榕叶,投入池水明亮如银的心里。"

张秀亚对自然的爱,诚如她自己所说:"我爱的是自然,对大自然的爱好,自幼一直保持到现在。能予人永恒快慰的,只有那时时微笑着的大自然的慈母。"

三、备受关注的公教作家

自1935年"公教文学"这一名词提出之后(见《圣教杂志》第24卷第2期黎正甫《由电影小说谈到提倡公教文学》一文),天主教内部对公教文学的提倡和建设日益明显。苏雪林、张秀亚等著名公教作家的出现,也为公教文学提供了创作实绩。

《皈依》和《幸福的泉源》是反映张秀亚思想转变的两部中篇小说。她为这两部作品的创作倾注了更多的心血和精神,赋予了主人公公教青年们完满的命运结局,试图通过故事反映公教精神的崇高与伟大。

《皈依》中的男女主人公是一对令人艳羡的青梅竹马"珍"和"华"。"华"在远离家乡求学的过程中,皈依了天主教,过着修道生活,"珍"对此行为感到不解,甚至苦恼。直到有一天,乡间突然发起洪水,"华"凭借着公教青年无畏无私的奉献精神,救出了"珍"的父亲和众多乡亲们,他的善举感化了"珍"的内心,促使"珍"领悟到天主的美德与崇高,最终她也皈依到天主门下,成为一名虔诚的教徒。1941年出版的《幸福的泉源》最末页,有一篇广告词:"公教在我国文坛上根本没有什么好位置,女作家尤其少得可怜!绿漪女士后,继其后者实无其人,自张秀亚女士皈依公教以来,这一朵文艺之花,已走向光明招展的途中,在许多的刊物里,对她这部创作——皈依,早有惊人的赞词,无形中增加了张女士不少的功力。"这一段简短的评论正是对张秀亚在公教文坛中地位的有力肯定。

《幸福的泉源》的故事情节围绕三个人物展开。女主人公"文菁"是个聪明好学、理性孤傲的文学青年;她的朋友"美伦"是一个美丽活泼、感性重情的艺术青年;男主人公"士琦"是一个博学多识、敏锐智慧的公教青年。"士琦"一方面一见钟情于"文菁",处处帮助她,用教义感化她,但又苦恼她始终把自己禁步在宗教大门之外;另一方面他拒绝了表妹"美伦"的爱慕。结局是"文菁"终于在修女和朋友的热心启迪下,受洗入教,与志向相投的"士琦"结为夫妻,过上幸福美满的生活;"美伦"在被婉拒后,选择了离开和淡忘,开始了新的生活。张秀亚在《幸福的泉源》中有一段"写在前面"的文字,其中提到:"十字架上的宝血,是不涸的幸福泉源。那戴荆棘冠的木匠,是该冠以真理华冕的君王!吻那十字架上受伤的手足,仰望那哀怜你的眼睛!幸福在那里,道路在那里,永远发光的灿灿恒星在那里,永远美丽的爱情玫瑰在那里!去寻!便可以得到。"这是作为公教徒的她为迷茫的人们指出的一条通往幸福的道路,也是她自己的亲身感悟。

四、尽职奉献的文学编辑

张秀亚一直以作家身份著称,但她作为刊物编辑的身份却很少受到关注。自1939至1943年间,她曾担任过《辅仁文苑》、《辅仁生活》和《益世报》的编辑。

1941年出版的《辅仁大学年刊》中刊载了一篇林榕的文章,题目为《三年来的〈辅仁文苑〉》,记录了刊物最初的创办情形以及三年间编辑人员的调动情况。从中了解到《文苑》最初创办时,由辅仁与燕京两校人员共同商议,张秀亚为辅仁大学的发起负责人之一。此外,1940年11月出版的《辅仁文苑》第五辑,公布了辅仁文苑社的人员名单,其中张秀亚与李景慈两人担任咨询编辑。1941年1月出版的第六辑,重新介绍了调整后的辅仁文苑社负责人员名单,其中张秀亚与李景慈等六人共任编辑。直到1941年"春季开学,遵学校当局意见,'辅仁文苑社'改成'辅仁文苑编辑委员会',人选亦有变动。采取委员制,各栏由专人负责,另推选主席委员一人,负责一切事物"。于是,张秀亚独任小说编辑,赵宗濂任主席一职。《辅仁文苑》从第七辑到第十、十一辑合刊,都是张秀亚独任小说版编辑。后来,她回忆《辅仁文苑》创办晚期的情形:由于政局的改变,包括她在内的几名辅仁文苑编辑人员拒绝向日伪当局妥协,绝不会将这片纯净的文艺园地堕化成向敌寇政治妥协的庸俗刊物,于是愤然撕毁收到的官方通知,毅然决定停办刊物。通过一系列史料,不难看出张秀亚自始至终都是该刊物的编辑人员,见证了刊物的成长与发展,为这片文学净土付出了大量心血和满腔热情。另一方面从她担任编辑的情况来看,由最初的负责人之一到独立成为小说编辑,客观上证明了她的能力得到了师友们的肯定。

在辅仁大学读书期间,张秀亚还担任过本校校园生活月刊《辅仁生活》的编辑。该刊物的宗旨为:联络师生间的情感和付予同学们练习写作、运用思想的机会。

1942年,辅仁文苑编辑委员会解散以后,迫于日伪政治压力,张秀亚前往西南地区,意欲为抗日贡献微薄力量。1943年,当她抵达重庆后的第四天,正在迷茫之际,意外得到于斌主教的极力推荐,经过当时《益世报》杨社长的当面笔试,最终成为重庆《益世报》文艺副刊《语林》的主编,成为当时各大报纸副刊中最年轻的编辑。

众所周知,作为一名刊物编辑,工作是极其繁琐的,包括内容取舍、排版、校对、审核等。但张秀亚却认为这是一个能够充分与文学对话的机会,所以格外珍惜。她曾有一篇文字记叙了在编辑室中的体验:"每天黄昏,我充满了热望与好奇,走进了那编辑室,我在那里,顿觉得生活的天际线扩大了。我打开了来稿的信封,启开了存稿的抽屉,也等于开启了多少作者心灵的窗户,在灯晕下,我和远方的陌生人,开始了灵魂的对话。"

五、结　语

《辅仁文苑》时期的北平,政权丧失、战火纷飞、物价飞涨,面对恶劣的外部环境,张秀亚藉着对国家命运的关注、对宗教的虔诚以及对文学的热爱,依然坚守在文学阵营中。一方面,她作品中因蕴含诗意美和意境美,被冠以"美文"的声誉,在当时华北沦陷区的文坛中,已有较高知名度,显示出后起之秀的潜力;另一方面,她本着宣扬仁爱的公教精神,努力创作和翻译公教文学,为动荡时期的读者带来慰藉。概言之,不论是她的文学创作还是她从事的文学编辑事业,都为沦陷区文学特别是公教文学的发展做出了贡献。

神圣降临与冰心早期文本中的"第三空间"

游翠萍(四川省社会科学院)文

　　五四以来,以茅盾为代表的左翼批评家,肯定冰心对母爱、儿童、自然的成功描写,但对其作品中浓厚的"虚无意识"、特别是以抽象的"爱"来回避现实人生的苦难则持否定态度,冰心因此主要被归入儿童作家、"闺秀派"作家之列。但是,冰心早期文本独特的"光晕",其实离不开她作品内部的"消极因素",儿童作品、"闺秀派"作品的阐释框架无法解释冰心文本内部的冲突和矛盾。

　　本文借助美国后现代地理学家索亚提出的"第三空间"概念,重新解读冰心早期文本,不回避其作品中的"消极因素"。索亚的"第三空间"不同于传统的第一空间(物理空间)和第二空间(精神空间),而是一个包融二者进而超越二者,实现历史性、社会性和空间性三元辩证统一的开放性空间,就如博尔赫斯笔下那个包罗万象的《阿莱夫》。冰心早期文本,有着明显的"第三空间"特征,而这个"第三空间"的形成,是其与"上帝"相遇、博弈和争夺权力空间的结果。

1. "第三空间"文本:从《疯人笔记》进入冰心的"阿莱夫"

　　博尔赫斯的《阿莱夫》,被索亚称作"一个谦卑、警世的故事,一则关于无限复杂的空间和时间的寓言,也是非凡历险的一次邀请"。[1]在《第三空间》中,索

---

[1] 索亚:《第三空间——去往洛杉矶和其他真实和想象地方的旅程》,上海:上海教育出版社,2005年,第72页。

亚曾不厌其烦地大段引用《阿莱夫》，来隐喻"第三空间"丰富、复杂、混沌、无法言说的特征。"阿莱夫"是这样一个空间：

> 阿莱夫的直径大概一英寸多一点，但所有的空间都在其中，大小丝毫没有变化。每个物体（比如镜面）都是无穷尽的，因为我从宇宙的任何一个角度都清清楚楚地看到它。我看到浩瀚的大海；看到黎明与黄昏；看到美洲众多的人群；看到黑金字塔中央的一张泛着银光的蜘蛛网……我看到爱的结合，死的更改；我从每一个点和每一个角度看到阿莱夫，在阿莱夫里我看到地球，在地球上我看到阿莱夫……我感到头晕目眩，我潸然泪下，因为我亲眼目睹到了那个秘密的、假想的事物，它的名字家喻户晓，但还没有人见过，它就是无法想象的宇宙。[2]

在"阿莱夫"里，所有具象与抽象的事物都处于同一空间和时间里，这是一个让人类语言、思想、智慧、能力都失效、凝固的地方，无法描述，难以言喻，但博尔赫斯还是试图将他所看到的一切尽可能地纳入语言秩序里。所以，在博尔赫斯对"阿莱夫"的观看中，各种事物、场景、观念呈现出一种可理解的样式和图景，有一种"拟神"的全知视角，亦呈现出这种观看所带来的震撼和冲击。博尔赫斯的"阿莱夫"空间，还有着西方思维中二元论痕迹，并未完全进入到索亚所设想的"三元辩证"的空间场景中。

在我看来，冰心的《疯人笔记》（1923）亦提供了一个索亚所谓"第三空间"的文学范本，也是探索冰心"第三空间"写作的理想路径。

冰心的作品，向来被视为一个"透明体"，批评家可以轻松自如地一一解剖，但《疯人笔记》的出现，超出了人们的想象和预期，"读完之后，完全不知其所以的人很多"，"自从这一期《月报》出版以后，有几个朋友，问我这篇是什么意思，我也没有回答，与雁冰兄答复一位女读者的通信一样"，"这类带有奇异性和象征派的作品，不但在文艺鉴赏贫薄的中国的现状之下，是不易得一般人的了解，即在'西洋'，恐怕也是在比较上有点'曲高和寡'"。[3] 所以，长期以来，这个文本不仅导致阅读的困难，也带来批评的困难，让批评家进入了一种"失语"和"无可批评"的状态，这使得它成了一个被刻意回避的文本。迄今为止，对这个作品的专文评论寥寥无几，而比较有价值的还是王统照的《论冰心的

---

[2] 索亚：《第三空间——去往洛杉矶和其他真实和想象地方的旅程》，上海：上海教育出版社，2005年，第72页。
[3] 剑三（王统照）："论冰心的《超人》与《疯人笔记》"，《冰心研究资料》，北京：知识产权出版社，2009年，第290—291页。

〈超人〉与〈疯人笔记〉》。

王统照认为,"《疯人笔记》中所包含而要解决的,是生与死、爱与憎四个字而已。"批评家在对这一主题进行了阐发之后,还是认为作品太"特异",是一种"天才的巧妙",难以批评和模仿,并给出了忠告:"这类的作品,实无可批评的。而且我最希望不可随意的,大家去模仿著作。"[4] 如果借助于"第三空间"理论,我们或可比较清楚地看到冰心所创造的美学新空间,而不至于进到"无可批评"的无奈之中。

《疯人笔记》并没有如博尔赫斯式地呈现一个包容万有的宇宙,却依旧呈现了一个"无法想象的宇宙",并部分消解了语言的限制,更形象化地呈现出"阿莱夫"式空间的丰富、复杂、混沌及迷人之处。

《疯人笔记》中,冰心透过"我",一个补鞋的疯老婆子,讲一些"极糊涂极高深的话","叙一件极隐秘极清楚的事情"。细读文本,找不出因果相陈的故事,但可拼凑出许多在时间和空间上相连相牵的人、事、物:母亲、我、聪明人、白的他、黑的他;爱、恨、杀戮、死亡、诅咒;乱丝、变成了石像的小树、吃身体的乌鸦、心中的冰块、手中的血轮……在《阿莱夫》中,单个的时空景观是明晰、可解释的,而在《疯人笔记》中,单个的时空景观都是混沌、无可解释的,兹列举几个(着重号为本文作者加):

> 太阳怎样爱门外的那棵小树,母亲也是怎样的爱我——"母亲"?这两个字,好像不是这样说法,只是一团乱丝似的。这乱丝从太初就纠住了我的心;稍微一牵动的时候,我的心就痛了,我的眼睛就酸了,但我的灵魂那时候却是甜的。这乱丝,世上没有人解得开,上帝也解不开——其实上帝也是乱丝,母亲也解不开。
>
> 我的身体原是五十万年前的,至今丝毫也没有改变。但现在却关闭在五十万年以后的小屋子里,拉那五十万年以后的小绳子。
>
> "白的他"永远是温柔的,却也有深恨的时候,因此我十分的信富士山是要变低的,直布罗陀海峡是要变浅的。
>
> 印度的母亲,原是住在瓶子里的;瓶子破了,便没了住处了。这瓶子是乱丝纠成的,乱丝腐了,自然瓶子也要破的。其实并不是乱丝腐了,只因世界上都是乱丝,也不分彼此了。

---

[4] 剑三(王统照):"论冰心的《超人》与《疯人笔记》",《冰心研究资料》,北京:知识产权出版社,2009年,第291页。

在《疯人笔记》中,看似明晰的人事物、符号和意象,在历史-时间-空间上不断地延伸、阻断、编织、裂开、渗透、逃逸、回旋、穿插;而很多意象,比如上帝、乱丝、变成了石像的小树、乌鸦等反复出现,意象和景观彼此缠绕交织,眼花缭乱,莫可辨识。这一切,都让《疯人笔记》成了一个难以索解的"不透明"文本,或者说,一个祛除了透明幻象和真实幻象的、具有无限阐释可能的"第三空间"开放性文本,展现出一个特异的美学空间。即使放在整个20世纪中国文学中来看,这个文本也是相当奇异的。

观看了《疯人笔记》所呈现的奇妙景观之后,我们可以进入到冰心更早和更后的其他文本,探索其"文学空间"的多种形式。我们会发现,冰心并不像我们认定的那么"透明",在冰心的文本中,另有一番时空景观。

2. 第三空间的生产:社会、死亡、爱及自然

冰心创作从"问题小说"开始,涉及小说、诗歌、散文等多种文体,且都有流传甚广的代表作,如小说《超人》,诗集《繁星》、《春水》,散文《往事》、《寄小读者》等。在如此复杂繁多的文本中,我们需要一份导游图。在《一个忧郁的青年》中,冰心曾借彬君的口说:

> 从前我们可以说都是小孩子,无论何事,都从幼稚的眼光看去,都不成问题,也都没有问题,从去年以来,我的思想大大的变动了,也可以说忽然觉悟了。眼前的事事物物,都有了问题,满了问题。比如说:"为什么有我?"——"我为什么活着?"——"为什么念书?"下至穿衣,吃饭,说话,做事;都生了问题。从前的答案是:"活着为活着"——"念书为念书"——"吃饭为吃饭",不求甚解,浑浑噩噩的过去。现在是要明白人生的意义,要创造我的人生观……要解决个人的问题,连带着要研究家庭的各问题,社会的各问题。要解决眼前的问题,连带着要考察过去的事实,要想象将来的状况。

一切的问题,社会的,家庭的,在冰心看来,都源于追问个体生命存在的意义问题,这是理解冰心创作的起点,也是冰心"第三空间"的导游图。在冰心早期文本中,主要呈现了四种空间样态:社会空间、死亡空间、爱的空间和自然空间,同时,这四种空间又是彼此交错、互通、共生的。

我们先进入冰心的社会空间。在1919—1925年间,冰心先后发表过30多篇"问题小说"。在这一空间里,有家庭建设的成功与失败(《两个家庭》),有

青年的激情与父辈保守之间的矛盾(《斯人独憔悴》),有包办婚姻给女学生带来的毁灭(《秋风秋雨愁煞人》),有青年报国热情与官僚社会的冲突(《去国》),有被虐死的童养媳(《最后的安息》),有懂孝道的孩子(《骰子》),有离弃父母的新式人物(《小家庭制度下的牺牲》),有反战的军官(《一个军官的笔记》),有被子弹误伤的孩子(《三儿》),也有超越国族、超越冷漠的爱(《国旗》《超人》)……可以说,"五四"时期的各种问题,冰心几乎都深浅不一地涉及了,冰心对社会的关注是超过当时甚至在她之后的很多作家的。不过,重要的不是冰心所涉及问题的"全面",而在于她特殊的空间位置和视点。

冰心写"问题小说"的时候,正是"激扬文字"的青春时期,也赶上了五四狂飙,但她却保持着明显的疏离感。在冰心的"问题小说"里,所有矛盾冲突明显有"五四"的时代性,但更呈现出一种空间化特征,即恒常性。矛盾冲突往往并不激烈,双方也并非势同水火,结局却往往如《是谁断送了你?》一般,很难说谁是谁非。甚至在涉及家庭、婚姻、新女性等问题的作品中,冰心表现出明显的保守性和落后性,这也是冰心这个"五四"的"女儿"最被"五四"激进的"儿子"们诟病的地方,"她的问题小说里就是那样软脊梁的好人"。[5] 在冰心的作品中,很少有强烈的介入和反抗行为,有时是退缩,有时是离开,更多时候,是死亡。冰心小说的结构常有一些逆转时刻,让人觉得很突兀。中国传统小说中的"逆转",依靠的是一些转折性事件和现实力量的介入,比如侠客、清官、圣旨之类的,而冰心的逆转时刻却往往是一种非现实的,精神的,或如茅盾所说的"神秘主义的"——爱的力量,这在《超人》中表现得特别突出。

冰心文本中的死亡空间,这是一个在批评家中有很多争议的"虚无空间"。除了"问题小说"中有很多死亡事件外,在诗歌、散文中,冰心也反复书写死亡。在《繁星》、《春水》诗集中,有大量关于死亡的空间意象,而专门讨论死亡的作品有《"无限之生"的界线》、《问答词》、《遗书》等,还有如《月光》、《疯人笔记》等许多作品也涉及死亡问题。

冰心所构筑的死亡空间,是与生命、爱、宇宙、自然、人类完全融合在一起的、超越时间、空间和历史的存在,时而混沌黑暗,时而明朗诗意。有时,死亡是黑暗、枯萎:"万顷的颤动——/深黑的岛边,/月儿上来了。/生之源,/死之所!"(《繁星·三》)"残花缀在枝上;/鸟儿飞去了,/撒得落红满地——/生命也是这般的一瞥么?"(《繁星·八》)有时,死亡是一种安息:"死呵!/起来颂扬它;/是沉默的终归,/是永远的安息。"(《繁星·二五》)有时,死亡又充满了美

---

[5] 茅盾:"冰心论",《茅盾论创作》,上海:上海文艺出版社,1980年,第192页。

感和诗意:"脚儿赤着,发儿松松地挽着,躯壳用缟白的轻绡裹着,放在一个空明莹澈的水晶棺里,用纱灯和细乐,一叶扁舟,月白风清之夜,将这棺儿送到海上,在一片挽歌声中,轻轻地系下,葬在海波深处。"(《往事(一)二○》)在《"无限之生"的界线》《问答词》《遗书》等作品中,死亡不是失败,也不结束,而是"'无限之生'的界线","无论是生前,是死后,我还是我,'生'和'死'不过都是'无限之生的界线'就是了",因此,活着和死去的人,不过分处界线两边,但他们在精神上是结合的,并且"和宇宙间的万物,也是结合的"。冰心甚至大胆地提出与自然调和的"自杀论":"如果有一日将我放在自然景物极美的地方,脑中被美感所鼓荡,到了忘我忘自然的境界,那时或者便要打破自己,和自然调和,这就是常人所谓的自杀了。"(《月光》)

爱的空间,这是公认的最能代表冰心文学成就的空间建构。在冰心的各类文本中,充满着亲人之爱、朋友之爱、陌生人之爱、孩子之爱、母亲之爱,甚至自然之爱、宇宙之爱。爱无所不在,爱无所不包,爱无所不能,不仅超越时间、空间、地域、历史,也超越生死,"万全之爱无别离,/万全之爱无生死!"(《致词》)"万全的爱,是不分生——死——人——物的,无论什么,都不能抑制摧残他"。真正能够建设光明世界的,不是那些"虚空的"、"英雄,帝王,杀伐争竞的事业",而是"人和人中间的爱,人和万物,和太空中间的爱"(《"无限之生"的界线》)。在各类诗歌散文中,冰心不惜笔墨地颂扬爱,在《骰子》《国旗》《超人》《爱的实现》《一个不重要的兵丁》等小说中,都写到了爱的得胜。

母爱是冰心爱的国度里最重要的主题。从《超人》可以看出,这种母爱,已经不是一种单纯的血缘亲情之爱,而是一种超越地域、国家、种族、阶级的爱,"世界上的母亲和母亲都是好朋友,世界上的儿子和儿子也都是好朋友,都是互相牵连,不是互相遗弃的"。在《寄小读者》中,母爱更清晰地显示出其超越时间和空间、将世界带进光明的特征:

她从最初已知道我,认识我,喜爱我,在我不知道不承认世界上有个我的时候,她已爱了我了……我所知道的自己,不过是母亲意念中的百分之一,千万分之一。(《寄小读者·通讯十》)

"母亲的爱"打千百转身,在世上幻出人和人,人和万物种种一切的互助和同情。这如火如荼的爱力,使这疲缓的人世,一步一步的移向光明!(《寄小读者·通讯十二》)

最后我们要进入自然空间——这个冰心文本中最多涉及的空间。她的代表作《繁星》《春水》《往事》《寄小读者》等,有大量关于自然空间的描写。但冰心笔下的自然,其实与儿童眼中或者普通人眼中的自然大不相同。

冰心文本中涉及宇宙、万物和大自然的地方非常多,春风、秋云、碎雪、微雨、明月、星辰,都入笔下,而这一切,都是与人、与万物之间的爱与死相牵相连的,"我们都是自然的婴儿,卧在宇宙的摇篮里"(《繁星·一四》)。这些意象不仅仅是一个主客体观照下的审美意象,而是一个与生命存在体验相关的"第三空间"。冰心最爱的是海。在冰心关于海的描写中,"海、浪、舟"是主要的意象。[6] 在《春水·一〇五》中,冰心写道:"造物主——/倘若在永久的生命中/只容有一次极高的应许。/我要至诚地恳求着:/'我在母亲的怀里,/母亲在小舟里,/小舟在月明的大海里。'"这里的海,是与母亲的爱、与生和死连接在一起的,海既是生命之所由来,也是生命之所归和永久的安息。

通过上面的探寻可以看到,在冰心所建构的空间形态中,没有一种空间是完全独立的,社会——自然(宇宙)——死亡——爱,相互交错,相互渗透,相互缠绕,时而明朗时而混沌,时而单纯时而复杂,时而欢欣时而痛苦,建构出冰心早期文本一个独有的"第三空间",有一种特殊的"光晕"和魅力。

3. 神圣降临与空间的争夺:冰心及其文本的内外冲突

这部分我们进一步探讨冰心早期文本"第三空间"的成因。

冰心早期文本这种驳杂、混沌、多义空间的出现,与其复杂的思想信仰状况相关,是冰心与"上帝"相遇、博弈和争夺权力空间的结果。阅读冰心早期文本,"上帝"是一个巨大的存在,可说是无所不在。冰心从小接触基督教,在教会学校念书,也曾受洗皈依基督教,基督教思想的影响很深。同时,她还受到儒家、佛教、泰戈尔等多种思想的影响。

任何把冰心本人"闺秀化",将她作品中的"不作为"视为一种软弱,可以确定是一种误读。不要忘了,冰心是一个参加过甲午海战的海军军官的女儿,而且十岁之前都生长在海军军营里,从小被父亲以男装示人。在冰心的《梦》、《往事》、《赴敌》、《我爱,归来罢,我爱》等诸多文本中,都留下了她胸怀壮志、渴望"跃马横刀"的痕迹。在《梦》中,冰心这样来描述自己:"穿着黑色带金线的军服,佩着一柄短短的军刀,骑在很高大的白马上,在海岸边缓辔徐行的时候,心里只充满了壮美的快感。";"她会打走队的鼓,会吹召集的嗽叭。知道毛瑟枪里的机关,也会将很大的炮弹,旋进炮腔里。五六年父亲身畔无意中的训

---

[6] 郭玉华、孙恒存:"冰心小诗中的海意象探析",《文艺理论与批评》,2009年,第2期,第142页。

练,真的将她做成很矫健的小军人了。"(《梦》)冰心曾遗憾地说,"他们这一班人是当时文人所称为的'裘带歌壶,翩翩儒将'。我当时的理想,是想学父亲,学父亲的这些好友,并不曾想到我的'性'阻止了我作他们的追随者。"(《我的童年》)

女性身份虽让冰心不能在战场上"跃马横刀",但这并未阻止她在人生的战场上"跃马横刀"。这种雄心壮志,借《往事(二)五》非常清晰地表明出来。冰心十分郑重地向父亲提出自己想做"灯台守"的愿望,并且说自己为此"处心积虑已经三年"(着重号由本文作者加):

> 灯台守的别名,便是"光明的使者"。他抛离田里,牺牲家人骨肉的团聚,一切种种世上耳目纷华的娱乐,来整年整月的对着渺茫无际的海天。除却海上的飞鸥片帆,天上的云涌风起,不能有新的接触……这在我并不是牺牲!我晚上举着火炬,登上天梯,我觉得有无上的倨傲与光荣。几多好男子,轻侮别离,弄潮破浪,狎习了海上的腥风,驱使着如意的桅帆,自以为不可一世,而在狂飙浓雾,海水山立之顷,他们却蹙眉低首,捧盘屏息,凝注着这一点高悬闪烁的光明!这一点是警觉,是慰安,是导引,然而这一点是由我燃着!

这是何等的雄心或者说"野心"!连那些弄潮破浪、不可一世的男子,都要仰望这黑暗中的一点光明。这就是冰心,这个军人的女儿、海的女儿,为自己确立的空间位置——光明的使者,黑暗中的燃灯者!

在认识了冰心关于自我的空间定位之后,我们回头重新来探究冰心的思想信仰。当这位"黑暗中的燃灯者"遇到"上帝"的时候,会有怎样一番景象?

冰心的文本中,充满着黑暗、光明、灯、光明之子、爱的使者等意象,她是非常明确地在追求成为"光明的使者"、"黑暗中的燃灯者"。"光明的使者"源于基督教中的"光明之子",意味着"为光作见证",见证基督。但是,从小耳濡目染的儒家进取意识和关怀现实的价值取向,使得冰心更强调对人类的贡献和自我价值的彰显,"谁愿借着光明的反映,发扬他特具的天才,贡献人类以伟大的效果?"(《我+基督=?》)"聪明人!/在这漠漠的世界上,/只能提着'自信'的灯儿/进行在黑暗里。"(《春水·九十》)

作为基督徒的冰心,在其文本中,耶稣出现的次数并不多,上帝却无处不在。换言之,冰心"觐觎"的是"上帝"的"位置",而不是"道成肉身"的"耶稣"的"位置"。在冰心笔下,"上帝"有两个主要的属性:一是"万能的造物者",二是

"无处不在、守护万物和人类的爱的上帝"。[7] 从基督教教义来看,上帝有创造者、慈爱的上帝,也是圣洁公义的上帝,作为"罪人"的人类,在上帝面前是站立不住的。因此,必须借着基督耶稣这个代罪羔羊,才能到上帝面前。冰心晚年曾说过,她不相信"三位一体"、"复活"等教义(《我入了贝满中斋》),结合她早期文本,大致是可以确认的。但是,冰心文本中的"上帝"绝非装饰,冰心文本所呈现的空间样态,与这位"上帝"有很大关系。冰心在《〈寄小读者〉四版自序》中说:"感谢上帝,在我最初一灵不昧的入世之日,已予我以心灵永久的皈依和寄托。"在冰心内心,"上帝"是实存的。只是,冰心基于个体经验和儒家入世济世思想的影响,并未全部接受基督教教义中的上帝。

于是,我们就看到这样的一幕:冰心谦卑地来到上帝面前,骄傲地祈求说:"严静的天空下,/我深深叩拜——/万能的上帝!/求你丝丝的织了明月的光辉,/作了智慧的衣裳,/庄严的冠冕,/我要穿着它,/温柔地沉静地酬应众生。"(《晚祷》)"主义救不了世界,学说救不了世界,要参与那造化的妙功啊,只有你那纯洁高尚的人格。万能的上帝!求你默默的借着无瑕疵的自然,造成我们高尚独立的人格。"(《人格》)在冰心的诸多文本中,在赞美上帝伟大创造和爱的同时,也藏着自我柔韧、隐秘的骄傲。这与基督徒站在被造者和蒙恩罪人的位置向上帝祈求:"免我们的债,如同我们免了人的债,不叫我们遇见试探,救我们脱离凶恶,因为国度、权柄、荣耀,全是你的,直到永远"(《太6:11—13》),实在是大相径庭的。

循此路径,冰心进入了另一个写作空间——死亡空间。如果没有复活,如何解决死亡问题?基督教教义认为,罪带来死亡,通过基督赎罪、复活,战胜了罪和死亡。如果没有罪的问题,那就意味着,需要冰心自己来解决死亡和苦难问题。这样一来,冰心就为自己争取了一个原本属于"上帝"的空间——死亡空间。冰心早期文本反复书写死亡,并借助佛教、泰戈尔大调和等思想资源,构建起一个生死本一的圆满空间。这种对死亡的迷恋和书写往往是被视为虚无主义和软弱的表现,其实,这是冰心对"上帝"空间侵入和占领后的结果。特别是关于自杀的理论,更是表现了冰心急于掌控自己命运的"野心":

> 我们既有了生命,就知道结果必有一死,有生命的那一天,便是有死的那一天,生的日子和地方,我们自然不能选择了,死的日子和地方,我们却有权柄处理它。譬如我是极爱"自然"的,如果有一日将我放在自然景

---

[7] 程小娟:"冰心的上帝观",《兰州学刊》,2009年,第10期,第188—189页。

物极美的地方,脑中被美感所鼓荡,到了忘我忘自然的境界,那时或者便要打破自己,和自然调和,这就是常人所谓的自杀了。(《月光》)

不过,由于不让"上帝"介入自我意志空间,但在自我所构建的生死本一的想象空间中,冰心又常常被虚无感所困扰,进入与上帝"摔跤"的状态,怀疑、困扰、反复、恐惧、挣扎,造成冰心文本语义空间的驳杂、含混和暧昧。

但是,渴望"跃马横刀"的冰心不但没有退缩,她还有一个更大胆的冒险行动——一个类似普罗米修斯"盗火"的"盗'爱'行动"。

冰心笔下的"爱",不像其他同时期作家所书写的"爱",要么过虚,落入抽象,要么过实,落入一般,也不同于传统文化中的"仁者爱人"或父母亲人间的人伦之爱。这是一种超越时间、空间、地域、历史和生死的爱,这是一种确确实实的力量和存在。而这种爱,很清楚地是从"上帝"而来。冰心最为大胆的行动是,不是"爱"成"肉身",而是"肉身"成了"爱"——母爱。冰心笔下母亲的爱是这样的:

她从最初已知道我,认识我,喜爱我,在我不知道不承认世界上有个我的时候,她已爱了我了……我所知道的自己,不过是母亲意念中的百分之一,千万分之一。(《寄小读者·通讯十》)

但试与《圣经》中赞美上帝之爱的诗句比较,两者几乎是一致的:

耶和华啊,你已经鉴察我,认识我。/我坐下,我起来,你都晓得;你从远处知道我的意念。/我行路,我躺卧,你都细察;你也深知我一切所行的。/……我未成形的体质,你的眼早已看见了;你所定的日子,我尚未度一日,你都写在你的册上了。/神啊,你的意念向我何等宝贵!其数何等众多!/我若数点,比海沙更多;我睡醒的时候,仍和你同在。(《诗139:1—18》)

借着母爱如此神圣的超越性力量,人生的苦难得以解决,世界进入光明:

她(母亲)的爱不但包围我,而且普遍的包围着一切爱我的人;而且因着爱我,她也爱了天下的儿女,她更爱了天下的母亲。小朋友!告诉你们一句小孩子以为是极浅显,而大人们以为是极高深的话,"世界便是这样的建造起来的!"(着重号为冰心原文所加,《寄小读者·通讯十》)

"母亲的爱"打千百转身,在世上幻出人和人,人和万物种种一切的互助和同情。这如火如荼的爱力,使这疲缓的人世,一步一步的移向光明!……我只愿这一生一念,永住永存,尽我在世的光阴,来讴歌颂扬这种神

圣无边的爱!(《寄小读者·通讯十二》)

"母亲"是冰心的自我定位。冰心是家中的长女,是弟弟们的小母亲,特别在母亲去世之后,冰心更是自觉地以"母亲"身份自居自勉。这样,当冰心以"母亲"取代"上帝"的位置,"讴歌颂扬这种神圣无边的爱"时,冰心的创作达到了最惊心动魄的高潮阶段,文本的"光晕"亦达到极致——冰心正如自我想象的燃灯者一般,在黑暗的世界攀上了灯塔,擎起了"爱"的火炬。

不过,这也成了最后的谢幕,因为最终结果是神圣者"上帝"在冰心文本中的"退场"。冰心40年代曾写《再寄小读者》,谈友谊、母爱、人生,仅写了四篇就草草收场,早期文本中的"光晕"已荡然无存。

但是,上帝"退场"之后,燃灯者该怎么办?是继续点着那假想的火炬?还是从灯塔上下来面对黑暗的人生?这是冰心后期作品的困境:"上帝"不在场,不能持续地点燃光明,又不能面对世界的黑暗。冰心曾借《相片》(1934)进入人性的幽暗,但浅尝辄止了。终其一生,冰心一直维持着被很多人视为空洞表演的"燃灯"努力。不过,试想看,对于一个定意要照亮黑暗世界的"燃灯者"来说,这或许是唯一的选择了。

国际华人基督徒文学

诗人永远行走在寻找的路上*
——论原甸的《探索三部曲》

乔世华（辽宁大学）文

新加坡华文作家原甸原名林佑璋，1940年出生在上海，自幼跟随父亲来到新加坡，在当地受教育长大，学生时代参与当地的学运与文化活动，60年代曾选择到北京投奔革命拥抱理想、正义，在革命的梦想受挫之后，他又选择了南下香港澳门，进行人生的二度放逐，在那里生活了十九年，直至80年代中期才返回新加坡。这位十几岁就开始写作、在新马诗坛颇负盛名的华文诗人自2001年开始以十年的时间相继完成了总题为《探索三部曲》的长篇小说《活祭》、《奉献》、《重轭》。在这三部小说中，原甸有意忽略掉了各部小说中男主人公的名姓，都是以"他"来指称的，他们的诗人身份相同，尽管可能具体遭遇、经历以及所处时代在各部中都有所不同，但精神气质都非常一致：刚健、孤傲、不屈服，富有着理想和激情，不懈地探索，也同时会不断地产生精神困惑。到最终，他们的命运也一致，就是都放弃了早先的社会革命理想而踏上了基督教信仰的道路。如果把作家本人的人生足迹和小说中的"三个"可以合而为一的主人公"他"的经历进行一番对照的话，我们不难发现，这"三部曲"事实上就是原甸的个人自叙传小说，他从追求革命到皈依宗教的人生旅程以及在这路途中精神的探求、幻灭、困惑都在这里得到了最真实的体现。

从作者的原初写作来看，他根本无意于要写一部"三部曲"的："《探索三部曲》并不是在一个统一的创作计划中进行的"[1]，所以《探索三部曲》并不是依着某种固有次序展开的，但它又的的确确是相互联系着的，在作者无意的安排

---

* 本文属于2011年辽宁省教育厅科学研究一般项目，项目名称：浪漫派小说研究。批准号：W2011046
1 原甸："我为什么写《探索三部曲》"，《探索三部曲》，北京：作家出版社，2011年，第346页。

中,这三部各自独立成篇的小说却又形成了一个互相关联的富有意味的"三部曲"。一切如原甸所说的那样:"在这三部小说中,主人公——或说与主人公一起生活的一些人——自始至终都在'探索'之中,如果说,'探索'像一条红线,它贯穿了三部小说的各个实体,也贯穿了三部小说的三合一的整体"[2]。

物不得其平则鸣。《探索三部曲》完全是在作者酣畅淋漓一吐心中之块垒且又意犹未尽、感慨良多的文学书写中的自然而然的产物。所以,读者要是想依着严格的故事发展的逻辑线索来为小说中的主人公追根溯源,进行人生造像或者个人历史的"纪传体"乃至于梳理一番相关人物的关系网络的话,那可能就会是徒劳无益的事情。原甸并无意去讲说一个精彩绝伦或者充满悬念玄机的故事,讲故事绝对不是他写作这部作品的重心;尽管在《探索三部曲》中的每一部里,都并无二致地出现了诗人"他"和恋人英的一段无果而终的恋情,也都有着他们重逢或者分手时倾心对谈的场景。如果我们由此会感觉着小说中"他"与英的恋爱有些像既往的"革命加恋爱"小说模式,甚至会进一步联想到保尔·柯察金与冬妮娅那段初始美好但最终因为志不同道不合而分道扬镳的凄美爱情的话,那么可能就误解了原甸在此处书写上的用心。原甸绝不是要以此重新演绎一遍过去无产阶级文学作品中经常出现的那种经典爱情场景,他只是要在这里让人们看到:一群曾经有着共同的人生理想、社会理想的青年是怎样发生了意见上的分歧,他们又是怎样分化了的——有人探索,有人落伍,有人退出,有人彷徨。也正是在这大浪淘沙中,我们看到了时代风云的诡谲多变、社会变迁对个体命运的任意操控,而时代的面影也就此在小说中得到了再好不过的勾勒:政治年代里人们的革命激情、轰轰烈烈中的血腥和残暴甚至灵魂的扭曲与畸变;经济时代里、商品社会中,人物质欲望的放大与膨胀,这同样玷污和泯灭了人的精神追求。而与此同时,新加坡独立前后半个多世纪的社会动荡与变幻、"文革"前夕充斥着窒息乖谬的政治空气的中国、商品化气息十足且又反射着中国大陆政治动向的光怪陆离的香港……许多有可能被遗忘但又不应该被遗忘的历史场景在这里得到了复现,特定时期海外华人辛苦打拼的生活画面、不甘寂寞锐意探索进取的精神世界也就此得到了有效的展示。所以,《探索三部曲》就不仅仅是一部个人的自叙传小说了,它更是一部社会的史诗。尤其是作为一个革命的亲历者、见证者,原甸在异域为我们勾勒出了60年代"文革"前夕中国大陆社会变迁的"左"的面影,以其别致的文学书写"唤醒"了我们对一段不应该被忘却的历史的记忆,在原甸的笔下,我们分明看

---

[2] 原甸:"我为什么写《探索三部曲》",《探索三部曲》,北京:作家出版社,2011年,第348页。

到了这样的场景:当"他"一行多人作为侨胞回国参加社会主义革命和建设时一再遭遇的思想上的"洗脑"和政治上的被猜忌——一天到晚学习"老三篇";党支书始终挂在嘴上的"无产阶级专政下,阶级敌人还是不死心的"政治套话;原本投奔革命的"革命青年"在理想受挫后偷渡香港不成而引发的宣传"香港臭港"的思想运动;把唐诗宋词和毛泽东诗词背得滚瓜烂熟的印尼归侨青年在上山下乡浪潮袭来之时的绝望自杀⋯⋯原甸在小说中有意味的书写让我们不能不对那段不堪回首的"文革"历史有了更多的理性思考。原来,"文革"的爆发以及与此相关的严苛的思想控制并非自1966年开始。

事实上,原甸也无意将重心放在重新绘制一幅某个国家或地区的历史风貌图和海外华人群体的生活画卷上面。说到底,原甸在《探索三部曲》中更想通过对主人公人生历程的书写来剖白个人的心迹,甚至是要借着这样的机会来更好地走近人心,乃至于有着要为这个令人充满迷惘困惑的时代和蝇营狗苟忙忙碌碌的世俗人们寻求人生出口的冲动。由《探索三部曲》,我们看到了一个想要探求世界真相的人的精神世界究竟有着怎样丰富的内容:在潮起潮落中始终不放弃寻找的精神探索历程,这是原甸写作这部小说的真实用心。所以,我们得承认,《探索三部曲》中的原甸是一个"理"胜于"情"和"事"的作者。在这里,他对革命、宗教、信仰、真理、历史、现实、灵魂等诸多问题都有着不俗的见识、精辟的议论。譬如,小说是这样来评说"真理"的:

> 真理失控的时候就容易变成谬论,理智与情绪较劲时胜券往往是落在狂热呐喊者一边;千万不要让真理疯狂,真理疯狂的时候是没有灵魂的,有的只是酒精、野马和摇头丸。(《活祭》)

小说中的一个人物贺是这样来评说诗人"他"所身处的世界的:

> 这是个文化严重缺氧的时代,在某种意义上说,我们也不求有真正大气派的文化,我们只要这个社会有实用的文字、有实用的技术,人之间的沟通全部回到了最粗浅与最简单的文化层次。因为人文文化已经整个从价值天秤上被挤掉了。人的思维、理念、析辨、意识都成了知识中的丑媳妇,无处立足。这小岛没有高山,也没有参天巨树,作为一个文化的个体,在你长到一定的高度后,周围便有千百种的声音叫你不要再生长了,其中有嫉妒的、有怨恨的、有仇视的、有憎厌的,其中也有一些似乎充满怜悯,它让你倒下的时候还心存感激⋯⋯

如果我们对这"小岛"的观察不仅仅局限于新加坡,它又何尝不是人类身处的世界的一个缩影?当然,作家本人也并非全知全能,他也会有无法驱散开来的人生困惑：

> 一个人如果一辈子都在寻找道路，就是成功的吗？肯定是"不"！你一辈子都在寻找道路，意味着你一辈子还找不到道路，每一条被你找到的路经过实践后你都扬弃了。你也许不敢说否定它，但你骨子里深沉的静默就是否定的另一种形式和表现。因此，不断的追寻意味着你不断的失望、困惑、怀疑和失败。"我没有停歇"被积极化的时候，说得何等动听，但却是充满着虚伪，它只能永远掩盖着挫折和失败。（《活祭》）

像这样的议论在这部小说中比比皆是，可以说，议论风生是这部小说的一大亮点，它催动着人们随同作者一道对诸多关乎人类命运的话题进行精神上的探索。某种程度上来说，就这部小说中的几个重要人物——诗人"他"、英、贺、大学者、小鸥等的内心世界来看，都可以说是原甸本人的一体之多面，他们共同在小说中形成了"复调"的局面，在他们之间有问有答的交锋碰撞中、在众声喧哗中，原甸事实上是在自问自答——扪心自问并展开灵魂的对话。因此，《探索三部曲》更是一部华人新移民的精神自传，它刻录了一个不甘于平庸沉沦的理想主义者兼思考者在时代变局中的苦苦探索和灵魂受冲击时的激荡突进。

有论者认为《探索三部曲》中主人公的精神探寻在基督面前止步，并为此感到深深的惋惜："诗人的怀疑在基督面前止步了，尽管意识到自己的弱小，但那唯一有价值的心灵还需要有一个存放之所。他不愿意和社会的邪恶同流合污，可是社会的邪恶又很强大，在无可逃遁之中，他选择了宗教"，并由此"为他的不彻底打一问号"[3]。但从小说的实际表达来看，诗人的精神探索可并没有因为皈依宗教而止步，也仍然保留着强劲的怀疑精神。尤其是在《探索三部曲》的第三部《重轭》结尾说得很清楚：

> 这样的信仰，实际上是沉重的担子。大学者说。
> 但是信仰本身却说，这担子是轻省的，可以被卸下的，这担子宛如重轭……
> 重轭？
> 是的，但却是轻省的……

小说到这里戛然而止。表面看起来，诗人确乎是在逃遁、从宗教那里找到了出路，但字里行间的，我们能感受到诗人在宗教面前的某种不甘心，这带有

---

[3] 刘再复："彷徨无地的诗人及其梦的破碎"，《探索三部曲》，北京：作家出版社，2011年，第9页。

调侃色彩的"轻省"的"重轭"以及那欲言又止的省略号都证明着一个事实:宗教只会是诗人暂时的灵魂栖居所,诗人的精神思索不会停止。而且,从前面诸部小说中诗人"探求——迷惘——再探求"的奋斗路径来看,诗人或者说与诗人可以合二为一的原甸本人对人生、世界真相的探求的脚步是不会终止的。而从晚近原甸撰写的杂感《何妨从思想探进灵魂?》一文来看,原甸的确没有终止自己对如何维系人心、如何建立社会合理秩序这一恒久话题的思索:"知识界曾不厌其烦地谈论思想,但却太少探入谈论灵魂世界。知识分子在灵魂探索上的欠缺是一种责任的欠缺","人的心呢?人的灵魂呢?还有待探索,还有待触及,还有待深入,还有待救赎"。至于如何救赎人的灵魂,充实国民心灵的空虚,原甸的确提到了"信仰",但这"信仰"远非"宗教"这一词语所能替代,它应该是一个更广大的命题:"思考信仰课题时,承认我们是充满战栗与惊怵的,因为世界本质上还是世俗与偏理性的,而彼岸的终极宇宙,这一个令哲学家康德苦恼求证其不存甚于其存的大命题,我等何能,岂不惊怵呢?思想一个一个的破灭了。而信仰呢?有待于你和我了。"[4] 当提到"信仰"的话题时,请千万不要以为这是一个基督教徒向非基督教信仰者发出的宗教邀约。如果我们认可了"人类一思考,上帝就发笑"这句话的真确性的话,那么小说中诗人"他"在心灵无所凭依时候的选择也就自然而然不难理解了。而同样的,在面对着一个连大哲学家都百思不得其解的沉重问题时,原甸只是借着宗教的外壳,以文学的方式向每一个有良知也愿意思考的人抛出了一个大大的"天问",它在挤迫着人去苦苦思索一个非常富有探索价值的永恒话题:那就是我们该怎样做,才能维系人心,才能引导着人心的向上向善?《探索三部曲》中原本说得很明白:"只有善思考的人民,才是有出息的!"[5]

---

[4] 原甸:《何妨从思想探进灵魂?》,原甸2012年9月12日发给笔者之电子邮件。
[5] 原甸:《探索三部曲》,北京:作家出版社,2011年8月版,第151页。

保存记忆，拷问灵魂
——简论原甸的歌诗

乔世华(辽宁师范大学)
禹美玲(辽宁师范大学[1]) 文

  诗固然是诗人心灵感觉的表达，但诗人的写作一定奠基于自己深刻坚实的生存体验，这种体验来自于现实社会与时代的磨砺。如果对原甸的人生经历有所了解的话，就不难发现，他的大半生都处在漂泊之中，而一个真正的、完整的诗人的生命一定是从漂泊开始的。1940年3月9日他出生于上海，二战期间随母亲兄姊与众多难民先逃到温州，再乘坐渔船沿水路南下到达目的地福州，一路上受到了土匪海盗的骚扰。幼年随母亲前往新加坡与父亲团聚，居住在闷热、窄小、破陋的小房间里。1964年至1965年自我放逐到北京去参加轰轰烈烈的社会主义革命，1966年后近二十年时间则寄居港澳的十里洋场，开了一间专售具有马来西亚风味的沙爹食品，过着"半天卖沙爹半天生产诗"的生活，直到1984年底才重返新加坡定居。先前为信仰为"主义"而赴汤蹈火精神高蹈，后来则穷困潦倒必须营求物质以谋生养家，其间巨大的心灵落差可想而知。原甸既亲眼目睹了新马人民反抗英国殖民统治争取民族解放的斗争，也亲身感受到"文革"前夕大陆的极左氛围，更见识和体尝了十里洋场的各阶层生活。因此原甸在《马困人未倦——我的半生拼图》一书中有感言："自己半世纪的经历，横掠过了一些历史的时空，我的稚嫩的羽毛上沾染了几滴时代的，或说社会的雨露霜冰。"从一贯坚持现实主义创作诗风的原甸心底流淌出来的诗歌记录着不仅仅是他个人的喜怒哀乐，这一切又都是人们透视他所经历的时代、品味他所生活的社会的一扇别致窗户。

  上世纪60年代，原甸的诗风明白晓畅，情感充沛真挚，诗歌高亢激越而又

---

[1] 作者写作此文时系辽宁师范大学文学院硕士研究生。——编者注

让人感觉到苦涩、沙哑。原甸更多表露出来的是投身"新马独立运动"的满怀激情:"我们底心/是一面鼓/我们带着心/带着这面震响着的鼓/到各个角落!"(《心之鼓》)他一方面盛赞马来西亚广阔的大地和美丽富饶的万宝山,另一方面也表现反抗外来侵略、建设祖国的雄心与抱负:"我的家乡是座万宝山,/千年万载采不完,/但我们还没有开采的蓝图,/那蓝图还握在别人手上"(《我们的家乡是座万宝山》)。他清醒地意识到经济畸形发展中国家贫困落后、人民"在疾病与死亡中劳动"、"在劳动中病痛,然后死亡"(《采石人》)的生活。他眼中、笔下浮现的往往是社会底层被践踏的人们的卑微生活和悲苦心灵:要靠死人吃饭的无名的音乐家,"唢呐柄上掉落几滴泪珠/今夜他第一次悟到:/不久要轮到他真正需要唢呐了……"(《唢呐手》);自小就在"一张冷酷的脸,一条粗硬的鞭"下长大并学会技艺的小丑在观众面前"挤眉弄眼,东歪西摆","像是说世上只有他一个最快乐",其实"在马戏团资本家的心目中/竟和他们所饲养的野兽没有什么不同/而在广告上,也比不上那头衰老的老虎那样引人"(《小丑》);"头顶着太阳/脚板贴着沥青/砂粒混着口水"辛苦修路的印度工人与亲人远隔重洋:"西边隔一片印度洋/但不知这钻地机的声响/有没有震碎恒河边上/一个女人的心房……"(《修路印工》);"在高高的山壁上""最靠近太阳/太阳有热、有光"的采石人的心却"又冷、又暗"(《采石人》)……诗人往往能穿过事情的表面而看到更本质的问题,他感同身受地发掘着社会的不平等现象、关注着普通人的生活与命运。在新加坡摆脱殖民统治获得独立后,他有着对民族未来的展望与遐想:"爬上每一座楼梯,敲开每一扇门,唤起每一颗心,然后把民族教育的种子,埋下……","大家想着的/是民族教育的/昨天、今天和明天/大家又争着发言……"(《开会》)。60年代初在新加坡的原甸有着改造社会的激情,有着介入现实的渴望。

当经历了社会主义和资本主义这冰火两重天的生活对照后,在港澳近二十载的漂泊生活中,原甸的诗歌更多冷静的书写、更多情感的惆怅。冷静,源于其人生阅历的增加、源于其对香港十里洋场社会的观察与剖析,典型的诗作有《跑马日》、《屋》、《挤》等,此时"穷困潦倒落魄"的原甸多描写香港这个资本主义社会到处广告喧哗、交通堵塞、赌风盛行,而很少呈现这个"东方明珠"闪闪发亮的一面;惆怅,源于原甸远离故土远离亲人,饱尝分离与相思之苦,因此思念家乡、思念父母亲人成为原甸羁旅香港时期诗歌的一大主题:"我不能不想起,/那一块生长我的地方,/因为母亲产我的时候,/在那里流下鲜血一滩"(《恋歌》);"家乡的月最甜,因为它照着家的庭院",而"异乡的月这般咸,因为它泡着思乡人的泪涟涟"(《月的甜和咸》),自然无味的月亮被诗人品出了各种滋味,思乡的苦涩溢满心头。父母相继病逝,漂泊在外的原甸两次踏上奔丧之路都没有成行,诗人回不去家乡,见不到朝思暮想的父母亲人,于是把这种郁积在心头的思念全部都揉碎在诗里,让精神世界的自己只身前往,聊以慰藉返乡情怀:

  昨夜我回来/悄悄进门来/亲家乡的土/饮家乡的水解开我的胸怀/让家乡的空气/装满我两个肺袋//昨夜我回来/悄悄进门来/没有惊醒你/没有惊醒他/我把无限的祝福/撒在你门前/撒在他窗外//昨夜我回来/悄悄进门来/这夜睡得甜/这夜睡得香/头枕母亲大地的臂/眼看蔚蓝如昔的天盖/满天星星入梦来//明早我又得走了/无限深情付流云/请为我备把土/请为我备包泥/在异乡的庭院里/我要用这土和泥/栽种一株胡姬(《昨夜我回来》)

  诗人不愿惊醒任何人,只愿带走家乡的一掊泥土,在异乡种一株胡姬,借以睹物释怀,缓解自己那份对故土、对父母亲人的深切思念。

  要看到,身怀强烈社会责任感的诗人并没有深陷在这种小我的情绪里不能自拔,他往往能从个人的哀怨情感中跳脱出来,更多引领读者对人的精神世界与精神存在予以热切关注:"你们不要静默,/你们静默的时候,/我断定你们正在寻找一样失落的东西,/每一次你们起飞的时候,/都把它留在地球上,/都把它搁在自己的家里"(《空姐的心》),诗人从"快乐的天使"空姐静默的眼神里直逼她们的精神世界,敏锐地体察到翱翔在天际里的她们仍有对家的那份强烈归属感,光鲜亮丽的表面也难以隐藏她们内心的空虚落寞。那么,究竟该如何让内心丰盈充满?原甸有他的思考,他希望生活在物欲横流世界里的人们,能够像每棵树都守护着足下的那片土地一样坚守着自己的精神天地,保持心灵深处的那份圣洁、宁静与淡然:"这里的每棵树都守着一片土,/小心翼翼地挪开脚步,/保持着一定的空间保持着一定的距离……/像坚贞的处女守着她们的贞操与矜持……"(《每棵树都守着一片土》)。他没有止步于独在异乡心灵深处倍感酸涩的宣泄,而是以细珠碎玉之笔,在为我们娓娓道来一个时代的声音的同时,也在不断为我们寻找一方精神栖息的广阔天地:

  每个/星期天/我提着良心/走进教堂/把良心/搁在圣经本上/让赞美诗/轻轻地/拂扬……/对着良心/默默地/端详……//我是深信的/世人有罪……/我们的心/都藏在体内/凡是阴暗的地方/就有罪恶的土壤……//教堂/是心灵的沐浴场/涤荡着污浊/涤荡着肮脏/信者呵/他令你的心灵/洁净/明亮……/应该相信——/十字架前/低垂的头颅/应该相信——/圣

经本上/磁石般的手/虔诚的祷词/应该相信——/教徒的眼泪/最真/它不流自眼睛/它淌自心灵……//不要责怨……/精神的鸦片/世人呵！/当你们都皈依/金钱的宗教/权利的宗教/欲望的宗教……/……每个星期天/我进教堂……(《我进教堂》)

这首诗是原甸1982年6月5日写于香港的,他真正皈依基督教是在1984年返回新加坡之后。指出这一事实,只是要说明:原甸的皈依宗教信仰绝不是偶然的,也不仅仅如其所宣称的那样:"我接受基督信仰,是一项人神'赌博'的结果。"一直关注着精神问题的原甸"走进教堂"是有着必然性的。辗转漂泊的人生路程开阔了原甸的视野,同时也让他对人心、人性有了深刻而明敏的体察:"我们的心/都藏在体内/凡是阴暗的地方/就有罪恶的土壤……"既然如此,那么,如何遏制欲望、罪恶、黑暗的滋长,将其牢牢地禁锢在樊笼中?革命家、政治家对人性的暴力改造路径已经被历史证明是行不通的,而资本家对人性的放纵,现实中人对"金钱的宗教"、"权利的宗教"和"欲望的宗教"的皈依同样不可取。可能,有的人内心无比强大,足以抵御一切外物的困扰和侵袭,完全可以以自省的方式来保持自我精神的高洁。但不可否认,还有更多的人有赖于依靠一种外在的力量来实现精神的净化和升华。宗教信仰对人心的净化、对世道的维持、对精神的改良与超越的功能,是有目共睹的。因此,原甸才尽力输诚地跪在了十字架下以拷问自己的灵魂、求取新生:"眼泪簌簌的掉着掉着下跪/因为不跪我心中有排不尽的耻辱/因为不跪我心中有洁净不清的罪……/呵！在横的竖的两支交钉的木架下/我跪着像一个婴儿/爬向一个新的生命……"(《跪》)

正是因为意识到了现世界中芸芸众生的精神困境,正是在左突右进地对精神出路的不懈寻找中,原甸看到了信仰的力量,为自己、也为别人找到了抗拒物质欲望、维系世道人心的精神出口。在《马困人未倦——我的半生拼图》一书中,原甸如是说:"人类的悲剧之一是不知不觉的患上集体的失忆,而为了保护集体的记忆,我们需要拼凑许许多多零碎的、分散的记忆板块。"因此,以文字、以诗歌的方式坦然面对自己所走过的道路、如实写出自己的见闻感受以抗拒遗忘以记录人心、观照社会,才使他能够在文学道路上披荆斩棘,谱写出一曲曲动人篇章,也使得他由投身革命到皈依宗教的心路历程成为值得有心人细细思量的有意味的个案。

作家追踪

灵性文学的实践者
——作家施玮访谈录

江少川(华中师范大学)文

访谈对象:施玮:诗人、作家、编辑。祖籍中国苏州。曾在北京鲁迅文学院、复旦大学中文系学习。1996年底移居美国,1999年复活节归信基督。获美西南三一学院神学硕士、美国CESNA博士学位,研究旧约圣经文学。现居美国洛杉矶,任华人基督徒文学艺术者协会主席、《海外校园》主编、《国际日报》文艺部主任,兼任远东广播电台、CCNTV电视台嘉宾主持。主编《胡适文集》、《灵性文学丛书》等多部文化、经济、文学丛书及工具书。作品多次获奖,长篇小说《红墙白玉兰》获世界华文著述奖小说第一名,诗集《歌中雅歌》获辛亥革命一百年优秀文学作品奖。在美国举办多次灵性艺术诗画展,画作多次发表并被收藏。已出版诗集《大地上雪浴的女人》、《生命的长吟》、《银笛》、《被呼召的灵魂》、《十五年》、《歌中雅歌》、诗剧《创世纪》、诗文集《天地的馨香》、《以马内利》,长篇小说《柔若无骨》(再版《柔情无限》)、《放逐伊甸》、《红墙白玉兰》等。大型音乐合唱剧《主爱中华》(CD)。另外即将出版:灵修随笔《灵魂的蜜约》、诗画集《灵》、中短篇小说集《日食·风动》。

江少川:我对你们的文学团体"华人基督徒文学艺术者协会"很感兴趣,这样的文学组织在中国内地还没有。请你介绍这个协会的宗旨、成立的过程及其规模,你们是如何将宗教与文学活动结合在一起的呢?

施　玮:从世界文学艺术的发展来看,中国的宗教文学艺术相对来说,始终属于贫瘠领域,而其中基督教文学艺术的创作更是有待开拓。从中国文化的传统和现状看,中国基督教文学艺术的形成和发展,对中国文化的更新、中国基督教文化的形成,以及对中国在文化、文学艺术创作和普世价值观各方面与世界各国的交流和融汇上,都有着非常重要的意义。

近年来随着中国基督教文字、艺术、音乐、影视事工的发展,随着全球各地的华人越来越多了解基督教并接受这个信仰,也有越来越多的专业作家、画家、音乐家、影视人、文学艺术评论家成为基督徒,并蒙召成为以文学艺术的形式服事上帝的人。随着这些人在属灵生命、艺术造诣、神学和专业理论上的不断提高,已逐渐形成了基督徒作家、画家、音乐家和影视人的群体,也创作了一定数量的基督徒文学与艺术作品。

由于文学艺术群体的人员分散在各地、各宗派、各教会,在属灵生命的成长和创作中难免会感到孤单。并且这种分散也影响了创作上的提高、发表平台,并且不利于对这个群体及这个文学艺术类型的关注、研究与评论。

成立基督徒文学艺术者协会,就是为了让中国基督徒文学艺术家(包括华人华侨)彼此联络感情、交换创作经验,成为在属灵生命成长和创作事奉中,互勉、互助、互为肢体的同路人;是为了促进具有不同艺术恩赐的基督徒充分交流合作,拓展其创作领域;是为了帮助华文基督教出版机构、基金会与创作人才间的交流;是为了促进港台、大陆、海外华文基督教文学艺术的交流与发展,以及与欧美、世界各语种基督教文学艺术之间的交流。

我们成立的华人基督徒文学艺术者协会是独立性的,不属于任何宗派、机构、教会。本协会会员以世界各地华人基督徒作家、画家、音乐家、影视人为主,也接受进行华文创作,以及研究华人基督徒作品的非华裔基督徒评论家的个人申请。目前我们严格要求会员作品的文学水准和他的基督徒身份,希望在信仰层面和文学专业层面上都能够呈现出目前的较好水平,所以审核发展会员较为缓慢,目前会员约一百位。

我们通过协会网站呈现会员的作品,并介绍世界各地的基督教文学艺术近况,也介绍相关的画展、出版、电影、音乐、征文比赛等。我们举办基督徒文学艺术研讨会,组织深度讨论;召开合作交流事工会,具体推动以项目为主的,各文学艺术领域的横向联结;积极帮助会员的作品在中国或海外出版。同时,正在编辑出版协会的第一本双年鉴《城上之光》,呈现中国基督教文学艺术成果。

我们还将结合文字、绘画、音乐、视觉等各种艺术人才,在中国大陆、香港和台湾地区及海外,在实地及网络上,召开各种文学艺术性的展会、音乐布道会、诗歌朗诵会等。打造和开拓,多方位、跨行业、新思维的中国基督教文艺传媒领域。帮助不同领域的基督徒文学艺术者之间的联结与合作,以及与教会、机构的联系。我们也适当提供基督徒文学艺术者的心灵辅导和信仰辅导,看重作品更看重写作品的人。因为我们相信一个人有怎样的生命,就会创作怎样的作品,并传递出于其生命相同的信息。总的来说,这个协会是信仰与艺术并重,生命和作品共进的,一群同路人的大家庭。

江少川:你们的文学协会倡导"灵性文学",何谓"灵性文学"?请你谈谈对"灵性文学"的理解?

施　玮:早在成立华人基督徒文学艺术者协会之前,2006年,我开始编辑《灵性文学丛书》,就提出了"灵性文学"的概念,并专门著文对其进行了诠释,《开拓文学的灵性空间——"灵性文学"的诠释》发表在2008年6月号的《海南师范大学学报》"二十世纪中国文学论坛"上,2009年又在美国《恩福》杂志连载。并收集在新加坡青年书局《灵魂拯救与灵性文学》论文集中。

提出"灵性文学"这一文学概念,是基于圣经的"人论"神学,也是对中国传统文化的传承与超越。"灵性文学"的三个层面就是:1.有灵活人的写作;2.呈现有灵活人的思想与生活;3.启示出住在人里面的灵的属性。灵性文学创作在思想、体验、语言三个方面其特点:神性光照的思想特质、灵性空间的创作体验、信望爱的文学语言。

我曾在《华文基督教文学浅议》一文中,简述了基督教文学广义和狭义的定义。而我个人所给出的狭义的基督教文学定义,就是基督徒(信仰基督跟随基督者)写的,传递圣经世界观的文学作品。我认为这是基督教文学得以建构的核心。但文学作品不应当简单地成为某种教义的载体,然而教义所概括的思想(世界观、人生观),却不可避免地呈现在一个作家的作品中。选择定义为"灵性文学",是更多撇开非文学性争议,越过西方基督教的教义与宗派之争,直接从圣经"人论"(对人的基本定位)来定义的,这样一个独特群体所创作的,有着独特内容、视角的文学类型。

我认为"文学"是一种具有特殊呈现方式的"人学",人学就是"何谓人",在基督教神学中称为"人论"。从"何谓人"的"人学"、"人论"的思想体系,不仅衍生出人的世界观、人生观在文学作品中的表达,也影响了文学在语言、结构上的审美确立。而任何一个文学运动都起源于新的文学审美的冲击,并结束于它的确立。换句话说,一种人学就产生一种文学。

人有灵,且能借着天地万物感应"美""善";古文中又称"灵"为"福"、"善"。于是,这句话就成了人有灵,且能借着天地万物感应"灵"。这一对"人"属性的认知是附合圣经中对人的定位的。《创世记》2章7节:"耶和华神用地上的尘土造人,将生气吹在他鼻孔里,他就成了有灵的活人,名叫亚当。"这里不仅说到人有灵,且启示了中国传统文化避而不谈的"灵"之来历。人里面有灵,这灵是神的灵,是神在造人时吹入人体中的。希伯来原文,"灵"也是"呼吸"、"风"、

"气"等。

中国古籍中写道:"而性灵多蔽,罕能知天道也"(《后汉书》);"岁月飘忽,性灵不居"(《列传》)。《圣经》中,伊甸园中的人类始祖为了今生的骄傲、眼目的情欲、肚腹的满足,吃了分辨善恶树上的果子犯罪之后,耶和华说:"人既属乎血气,我的灵就不永远住在他里面……"罪的惩罚就是死,而这死不是肉体立刻的消亡,是神的灵离开了人。

"灵"离开了的人。世上的人或感知了这离开,而思思慕慕,"朝闻道,夕死可矣"(孔子),文学作品中对此的反映很多,典型的如屈原的《天问》。上帝之灵离开后的人,仍可以借着对天地万物冥想,借着一日三省对自身的体验,来明白神的神性(也即灵性,因神是一个灵),但这"明白"只能是模糊的。

人本主义的文化与人本主义的写作越来越昌盛,人越来越远离对神的敬畏,也就越来越远离冥想和自省,甚至无知无觉。生,则不外乎"行尸走肉";文,则以肉体为"天地",以情欲为"精神"。一如《魏书》中所说"性灵没于嗜欲,真伪混居,往来纷杂……"如此,文学走向无灵性的写作就成了必然与"诚实"。

耶稣基督道成肉身来到人间,承担了一切的罪并死而复活,这是造物主给人类第二次得到神的灵,成为"有灵活人"的机会。《约翰福音》20章中记载耶稣向他的门徒吹了一口气,说:"你们受圣灵。"因此,我将跟随耶稣基督,接受圣灵内住,靠着神的义而活的人的写作,称为有"灵活人的写作",其作品称为"灵性文学",而不以他们的宗教表面的属性等来定义他们。

在这些有灵活人的字里行间,人与上帝与神圣之灵的交通是真切、平实的,充满了可触摸、可感知的幸福与明亮,而非神秘幽暗的幻影。文学写作是呈现人的思想与生活,那么有灵活人的写作就是呈现有灵活人的思想与生活。因着人的有灵,人眼所见的山川便有了灵,人心所体会的风动、水流便有了灵,人口所述的花草鱼虫便有了灵。

基督徒是人类中一群相信造物主的救赎,接受神的灵重新进入生命的人,也就是一群新的"有灵的活人"。这群人的文学创作,同样应反映这群人生命状态的真实。在这个真实中,灵界、神迹、灵里的对话、圣灵的引导等都是真实的,因着至善至美的灵内住在这群人的里面,也因着这灵将"神的话"教导他们,因而他们看万事万物以及自身的眼目就有别于其他人群的创作。若是以是否写了有关教会和教义的事,来类分基督徒的写作,表面上看很容易,实质上有违文学本身的定义,从神学来看也不准确。

灵性文学第三个层面是表现住在人里面的灵的属性,也就是造物主之灵的属性。中国古文化中大多用"性灵"一词,我认为这词的主要偏重点在于:从人和万物的"性"中揣摩"灵"的存在与属性。而我在此提出的"灵性"一词,是更偏重于神的灵(圣灵、神本身就是一个灵),借着所造之物(人、万物)所启示出来的他自己的属性。而灵性文学最终要达到的,不是仅仅停留在对人性的表达,更是对神的灵的属性的表达,也就是对宇宙中之至高的大善大美等造物主属性的表达,可以简称为对"灵性"的表达。

文学只有对灵性(造物主本性)的表达,才能传递真正的善美。才能呼唤并承载人的精神世界与物质生活,从自我中心的善恶中、从幽暗的绝望中、从平面的琐碎中,飞起来。灵性文学的产生,是人类文学从"人本写作"向"神本写作"的一次换位,不再是借着人的特性,来体悟"灵"的存在与美善(可谓"性中之灵");而是灵在人里面,借着人的言说(文字)、行动,散发出来的气息与光芒(可谓"灵之性")。灵性文学是有灵活人,其属灵生命的自然呼息。

在文章中我也特别探讨了灵性文学的文学创作特点,对于灵性空间的创作体验三重境界:物质的境界、精神的境界、灵性的境界,进行了论述。特别提到宗教信仰可以带来写作中的灵性空间,使作家的写作体验具有灵性层面的高度与广度,超越感官的三维之限。并探讨了"圣化体验"、宗教的敬畏与写作的自由、文学的出世与入世等问题。同时,我认为灵性文学的语言也有其独特性,是言之有物的、先知性的语言,具有信与静的语境,语言的张力是来自于思想和先知般的透视,是具有信、望、爱的语言。我盼望灵性文学中,抨击是含泪的,而不是讥讽的;责罪是共同承担的,而不是置身事外的;剖析是向内的、反省的,而不是向外的、推卸的。基督替罪救赎的精神,理当在灵性文学的语言中得以彰显。

江少川:你创作了几部长篇,你最钟爱哪一部?为什么?长篇《放逐伊甸》以李亚与戴航的爱情及赵溟与王玲的婚姻为主线,来表述那放逐与回归。小说中的三个主人公分别有各自不同的精神回归之途。你把《放逐伊甸》称为灵性长篇,谈谈这部长篇的写作动因与构思,并以其为例说说灵性小说的特色。

施 玮:我一共只写了三部长篇小说,《柔若无骨》、《放逐伊甸》与《红墙白玉兰》。《柔若无骨》是将我父亲家和我母亲家的故事,以及我自己的故事揉合在一起写。这也是我的长篇小说处女作,里面有我最为原始的小说写作冲动。在美国多年后,我对人生的价值、女人的生存状态等都有了一些不同的认识,2002年,由中国电影出版社再版了这部长篇小说,改名为《柔情无限》。这个书名和《柔若无骨》一样不是我起的名字,我最初的名字是《吮吸》,但一直没有使用,主要是念着不太顺口,但"吮吸"这个词是代表了我对人,特别是女人艰难生存的心态及状态的认识。

我最喜欢的当然还是《红墙白玉兰》，因为这部小说几乎可以说是从我心里流出来的泪，虽然不是我的自述，但也是作为"爱情至上"的女人群体中的一员，在婚姻和命运的纠葛中自我释放的一个过程。写这部书的时候，我正在神学院读心理辅导课程，也因着辅导实践而听了许多为情所困的女性的哭诉，她们的泪就都聚在了我的心里，我就想用一个故事来陪伴她们，也陪伴我自己。

《放逐伊甸》和《红墙白玉兰》都属于灵性长篇，但《放逐伊甸》一方面是《灵性文学丛书》五本中唯一的长篇，另一方面是写知识分子不同路径的对信仰的寻求，故而它在评论者眼中更像是一本灵性长篇的代表作。

长篇小说《放逐伊甸》的初稿写于我刚来美国的第二年，1997年秋冬。在荒漠四围的阿尔伯克基城，在绚丽而高远的天空下，我的生命仿佛也进入了荒原。我极端地思念留在北京的一切，思念那本已厌恶并逃避的"罪"中之乐，于是我开始写这本小说（原名：失乐园）。随着写作的进行，我又似乎回到了那片刚刚离开的土地与人群中，重又体会着那种生命的尴尬、失落、污秽与无奈；重又体会了那灵魂与肉体被世俗之潮、金钱之潮席卷的滋味。我无限悲哀地看着我的主人公一个个走向死亡，绝望地感受着梦与"乐园"的远离以至消失。我不能为笔下的人们及自己找到一条复乐园的路。无论是李亚的放纵寻死，还是赵溟的躲避等死，又或像戴航那样游离着不敢真正去活，他们与我这个创造他们的人都有着同样的无奈与绝望。我最后给他们找到的一条路是在腐烂中等待着通过精神分裂进入精神乐园，这其实也是我自己多年心中暗藏的一种隐约的期待。虽然我曾去了解过真实的情景并早已发现了自己这种期待的荒谬，但我不知道还有什么办法可以使我的灵魂脱离腐烂、脱离污秽，出国当然也是又一种尝试。我没有更好的路给他们，也就只好把笔下的人物弃在对死亡的等待中不了了之了。当我把小说改名为《放逐伊甸》时，心里充满了对造物主的怨恨，充满了赴死的"悲壮"情怀，却不知道神对生命、对我这个人、对这本小说的美善计划。

1999年神的救恩奇妙地临到了我，在我拥有《圣经》十年之后，在我只把它放在哲学与文学的思想领域，而拒之于生命之外长达十年之后，神以它神性的智慧和爱，超自然地向我这等死的人启示了他自己，使我得到了重生，也为我笔下的人找到了回家的路。一年后，在一次的祷告中，神让我看到一条人类从伊甸园被放逐的路，看到一条叠映的放逐之路，古时的，现代的；历史的，日常的；一种光芒照彻了我的里面，我开始写作。前后又写了三稿，在许多重大的或细微之处，那住在我里面的都给了我极具体的指点与开启。

小说以旧约放逐故事与现代新文人（代表着世人的灵魂）的堕落过程相叠

映；以旧约中辉煌的人物衬映现代人的黯淡萎琐；以旧约中神所立的伦理与道德的纯净来光照现世代的混浊。小说以李亚与戴航的爱情及赵溟与王玲的婚姻为主线，来表述那放逐与回归。小说中的三个主人公分别有各自不同的精神回归之途。赵溟的线索是罪与赎罪，对应的旧约放逐过程是从人在伊甸园犯罪被逐，到洪水与巴别塔，到神对夏甲说他已经听见了童子的呼求声（创1—22）。戴航的回归主线是爱与纯洁，对应的旧约故事是以撒与利百加之间的爱情与婚姻，以及父神在基拉耳对利百加的保护与对以撒的祝福（创24—26）。李亚的寻求主线是生与死，对应的是旧约雅各的故事，肉体所需的红豆汤与灵魂得救所需的天梯（创25，28）。这三条线连成了从神造人，人因罪而离开，到神的拯救，整个放逐与回归之途。小说对生与死、罪与良心、爱情与金钱、婚姻与伦理进行了描述、疑问、思索，并以神——万物之源的纯净之光光照。记述了我们这一代追求与认识的心理历程。

因此，这部小说是一个有灵活人所讲述的上帝之灵对人的呼唤，以及人灵魂中对这种呼唤的回应，这是一个救赎的故事，也是一个生命回归的故事。小说不仅写了我们生活中物质世界中肉体的言说、行动、挣扎、命运，更讲述了精神世界中的各种体验和曲折的探寻之路，同时，小说有一个第三层面，就是灵性世界，小说中具有一个全知的视角，这个视角超越了小说人物也超越了我这个作者自己的常识，是透过信仰，以上帝所启示的真相来看人生，看人的婚姻、自我、爱恨、生死。小说所讲述的社会并不完美，甚至很多地方是令人绝望的，但所传递的就是有信、有望、有爱的光。

江少川：你发表了三部长篇，《柔若无骨》、《放逐伊甸》与《红墙白玉兰》，在创作这几部长篇中，你是否觉得你的创作在发生变化？这种变化主要表现在那些方面？有学者认为《红墙白玉兰》在神性与人性的搏杀中，作为被造物的人，真能跨过那道困惑之门，做到彻底超越吗？你创作这部小说的动力何在？是在表现"神性与人性的搏杀"吗？

施　玮：《柔若无骨》是我的第一部长篇小说，目的就是过一把讲故事的瘾，当时对我影响比较大的是两本小说，一本是《百年孤独》，一本是《白鹿原》。前者对我最大的影响是一种小说所描述的氛围，后者则是讲述的节奏。不算是一个非常善良有爱心的人，但对我特别好，从小我跟着她的时间较多，生活态度和处世方式比较受她影响。也许是因为我有着母亲的基因，始终在本质上是个有点天真的女人，学不成奶奶那样，所以我反而特别崇拜她的精明。所以我写《柔若无骨》是要写出女人的生存之博，没有原则和底线，只为了自己活着，活好。在柔若无骨的表面下，女人同样是靠自私的丛林法则，强力吮吸一切养分,才能得以存活。

在我写《放逐伊甸》的七年修改过程中,我也修改了《柔若无骨》,到这一阶段,我因为信仰基督的原故,发现虽然生存是不易的,环境是残酷的,但我还是可以不成为丛林里的狼,人是可以也应该活出人的尊严。我虽然并没有对《柔若无骨》文本做大的改动,但我那时重新看小说中的人物,重新看奶奶时,我不再是尊崇的眼光,反而是怜悯和叹息。事实上,我后来去看了我奶奶,向她讲了耶稣,讲了上帝的爱,她接受了基督信仰,我在养老院里为她施洗。受洗后的她一脸纯真的微笑听我唱圣诗,那笑容是我从来没有见过的,那年她92岁,几个月后她平安逝去,平安得让亲人们都不可思意,因为她一生都没让自己和身边的人平静安宁过。

但我写《放逐伊甸》的时候正在美国三一学院读博士,所以小说写作过于哲理化了,当然也难免受托尔斯泰等基督教文学家的影响。到写《红墙白玉兰》时,那段时间我的兴趣已经从哲思性神学转为圣经化的心理辅导学业,故而这本小说大量使用的是心理层面,不再注重讲故事,因为我发现人类心灵层面的故事远比肉体层面的故事具有共同性,也更吸引我。这本小说的叙述方法比前二本便更西化了。

作为被造物的人是可以对上帝启示的领悟而跨过困惑之门的,但人生的困惑之门绝非一道,所以人是不可能参透所有奥秘的,也就不可能彻底解脱。但人类寻求超越自我,试图跨过一道道困惑之门的努力一直会继续下去,不同的人依靠着不同的力量,寻找着不同的路,我的小说只是呈现我所知道、有所体验的一种。

若说小说描述的是人性与神性的搏杀也可以,但这应该说是从非信仰者角度的评论,这里的人性其实不是上帝造人时本有的人性,而是被罪污染后的人性,也就是现在社会中的人性。而上帝起初是按他的"样式"造人的,这样式就是他的属性:尊荣、爱、创造力、公义等等。所以我的描述不是神性与人性的搏杀,而是人里面灵与肉的搏杀,善与恶的搏杀。小说最重要写的就是命运之墙是人的自我中心的罪性借着一次次选择,一块块砖砌成的,把人分隔囚困,只有爱才能越过高墙。

江少川:你在一次研讨会上说:对女性意识的觉醒是到了美国以后,但不是受到西方的女权主义影响,而是语境和环境给了我一个"跳出"的契机。为什么这种觉醒是到了美国之后呢?请你谈谈对女性意识的看法。你觉得性别意识对文学创作有很大的影响吗?

施　玮:这点比较简单,在中国男人女人似乎是两个敌对阵营里的人,无论在恋爱、婚姻中,还是社会、职场中。是比个高低的对手,而这高低的标准又是按男性意识来定的。女权主义在中国似乎就成了女人要像男人一样,这才是"强大",是"独立",是好的。

到美国后,我接触到大量的职业妇女和家庭妇女,我自己也分别经历了这两种状态,但我发现她们的心态和在中国当职业妇女和家庭妇女的心态完全不一样。当然这也与中国社会文化、法律等相关。但我突然发现,当我按照男人的标准争取女权,越来越像男人一样时,其实我是放弃了所有的女权,成为男权的维护者,当我们女人按照男人的游戏规则、评判标准来奋力进入社会,求得生存时,我们即逆了天性,又丢失了天赋,伤害了自己。

《圣经》中说上帝按自己的样式造男也造女,所以女权首先是人权,当我回到赐生命的造物主面前时,我知道了他认为所造的女人和男人都是好的,于是,下面的问题就很简单了,我是要让自己回归到被造时的模样,就是造物主看为好的女人的样子,而不是去变成男权社会看为好的样子,男人对女人的要求或是对他们自己的要求,或是对所谓"社会人"的要求,都从我脑中渐渐淡化。我认为女人不需要取悦男人,也不需要与男人战斗,而是转为按上帝所启示的样子,活成个真女人,并看这为好就行了。若说女权意识,我认为真正的女权意识就是人权意识,是一个与男人视角无关的生存意识和准则。

这对文学创作当然有很大的影响,因为若建立在男权意识形成的框架上,女作家无论是以抗争的、中性心态写作,还是以各种形式取悦男性读者,最终都是可悲的作茧自缚。

江少川:你能诗善画,又写小说,在文坛多方出击,可谓多才多艺,给人印象深刻。古人曰:诗中有画,画中有诗,诗与画是两种不同的艺术门类,然诗画又是相通的。有人善诗,有人会画,而你二者都擅长,看了你的诗配画《印象江南:浓荫》、《印象江南:夏天》,我着实佩服,请就你的创作体会谈谈诗与画二者的关系及对诗画相通的理解,你说"诗画同源于灵性的逻辑",很想听听你的解释。

施 玮:我虽然从小爱画画,但在中国没进入美院,在美国也仅进了一年,虽然我的老师很棒,但我实在算是业余画画了,没有太多练习的时间。虽然在美国开过多次画展,媒体和画家朋友的评价都很好,但我实在不敢说自己是专业画家。

我创作了一本诗画集《灵——施玮灵性诗画集》,用"灵"这一个字来描述我的画是最为贴切的。因为,我画画的时候是很随意的,常常是祷告的时候或梦里看见一幅画,然后就把它画下来了。有的时候是有一种感觉,过去就用语言把它描述出来，现在就也会用油彩把它记录下来。

所以，与其说我是画画，不如说我是画诗。可惜我不懂谱曲，否则也是一样的。和写诗一样，也有的时候就一句诗，就是在画布上涂一笔，然后，再一句、再一笔，然后，它们就自己繁殖蔓延开来，自己完成自己。这就像小说中的人物一样，并不都听从我的安排。

因此，就和灵性文学一样，我的文字和画所跟从的，都不是外在的现象，也不是理性思想的逻辑，而是灵性启示与体验。

江少川：2012年秋你从武汉去重庆，船夜过三峡水坝，经五道闸门，途中你写了一首诗《门》。读后我印象很深，诗的最后一节蕴含哲理。请以这首诗为例，说说你对诗歌艺术的追求。

施玮：这首诗是我较少写的旅行中为某地或某名胜写的诗。从我此诗的题记中就可以感受到，当时这一道道闸门打开与合闭过程所带给我的震撼。"——从武汉去重庆，船夜过三峡水坝，经五道闸门，级梯上升，终驰入宽阔江域。期间与来自世界各地的女文人们一同等待、感叹、沉默……夜难眠，起而书，留慨叹于笔墨诗行。"

"夜难眠，起而书"一定不会是因着景，更是因着心中对人生的感慨，这一景将许多杂乱复杂的思考与体悟凝聚在了一起，故有此诗。

是谁？把山拍扁/成了一道道沉重的门/血肉的泥土尽都消融/流成浑浊的泪/让江水老了、重了/粘稠地……涌动着……//我正向门逼进/山的骨骼压在一起/略略退后一步/形成人字/又或者是山谷/是一道诱惑/我的缝隙/渗透出寒冷的恐吓//门，似开未开，似闭未闭/松松地合着，却渗不过一滴水/仿佛是那人的双唇/透不出一个字来/世上的门都是这样吧？/开也未开，闭又未闭/似乎随时可以轻松进入/却最终将你拒之门外//门那边是什么？/是一切，还是空？/推门出去……/也许就飘进宇宙/成了一粒飞尘/也许跌入时光/停在未来，或停在往昔/也许射穿了另一个世界/成了异类生灵的到访//每一刻，我都在等待结束/每一刻，都下意识地整好行装/离开这个世界的行装很简单/一颗心、一段情、一声笑/若有一把浓密的头发/就更幸福了，可以迎着光展开/抚摸留世上的亲人/（而我只能以诗句代替长发）//门终于开了/我们像君王般进入城门/像将军般进入得胜的疆域/然而，门又在身后合闭/门开。门闭。一再地重复/沉重的动作渐趋轻飘……/这就是人生/当一扇门向你打开时/总有一扇门向你关闭/拥有和失去等同，才能获得/轻盈的灵魂。随时准备飞翔全诗开头,"是谁？把山拍扁/成了一道道沉重的门"就定下了诗歌语言的节奏,我目前越来越欣赏也追求安静却有重量感的诗风,沉稳的节奏也比较适合这一情景。我觉得语言的节奏非常重要,这个节奏要与这首诗所描述的心景、情景相合。全诗是具有思维逻辑性的,我不再像年轻时那样追求跳跃带来的神秘与张力,而希望以朴实、安静,具有叙述性的诗句,呈现出让人心动,甚至震撼的思想;让人感到贴切,以至于惊奇的比喻和联想。

接着"仿佛是那人的双唇/透不出一个字来"当然是调动了我的人生经验,是女性细腻的情感体验,而带出的却又是:"世上的门都是这样吧？/开也未开,闭又未闭/似乎随时可以轻松进入/却最终将你拒之门外……"这种社会的中性的人生感受。这是因为我越来越超越两性来看待及处理自己的体验了。我认为一首好诗歌,相对来说就是一个小世界,是有男也有女的,是有个人体验也有共有体验的。用中国人的话中就是"阴阳相合",这也是上帝创造中的特性,是宇宙的特性,也就是美的共通性。

再例如下一段:"离开这个世界的行装很简单/一颗心、一段情、一声笑",这是简略概括地写,下一句"若有一把浓密的头发/就更幸福了,可以迎着光展开/抚摸留世上的亲人"就有了个人情感的独特性及女性意味。我是尝试在诗歌语言中,借着各种手法的情感属性与角度的反衬,突破因为沉稳、逻辑的叙述风格而容易造成的平淡。而整首诗最让人感怀的是其哲理性和对人生的准确感悟,这就是我一直强调的"功夫在诗外",语言是诗歌的基础,但不是诗歌的终极目标,诗歌真正感动人的是语言所传道出来的诗人的生命。这是我对好诗的认定。

江少川:你出版了多部诗集,《歌中雅歌》几乎收录了你所有的诗歌,你提到近十年创作的所有"信仰诗歌"几乎都在里面,谈谈你对"信仰诗歌"的理解,在这类诗歌中,你能举出最喜欢的一首诗作简要分析吗？

施　玮:信仰诗歌也就是相对来说较多渗透了我的信仰情感与体验,甚至包括信仰的认知等成分的诗歌。

我很难列举一首最喜欢的诗来分析,因为这类诗歌大多是一组,或是长诗,但我可以讲几种类型。

我的长诗中属于信仰诗歌的主要有:《关于苦难》1999年、《天国》2003春、《灵》2003秋、《十架七言》2004、《安息》2005。这些诗一般是一二年写一篇,从题目上就可以知道写的都是基督教信仰最为关注的核心概念:苦难、天国、灵、救赎(十字架)、安息。从这个顺序中也可以看到我随着对此信仰的一步步渐进的深入,也就用诗句记录了我的信仰体验与认知。所以信仰诗歌不是按照那些最重要的来构架写作的,而是按照你所能体验的程度来写的,是生命自然的呈现。

诗剧《创世记》是另一种,就是用诗句的形式,以上帝创世六天的创造内容为线索,涵盖了新旧约有关的概念的启示性真理。这作品不是仅靠灵感和情感写出来了,它和圣经题材的诗歌,例如《神迹的预示》(写《约翰福音》中的七大神迹),一样都是通过严格的释经才写的。也就是说我写这类信仰诗歌,不仅能获得信仰中人的情感共鸣,同时也可以经得起神学研究者的认同。我认为信仰诗歌,或说是宗教类作品,至少需要相关宗教内的人认同,而不能知道一点就拿来写,写的混乱、似是而非,或只是情感喧泄。即然我希望成为一个学者型作家,当然也希望自己的诗歌更具思想的准确度与含金量。

另外一种就是将信仰表述在生活场景中、自然景物中等。例如《大峡谷》,开篇是走向大峡谷最初的感受:"是谁将大地劈开/在地平线以下聚集山川精华?/是谁领我前来/穿越物质与人类,穿越智慧的哭泣?"于是,经过一番情感的相流与沉思,"大峡谷,仿佛是上帝放在我面前的一句话","是创造者留下的一道微笑/它帮助被造的生命回到初始状态/回复神的样式,承载荣耀,承载圣洁,承载光"。最后我是这样结束的:

在这里,生命让日子熠熠生辉——/勇气让平凡熠熠生辉,怜悯让苦难熠熠生辉/飞翔让翅膀熠熠生辉,阅读让诗句熠熠生辉/也许,我的眼睛无法读懂上帝神奇的创造/但我的心灵却流泪于这神奇中的深情

我以这种现代诗歌比较回避使用的朗诵诗般的排比句,让整首诗如黄河之水一般,经过凝滞、回旋、起伏,最后入海般呈现出辉煌与壮阔。

最后列举一首小诗《天粮》,一只碗二根筷子的图景却写出了信仰让我对生命靠什么而活的深思。

天空,突然掉下一块/落在碗里,细珠般一粒粒碎开//洁净光泽的白/香气渗入我,/在血肉和骨缝中//凝成微小的镜子/平平淡淡地说着刺心的话/手执一双筷子/一根历史,一根文化//锈红中隐约着花纹/轻重并不适当,素净的手//一粒一粒,香甜掺密的吗哪/从天上纷纷落下,在野外//寂静地等着/一只青花磁碗般的灵魂

江少川:在中国与外国诗歌中,你最喜欢哪些诗人的作品,或者说受哪些诗人的影响最深?

施　玮:我最喜欢的诗人是里尔克和圣琼佩斯,中国诗人中我最喜欢李商隐和李白的诗。

江少川：你曾经说过："我希望自己不是一个主要靠灵感与天赋写作的人，那样写不长。并且那时我就已经清楚认识到，自己的天赋不足以写出伟大作品来。我需要人类知识的积累成果。"你的观点我很欣赏，请你具体阐释一下这种写作观。

施　玮：这谈不上写作观，是对自己很实在的认知和我的文学追求。我个人很欣赏国外的诗人、作家，他们一般写作年月都很长，而且不断有突破，常常最好的作品是最后的作品。而中国许多作家少年出名后，或不写了，或写不出好的了。

我个人觉得年轻时写得好，主要是直觉和天赋，但因为人生阅历毕竟有限，可能文学性造诣很高，但对人生的透视、思想、文化信息量都会相对单薄些。至少对于我这种从小生活相对稳定，知识分子家庭出生，不太知道人间疾苦的人来说是这样的。我需要依靠后天的积累。而且我想通过文学传递的也不是我的文学才华，更不想炫技，我想记录我的心灵历程，我想传递我对人生的领悟。文学只是我喜欢使用的器皿，是方式、管道，而不是我的终极目的。

江少川：海外华文作家身居海外，在一个西方文化语境中的国度坚持用母语创作，而且这种写作不能作为谋生之本，你们的这种坚守的确非常可贵。据我所知，华文文学作品在海外发行量有限，读者也相对较少，西方人由于语言不通，更是少有问津。海外华文文学的更大读者群在故乡的中国。对于这种现状，作为旅居海外，执著于母语创作的作家是如何思考与看待的。

施　玮：既然我是用母语汉语思考，当然也就用汉语写作了，而且我非常热爱汉语，认为其语言本身就奇妙无比，极具诗意。我过去上学时英文常常不及格，就是因为怕丢失对汉语的感觉，所以本能地抵抗学习其他语言。所以对我来说以中文写文学作品是必然的，也谈不上坚持。写作也是一种生存的表现状态，这种生存通常不是物质的生存，而是精神的内在的生存，我觉得自己是以写作来表现我精神的存在性，也是以写作来与外界进行内心交流的。

当然，身在海外，用母语写作就有了另一层意义，母语写作成为一种脐带，我并不想剪断它，母语写作提供了我与中国文化和社会的对话通道。我觉得自己无论生活在哪里，并无差别，我都活在故土，活在中国的血脉文化中。甚至比肉体生活在中国的人，更对这脐带式的连结有着自觉的意识。

至于他人为何以母语写作，我不是太清楚，对此很难整体性的定义或描述。但有一点是肯定的，这是一种思乡、寻根的方式，也有很大程度上是自我定位的需要。

2013/3/31 晚完成于德国法兰克福

泥色天香·小说

朵　儿

阿　石

1

那株盘根错节、枝叶繁茂的白果树和白果村一样已经历了千年的苍桑,它像一把巨型伞,给白果村人遮盖出了一片浓浓的荫凉。白水河像一条冬眠着的小青蛇,无声无息地从它的脚下绕过。

几块青石板搭在河的两岸,使白果村和马鞍村连结在了一起。尽管马鞍村的人口比白果村的人口多,但在行政区划上却归属于白果村。当了三十年村长的马潮勇为此事始终也没有想通,他曾几尽努力想使白果村的村名改成马鞍村。临了他说,我想通了,白果村之所以始终是白果村,全是因了这棵白果树的缘故。

和白果树相对应的河对岸有一座外国人留下的教堂,当地地方志上记载,这座教堂建立于17世纪中叶。教堂房顶上的十字架像傲视这株令白果村人骄傲的白果树一样,高高地耸入天空。一条弯曲的小路从教堂门口经过后,穿过村子,一直延伸到田野。

在这座教堂做牧师的白俊祥经常站在钟楼上,他的目光会顺着白果树的顶端一直睃巡到田野中。此时,他的目光正顺着小路望向田野,看见了那个背着沉重箩筐的弱小女人朵儿。朵儿在田野间的小路上艰难地蠕动着。她的脸上挂满了汗珠,肤色带着病样的苍白。每走一步,那只被砸毁的膝关节都会往前弯一下。

白俊祥看到朵儿,眼睛便瞟向在他不远处坐着的老牧师秦润禾。秦润禾也像朵儿一样已病入膏肓,白俊祥暗自思忖:他爬这么高坐这儿干吗？是不是为了多看朵儿一眼？每当这个时候,白祥俊都会在心里替朵儿和秦润禾祷告:这个始终不肯走近主的女人和这个侍奉主的男人,请上帝饶恕他们的罪过吧!白俊祥每次祷告过后,就会有意无意地去寻找他父亲白老三的身影。他把朵儿和父亲联系在一起的习惯,是从五十年前朵儿走进白果村、走进他们家门后的第二天开始的。他十二分地清楚他今生永远无法摆脱这种阴影,见他妈的鬼!他吼道。但他却不由自主地把目光投向正在白果树下坐着的父亲白老三身上。

　　白老三和曾是白果村村长的马潮勇像两尊泥塑的神像一样,分别坐在缺了半只腿并且看不出本来颜色的小桌子旁。在很多无雨的天气里,白果村和马鞍村两个大姓的代表人物都坐在他们现在坐的这个位置上。这两位貌不惊人的老人引领白果村和马鞍村的风骚整整长达半个世纪。

　　白老三像这只缺了半条腿的桌子一样也缺了半条腿。他手里抓着一瓶老白干,拐杖靠在怀里。他伸出一只手去捏小桌子上的花生米,桌子歪倒了,东西滑了下来。马潮勇手忙脚乱地急忙去抓,在衣服上蹭了两下,又放回到桌子上。白老三捡起一粒放在缺了几颗牙齿的嘴里,找个合适位置,上下牙一齐用力,"咯嘣"一声脆响。两人互注了一下目光,白老三像注了兴奋剂一样,一阵快意溢了上来,又弥漫开去。他仰起脖子"咕咚"灌了一口老白干,把瓶子递给马潮勇。

　　马潮勇也是"咕咚"一声,再咂了下舌头,两人都感受出万千种滋味来。马潮勇摸了下嘴,言不由衷地望着瓶子说,狗日的,越喝越没滋味了!

　　白老三乜斜了马潮勇一眼,胳膊从桌子那边伸了过来,夺去瓶子。明儿你别来啦!你那狗窝里连马尿都没一滴儿,你还以为你是几十年前的马村长?啧啧!他身子往后一靠,眼睛眯成一条线,注意力集中在一群玩耍的孩子身上。

　　马潮勇说,你以为你还是以前的白老三?那个白老三是白果村的英雄!你是么?狗熊都不是,呸!不是你喊老子,老子急了,上你这儿来?!

　　白老三抓起拐杖,我操……

　　马潮勇也抓起拐杖,我……他咽下了后边的话,因为他看见朵儿拖着一身晚霞像云彩一样飘了过来。

　　朵儿的身上还挂着猪草,脸上的汗水也未来得及擦。

　　马潮勇又夺过白老三手里的瓶子,咕咚又是一口,然后站起身。白老三,明儿,你八抬大轿都把老子抬不来!

白老三说，没人给你报丧，慌啥？他给马潮勇说话时，眼睛就定格在朵儿身上。骚母狗，啥事？

朵儿怯怯地说，我得过河去一趟，秀花嫂捎来话，说她这几天不舒服，让我陪她说会儿话，赶天黑儿我就回来。

白老三的眼睛像刀子一样剜了朵儿一眼。要是想憋儿了，直说，别拐弯抹角！

都是黄土埋到眉眼的人了，说话咋还像没长牙齿一样！马潮勇把瓶子往桌子上砸，扭身走了。由于走得急，中过风的身子便弄出了千百种姿态来。

朵儿站在白老三身边，眼睛盯着自己的脚尖。

白老三喝斥着，敲响了拐杖，又杵那儿啦！

朵儿机械地往旁边一挪，眼光就从脚尖移向河对岸的教堂。

钟楼上的白俊祥，看到他的父亲和朵儿，不由自主地向前探了探身子，他再瞟一眼秦润禾，看见他还是老样子坐着，不知他看见了朵儿还是想让朵儿看见他，他像往常一样目视着前方。

对我说，是不是想憋儿了？白老三下意识地摸了下左腿间空洞的裤管，脸上现出一种近乎猥亵的、丑陋的笑容。他的眼睛眯成一条缝盯着朵儿说，白老三老了，白老三不是当年骑大马挎双枪的白老三了！白老三后悔了，你说，我白老三哪一点对不起你，怎么你心里就没有我白老三？你这发情的母狗，滚！

白俊祥望着下面，心里说，如果说白老三是一台机器的话，朵儿就是机器上的附件。朵儿到白果村的五十年里，始终是白老三带着她去运转的。白老三怎么会说朵儿心中没有他呢？

朵儿一脸严肃地站在那儿。

滚！白老三怒喊着。这个"滚"字绝不减当年，这像征着权力的"滚"字使白老三和朵儿都激动起来。

白老三说，咋不去了，谁拦着你不成？

朵儿不说话，弯腰把头伸向白老三的臂弯里，架着他站起来说，你吃了饭我再去。

白老三把身子的整个重量压在朵儿身上，到听见朵儿发出喘息声后，他就觉得生命有了意义。

朵儿架着白老三往屋里走时，白老三心中突然跃出一股柔情。朵儿，还记得咱们刚认识那阵儿不？

朵儿答，嗯。

朵儿的回答惹恼了白老三，我问你还记得不？

朵儿又嗯了一声。

白老三用拐杖在朵儿的后背尽他的全力打了一下,朵儿顿时一阵眩晕,她扶住墙,免使自己和白老三摔倒。

两人进屋后,朵儿欲给白老三做饭,白老三一把把朵儿推到里屋,睡觉!

朵儿仍是怯怯地说,还没吃饭呢。

白老三关上里屋的门,对朵儿喊,吃吃吃,每天除了吃,还有什么?脱!

朵儿顺从地脱掉了外衣。白老三的眼睛像狼一样放着绿光,那只空洞的裤管披散开缠住了拐杖,只要他再往前挪步,整个人就会磕碰到床沿上。朵儿俯下身解开他的裤管,用扣针扣住,然后扶着他坐在床上。

白老三甩开朵儿,再喊一声,脱!

朵儿顺从地又脱去了她的内衣,一堆肉团在朦胧中放着淡白色的光。

钟楼上的白俊祥目送着白老三和朵儿进屋后,心中就像往常一样猛地跳了一下,尔后便也释然了。他喃喃自言道,岁月已耗尽了父亲生命的全部津液,他所表现的一切都如同那挂在墙上的照片一样成了像征物。

朵儿把自己平摊在床上,闭着眼睛。

白老三狠狠地喊,起来,不要脸的骚母狗!再到东升那儿赊两瓶老白干来。

朵儿迅速套上衣服,我去给你弄饭。

白老三叫喊道,我操你先人,反了你!

朵儿说,前儿东升说他不再赊账了,他资金周转不开。

白老三面朝外喊,仿佛开商店的东升就在面前似的,老子赖你账了?

朵儿说,明儿把猪卖了吧。

白老三说,老子这会儿就要。

朵儿趿啦着鞋一拐一瘸地跑出来时,太阳就收尽了它最后一缕光。她没有到白东升的小商店去,而是踏上了去马鞍村的小桥。她听说翠花嫂病了,她得去看看她。她也要看看憨儿,她有几天没见到憨儿了,她担心他会饿着、冻着。也许谁都看不了几次了,我得准备走了!朵儿心里对自己说。

马潮勇从一棵树下走出来,叫声朵儿。朵儿惊道,是马村长呀。

马潮勇说,你还叫我村长,不是搧我耳光?

朵儿微微一笑说,我习惯了。

马潮勇从袖筒里抽出一个酒瓶,给老三带回去,他离不开这个。

朵儿有些难为情地,马村长……

马潮勇说,刚从东升那儿拿的。马潮勇把瓶子往朵儿怀里一塞,我得赶快回去,免得娃们操心。

朵儿怯怯地喊马潮勇,马村长,马村长,我想……回城一趟……您知道,前些天我的几个侄子来,说我九哥病了,我想看看他。您不知道,我们兄弟姊妹一共10个,现在只剩我们俩了……我还回来的,我很快就回来。这些时,俺这心里老作怪,总想见见他……

马潮勇说:朵儿……有句话,我憋了几十年了。我……我对不起你!

不知是马潮勇毁了朵儿的生活还是朵儿毁了马潮勇的生活,在马潮勇退下来后的许多年里,他都不能直接面对朵儿。他曾经思考过这个问题。后来他想这算是互为因果吧。但有一点马潮勇是肯定的,就是他曾行使过村长的权力,对朵儿的那次严厉惩罚。一度,他恨他曾经拥有过这种权力!

朵儿说,您要是不同意,我就不回去了。说真话,要是我自己出去,恐怕连路也摸不着了。

白俊祥突然插进他们中间,明天我也进城……

朵儿看到白俊祥,转身到河对岸去了。

白俊祥对马潮勇说,她看起来不久于人世了,她是用常人难以想像的意志撑着的。

马潮勇问白俊祥,她还能撑多久?

白俊祥,不知道。

马潮勇在朦胧中望着朵儿的背影,眼睛一黑便摔倒在地上。摔倒地上的马潮勇叫了声朵儿,便结束了他的生命。

马潮勇死时一群孩子还在河边玩耍,那些孩子中的一个说马村长是朵儿推倒地上的。他说他看见朵儿推倒马村长时眼睛里放着绿光。

孩子们的话使白果村又沸腾起来,那些每个星期都走进白俊祥所在的教堂做礼拜的基督徒们说朵儿是魔鬼,而那些不信神的人说朵儿是妖怪,朵儿再次成为白果村人关注的焦点。

2

朵儿随白老三到白果村时,是新中国建立后的第四个年头。那天,白果树和马鞍村的男女老少都集中在离白果树有50码的教堂门前,他们怀着无比激动的心情迎接令他们感到骄傲的英雄白老三。

那天,白老三的妻子马菊两只手分别拉着老大白俊祥和老二白俊鹏站在人群的最前面。马菊最先看到一个拄着拐杖的男人下了吉普车后,眼泪就滚了下来。她喊道,老三,那只腿呢?

如果不是镇上的领导跟着,马菊是会抱着白老三大哭一场的。最后下车的是朵儿。朵儿下车后悄悄地站在一旁,除了几个年轻的后生外,没有人注意她。直到镇上的领导走后,人们才知道朵儿的身份。那一日,马菊第一次骂白老三不是个东西。马菊质问白老三,老三,你那只腿呢?一支腿丢了还领个小老婆回来,要是两只腿丢了,你给我领俩回来是不是?

白老三咧嘴笑笑,这丫头命挺苦,是她母亲硬让她跟了我的。

你个死鬼!马菊在撕心裂肺的疼痛中接纳了朵儿。

老三的小婆儿真水灵呀,嫩藕似的!

如今不兴娶小老婆啦,董望庄的董世学前些日子领了个女人回来,后来政府出面,又把那女人休了。

那董世学是啥玩意儿,他咋能跟老三比?老三不回来,也是个师长旅长什么的。大官都是三妻四妾,那叫派头!

不对,毛主席才一个老婆!

毛主席在北京,这是哪儿,这是连皇帝都管不着的地方!

白果村人也像马菊一样接纳了朵儿,所不同的马菊是无奈和愤恨,当然也有宽容。其他人则是好奇,这好奇还夹杂着一点猥亵的心情。

朵儿知道白老三家中有妻子儿子,她没有怨言。她说她的母亲也是跟了人家做小的。她父亲是个商人,在她之上,有五个哥哥,四个姐姐。朵儿的母亲是第六个姨太太。白老三认识朵儿时,朵儿还是县女子中学的学生。白老三在朝鲜战场负伤后被转送回国养伤,由于当时的县医院病人太满,轻伤做了手术后被安排在居民家里养伤。朵儿的母亲负责照顾白老三,朵儿母亲通过一个把月对白老三的观察,认为白老三是个可以依靠的好人。朵儿的母亲没有和白老三商量就把朵儿叫到跟前,说这就是你的男人了。白老三说家里有妻子和孩子,并且自己现在是革命队伍的一员,不能再娶妾。那时朵儿母亲说她得了重病,活不了多久了,女儿不安顿好,她是死不瞑目的。那时朵儿的父亲已死,几个哥哥姐姐都欺负她。白老三说他认朵儿做妹子吧。朵儿母亲在白老三答应她认朵儿做妹子后的第二天就死了。之后的事,朵儿说是因为白老三欺负了她,她不得不嫁给他,而白老三则说是朵儿引诱他犯了错误,他不得不娶她。

村里的人走后,马菊和朵儿都在抹泪。白老三拉着老大白俊祥和老二白俊鹏说,这是你们的二娘,叫。

白俊祥和白俊鹏怔怔地望着白老三。

白老三吼道，叫！

老二俊鹏怯怯地叫了一声。5岁的白俊祥说他不叫，他说他只有一个娘。白老三一巴掌打在白俊祥的脸上，白俊祥的脸颊上顿时多了几个指印，两只眼睛强忍着泪水，但却没有叫。白老三举起了拐杖，母亲把儿子拉进怀里，愤愤地瞪着白老三，白老三怏怏地把拐杖放了下来。

白老三残缺不全的身子在他回到白果村的第一夜就劈成了两瓣。那夜，白老三和马菊早早地入了寝，因老二俊鹏先就睡了觉，马菊就把他抱到了自己的床上，白俊祥和朵儿被抛在了西厢房。

朵儿坐在昏暗的油灯下垂泪，她的神态仍是个和她年龄一样的20岁的女孩，但她的心里却已是一个成熟的女人。此时，她恨白老三，她原本打算和白老三留在城里的，但白老三却执意回白果村。她更恨马菊，如果没有马菊，白老三就不回来。她不明白有了她朵儿的白老三怎么还对马菊这个农村妇女这么留恋，第一个夜晚就把她扔在冰冷的空屋子里。

白俊祥坐在黑暗处揩鼻涕，他时不时地偷眼望朵儿一下。他不知道他是不是恨这个女人，他只知道是她的到来让他不能和母亲睡在一起的。当朵儿恨恨的目光盯着他时，他也用同样的目光回敬她。

在鸡叫头遍时，白俊祥再也坚持不住，歪倒在地上。朵儿走到他跟前，踢了他一下，他便腾地站起来，握着拳头。朵儿突然蹲下身对他说，咱们到床上睡吧。

白俊祥说，我等我娘！

朵儿心中便由恨转成了酸，她觉得她和白俊祥有着共同的心境。她抓住白俊祥的手说，看冻的！她解开怀，把白俊祥的手一边一个放在自己的胳肢窝里。白俊祥挣扎几下，一会儿，便顺从地贴着朵儿的胸口睡着了。白俊祥那夜睡得很香，比平时睡在母亲的床上还香呢。

白俊祥和朵儿在日上三竿时还没有起床。

马菊带着灌足了雨露的满足来到西厢房，喊了声朵儿走进卧室，看见白俊祥偎在朵儿怀里，两人正在酣睡，又悄悄地退出来。马菊在那时心里便有了一种异样的感觉，她感觉到朵儿将来会和白俊祥发生些什么事。马菊把这种感觉说给白老三，白老三最先想到的便是男人和女人所能发生的那种事。他笑笑说，她是他二娘呢。

马菊便剜了白老三一眼，不正经的东西，就会想那事！

白老三便笑笑。这全世界只有马菊有权利给白老三那样说话，也只有马菊能够得到白老三的笑脸。

朵儿醒来,看见怀里的白俊祥,欲推开他。白俊祥又向她怀里偎偎,就又搂紧了他。也许就在那一晚,朵儿和白俊祥便有了某种联系。

朵儿到白果村半年后,还没真正成为乡下人,这遭到白果村人的非议。比如喝水要喝开水,睡觉要穿睡衣,就是冲蒜汁也要用凉开水等等等等,都是白果村人不能接受的。

比朵儿大八岁的马菊像娘一样教着朵儿,想让朵儿尽早适应白果村的生活习俗。但直到马菊快生下第三个孩子时,朵儿的长进还是不大。

白果村人说这是因了马菊的缘故,马菊把朵儿当作了女儿,手把手教她当家理事的本领。白果村的女人不理解马菊,说马菊是个窝囊废。马菊只是说,朵儿是个可怜的姑娘。这连白老三也不理解。有次白老三问马菊,你怎么对朵儿那么好?

马菊问白老三,对你不好么?

马菊的伟大不仅体现在朵儿身上,而且白果村几乎百分之九十的人都钦佩马菊。白老三把马菊赢得的这份荣耀归功在他自己身上。他对人说,我白老三用两个哥哥的性命和自己的一条腿换来了白家的尊贵,马菊是我白老三的正房,谁敢对她说个不字?而马鞍村的人则认为,马菊之所以有这么好的声誉,全赖于她是马鞍村的姑娘,白果村的村长是马菊的本家哥哥,就是他白老三也得让她三分。

朵儿觉得他们说的都不是。但究竟是什么,朵儿也说不清楚。她只知道她现在不再恨她了,甚至对她还产生了一种依恋。一天,朵儿和马菊在地里摘棉花,朵儿问马菊,大姐,这白果村人都说你好,你是怎么做到的?

马菊望望朵儿说,我身上有许多毛病,只是他们只看到我的长处罢了。

朵儿的活做得笨拙而可笑。马菊笑笑说,瞧你这丫头,生来就是个富贵命!

朵儿听马菊这么一说,就想起了自己的身世,想起身世就哭了。马菊便哄朵儿,朵儿接着就笑了。姐,你可真好!

马菊抚着自己的大肚子说,朵儿,你和老三偷着结婚两年多了,怎么肚子不见动静?

朵儿红着脸低头说,原是有一个,4个月时,我背着老三学骑马,摔了一跤,险些丧了命。医生说,我以后不会再有孩子了。

马菊说,那把俊祥给你吧。

不,俊祥最亲你。

自己的孩子,哪个都亲。

马菊把朵儿的手拿过来放在她肚子上,你摸摸,他踢我呢,说不定就这一两天他就出世了。朵儿就认真地摸起来。哟,真的!马菊说,这孩子生下来给你吧。朵儿便腼腆地笑了。

大妹子!村支部书记马潮勇打老远就喊着马菊,他的后面跟着憨儿。

马菊应着,马村长,啥事儿!

马潮勇到了跟前,啥村长村长地,还是叫哥亲。

马菊叫了声马潮勇一声哥,又叫他后面的憨儿。憨儿嘿嘿笑着,看着朵儿。

憨儿是马鞍村人,原是不憨的。5岁时跟村里的伙伴玩捉迷藏的游戏,藏进马家的祠堂,看见邻家的大伯子哥和弟媳抱在一起,便走上去问他们在干啥。邻家大伯子哥一巴掌上去,马鞍村便出了个憨儿。憨儿的父母在憨儿8岁时相继去世,便把憨儿一个人丢在这个世上了。憨儿是吃百家饭长大的。

马潮勇递给马菊一个信封,今儿上镇里去了,顺便把老三这个月的抚恤金领了回来,你数数。马菊接过信封,掏出几张票子数了数,今儿散工,我和朵儿烧几个菜,请你喝老白干。

我呢,大姐?憨儿认真地问。你喝西北风!马菊开着玩笑,拍了憨儿一下。

马潮勇对憨儿说,你帮她们干会儿活,晚上就不是白吃饭了。

马潮勇走后,马菊偷偷对朵儿说,憨儿这孩子可怜着呢。朵儿禁不住多望了憨儿几眼。憨儿问朵儿,你看我作啥?朵儿就笑着说,你好看啊!

憨儿问马菊,大姐,我长得是不是好看?马菊的眼里便噙满了泪,拍拍憨儿说,好看。

马菊的三儿子俊生便诞生在憨儿和朵儿认识的那天晚上。那天马菊和朵儿在厨屋里忙碌,朵儿不停地将马菊炒好的菜端上桌子。

白老三和马潮勇分宾主坐在饭桌的两侧,憨儿领着白俊祥、白俊鹏在一旁玩耍。

白老三和马潮勇两人合用一个瓶子,两人你一口我一口喝得醉意朦胧。马潮勇喝了几口酒后,话就多了起来。白老三你个王八日的,你们家老大老二的福全让你一个人享了!拿着国家的工资不说,还占着两个漂亮娘们,比咱们的伟大领袖都特殊!

白老三夺过酒瓶子喝了一口。你眼红了是不是?我告你,那几十块钱是我们家两条半人命换的!这老婆……你说朵儿她妈临终前托我照顾她的女儿,我好说"不"?

马潮勇两眼盯着白老三,没有别的原因?

行了行了,马大,我知道这远离市镇的白果村你是个皇帝。只要你不说出去,朵儿这辈子就是我的人。我白老三知道好歹,有我在,你这小皇帝就安安稳稳地当着。来喝,喝!

马潮勇和白老三就又伸出了手掌,尽情而老练地划拳行令:哥俩好!一锭金!四季财呀!五魁首呀!六六顺呀!七星照呀!满堂红呀!

憨儿趁人不注意,从桌子上把那盘装满炸小鱼的盘子端了过来,和俊祥、俊鹏也划起了拳。三人中谁赢了谁就吃一个。俊鹏看着憨儿和哥哥嘴里有鱼,忍不住把手伸向盘子抓了一把,憨儿制止,俊鹏便哭了起来。朵儿来哄俊鹏时,憨儿说,你可真好看!

白俊祥看到憨儿不但嘴里夸着朵儿,还盯着朵儿的脸,就霍一耳光打向了憨儿,憨儿立马哇哇地哭起来。朵儿又去哄憨儿,白俊祥看到朵儿哄憨儿,就把装着小鱼的盘子扔出了好远。

俊生便是在此时哇哇坠地的。马菊做好了一切后,对朵儿说她要到床上躺一会儿。日日劳作的马菊生孩子像屙泡屎一样地容易,躺到床上不到半个小时俊生的哭声便响了起来。这哭声并没有使白老三站起来看马菊一眼,他只是问,是个啥?

马菊没有回答。

白老三说,你不说我也知道,哭着像牛犊子叫一样,准他妈又是个扛枪的料!白老三说着就又从马潮勇手里夺过酒瓶子。

3

俊生降生的那晚,俊祥和俊鹏都被丢在了西屋。俊祥在那一刻有些高兴,他知道朵儿会照护他的。可朵儿把母亲安排妥当后,便被父亲喊了去。

白老三坐在西屋的床沿上,喊,朵儿!

朵儿应声过来。

白老三,给我脱衣服。

朵儿说,我在忙着呢。

白老三,你忙个屁,过来!

朵儿到了白老三跟前,白老三伸出一条胳膊将朵儿拦了过来。明儿不下田了,马村长说,叫你到村里学校当民师。

俊祥趴在里屋的门缝里往里望,他看到父亲一把把朵儿掀翻到了床里面。

少倾他又看到了父亲身边堆起了白花花的肉团子,父亲那断了半截的腿马上陷进那白肉团子中间了。

那夜没有人管他和俊鹏,他不敢恨父亲,他甚至连正眼看他一眼都不敢。他在父亲的喘息声中拉了俊鹏到另一间屋子里去了,躺在床上好久没有睡着,眼前不停地晃动着那团白色的肉。

第二天朵儿便到村里的小学当了老师。白果村的小学就在河对岸的教堂里。这教堂原是有一个法国籍的老牧师和他的妻子,还有一个中国籍的小牧师。老牧师夫妇在朵儿到白果村后的第三个月时离开了白果村,走时那个中国籍的小牧师一直徒步60里送他们到县城。之后小牧师便回到了白果村改行成了乡村教师。朵儿到学校上班前,白果村只小牧师一个教师。他叫秦润禾,白果村的大人小孩都喊他秦老师。

那天早晨,白俊祥再一次目睹了父亲白老三和朵儿最色情的一个镜头。

刚生过孩子的马菊第二天一早便拿把扫帚扫院子,边扫边朝西厢房喊,朵儿,朵儿!她知道朵儿昨天晚上一定和白老三疯了一夜,所以她不好直接跑到西厢房叫朵儿,只在门外喊她。

朵儿趿啦着鞋、扣着扣子从屋里跑了出来,欲接过马菊手中的扫帚,马菊朝水缸呶了嘴,学着挑水吧,叫一下老三,让他和你一块儿。

朵儿捋了把头发说,我自己可以的。

往日这些活都是马菊干的,就是昨日马菊还在挑水。马菊像一台不知疲倦的机器一样运转着,如今她需要歇一下了,朵儿责无旁贷地要担负起这个任务。

朵儿担着两只桶晃晃悠悠地到了河边,学着马菊的样子用扁担钩钩着一只桶甩向河里,桶便咕嘟嘟地灌满了水。但她却无法把盛满水的水桶拉上岸来,她有些想哭,无助地瞟了下四周。她看见白老三正朝她这边走。

白老三用一只手很轻松地将水桶提了上来,朵儿把另一只桶灌满水,自己学着老三的样子朝上提,可费尽力气也没提上来。老三哈哈地笑,娘们就是娘们!朵儿不服,马大姐也是娘们,她也像你一样不费力地就能把水桶提上来。白老三把水桶放好,她啊,可不是娘们,她是个男人!

憨儿从芦苇地里晃了出来。不对白大哥,男人是不会生小孩的,马大姐给你生了仨崽子!

白老三看见憨儿便喊道,憨儿,昨黑儿咋睡那儿啊?

憨儿接连打了两个哈欠,说,那儿比床上都舒服。你那老白干,也真是……

白老三笑着说,你要是想喝,明儿还到我那儿去。

憨儿挠着头说,我才不想喝呢,那家伙比辣椒都辣。

白老三说,把水给担回去,你马大姐会给你烙饼吃。

真的?憨儿轻快地担起水担,一溜烟似地走了。

白老三冲着憨儿喊,要把水缸担满啊!

憨头也不回地应道,好嘞!

白老三拉着朵儿钻到憨儿昨夜睡过的地方。

远处的白俊祥此时正盯着他们看。在那一刻,他有些恨朵儿。那早他没有吃饭就去上学了。

4

教堂墙上原先镶着的那幅《最后的晚餐》及耶稣受难像被拆下来扔在墙角,取代它的是巨大的毛主席像。像挂在中间最耀眼的地方,两边分别写着:领导我们事业的核心力量是中国共产党,指导我们思想的理论基础是马克思列宁主义。

白果村所有的孩子都坐在这间教室里,最大的18岁,最小的只有5岁。马潮勇领着朵儿来到讲台上,把朵儿介绍给所有的孩子时,白俊祥心中便涌上一阵莫名其妙的快感。但马村长让朵儿和秦老师握手时,他便恨起来了马村长。

朵儿教的是语文和地理。朵儿对秦老师说,我教地理那是瞎掰。除了县城,哪儿我都没去过。你应该教地理才对,你连国外都去过了。

秦老师微笑着说,你照着书本上讲就是了。

白俊祥的语文提高很快,朵儿经常表扬他。朵儿对马菊说,这孩子将来会有出息的。

马菊就笑笑。

自从马菊生了白俊生后,朵儿的家务活提高了一大步。如今她已会做全家人的饭,也会帮马菊照看孩子,和马菊一样的忙碌着。白俊祥也和朵儿一样地忙碌着,放学后,就帮着朵儿做家务。朵儿如果做饭他便烧火,他和朵儿配合得非常默契。但他从不喊朵儿二娘,在学校他便喊老师,在家里,他便是嗳,为此,他挨过父亲无数次的打。

在朵儿到学校第三个月的一天里,白俊祥开始对他的秦老师恨了起来。白俊祥原先是不恨秦老师的,甚至还有些崇拜秦老师。秦老师见多识广,学识渊博。他觉得秦老师的脑子里装着百科全书,秦老师什么都知道。他尤其是喜欢听秦老师在野外讲的园艺课。那天秦老师手里拿着一片花瓣说,花卉可分无土栽培和有土栽培两种,无土栽培是指不用天然土壤,而用营养液来使其生长。他为此入了迷,整天试验无土栽培,可从没成功过。他不知道自己是什么时候开始恨秦老师的,他努力使自己不恨秦老师。有一天他几乎就做到了,但到了放学时间后,他又开始恨了。那天放学后,朵儿端一大盆子衣服在河里洗,他抱着他的小弟弟白俊生在河堤上玩。河堤上晒着花花绿绿的尿布,他甚觉开心。

秦老师也端着一盆子衣服从小桥上走过来,张老师,也洗衣服呀!

朵儿笑着说,秦老师,你把衣服放这儿吧,等会儿我顺手就给你洗了。

秦老师说,张老师,你也够忙的。秦老师说着便蹲在朵儿身旁的另一块石头上洗起了衣服。这里排列着非常多的洗衣石头,妇女们有凑热闹的习惯,男人便把石头排列在一起,让他们的婆娘们在洗衣中享受着快乐。

白俊祥心里说,那么多的石头,为什么他偏偏和她蹲在一起?

朵儿和秦润禾洗衣服时,马潮勇从河对岸走过来。秦老师,朵儿,你们洗衣服啊。

朵儿说,马村长,您忙啊。

马潮勇跨过红红绿绿的尿布来到他们中间蹲了下来,看看朵儿,又看看秦老师,然后说,你们两个班子搭得好啊!这群孩子交给你们,我也放心了。说不定你们还能培养出来几个大学生呢。

朵儿说,不可能吧,我自己还是个中学生呢。

秦老师说,我看没问题。

马潮勇又同他们唠叨了一会儿便离开了。

马潮勇走后,秦老师很严肃地问,张老师,这是新社会,难道你就这样地过一辈子?

朵儿悠悠地说,我不知道该怎么办,我现在已融入了他们家。老三对我很好,马大姐对我也很好。

秦老师若有所思地望着朵儿。

白俊祥两眼一直在盯着秦老师和朵儿。俊生哭了,他打了他,使他哭得更凶,他把俊生扔在河滩上。朵儿起身抱起俊生,骂俊祥,你的心可真毒啊,他只是三个月大的孩子!

白俊祥扭头跑了。

秦老师就帮助朵儿洗她没洗完的衣服,之后又把晾在河堤上的尿布片子一个个捡起来,送朵儿回家。热心的马菊说什么也不让秦老师走。那天晚上马菊以招待马村长的标准招待了秦老师。

其实朵儿和秦老师有着非同寻常的关系,这种关系连白老三也不知道。朵儿和秦老师建立关系那天是在她刚来白果村那年的复活节。那是法国老牧师夫妇要走的前日,白果村绝大多数的信徒都在那日宣布退了教,她是随着马菊一块儿去看热闹的。当地那些平时礼拜天常到教堂去或不常到教堂去的人几乎都去了。白果村没有任何娱乐活动,但教堂一年有两回节日,这两个节日自然也就成了白果村的节日。那日,很少有人走进教堂,老牧师脸上被阴霾复盖着,小牧师也阴沉着脸,不哼一声。只是那个老妇人,照旧坐在管风琴旁,弹着和平常一样的曲子。

那些大姑娘、小媳妇看着这个情况,就觉得没啥好玩的,也就都回去或做针线或做农活去了。马菊喊了声朵儿先自走了出去,朵儿原是想跟着马菊回去的,她突然发现那个老妇人的眼里流出了泪水。她不由自主地走向她,站在她的身边。她突然沉醉在老妇人弹的音乐中,觉得一下子被这曲子感染,仿佛发现了生命的真谛就在这首曲子中。她的泪不由自主地流了下来。在哀伤中,她觉得自己弱小的生命被放进了一团光里头。她在那里挣扎、扭动、哭泣。

小牧师也走了过来,站在她的身旁。随着老妇人的音乐唱起了歌。小牧师的歌声高亢而热烈。在另一边忙碌的老牧师也停止了手中的活儿唱了起来。她突然被一种莫名其妙的情绪所感染。她不知道这情绪到底是什么,她只觉得如果可能,她愿意一辈子都活在这样的情绪里。之后,她问小牧师,为什么节日取消了?

小牧师声音低沉地说,老牧师夫妇要走了。

朵儿不明白这老牧师夫妇为什么要走。她听说他们在这儿住了几十年了,他们的一切都和白果村人融在了一起。也不明白平日那些在礼拜天早早走进教堂的人为什么一下子都不去了。她也不好再问,只是说,这儿真好。

小牧师不知她说的好指的是什么,便问,你说什么好?

就现在,就在这儿。她对小牧师说,我为什么不早些日子到这儿来?他们的关系便是在那日建立起来的。老牧师夫妇走后,小牧师成了村里学校的老师,朵儿也没有再和秦老师单独谈过话,但她觉得在白果村离她最近的不是白老三一家人,而是小牧师。

秦老师走后,白老三就有些不高兴。白老三说马菊,不就是个穷酸老师,也费心劳神地去招待?

马菊便有些生气,他比你强得多!

那日的白俊祥就和父亲成了统一战线,他专挑最难听的字眼骂他的老师,马菊平生第一次打了白俊祥。

那天夜里,白俊祥因为挨了打,便被朵儿哄着又睡到了她的床上。

在朵儿怀里时,他竟莫名其妙在心里感谢他的秦老师了。

日子飞快地过着,在许多白老三和马菊同房的日子里,白俊祥白俊鹏都是和朵儿睡在一起的。直到白俊祥长成少年后的一天夜里,朵儿才意识到不该再让他上自己的床了。

那日白俊祥在厨屋帮着烧火,朵儿麻利地做着饭。

白俊祥端祥着朵儿,情不自禁地叫声"朵儿"。朵儿愕然地盯着白俊祥,白俊祥红了脸,忙低头烧火。

朵儿说,今晚睡你娘屋里。

白俊祥说,人家都叫你朵儿。

朵儿说,我是你二娘!

白俊祥便不再说话。

朵儿边忙活着边说,小小年纪,好的没学,尽学些……你到哪儿去?她朝起身出去的白俊祥厉声问,也不追他,自顾自忙自的活。

白俊祥头也不回就走出了门。马菊从地里回来时吃完饭,白俊祥还没回家。朵儿对马菊说俊祥还没吃饭,她本想把她和俊祥之间的事儿给马菊说一说,但又觉得自己不能再给马菊添麻烦了,作为女人,她不断地加深对马菊的理解和同情。她不明白马菊就那么宽容她和白老三,她一度认为马菊是不爱白老三或是离不开白老三,但她又觉得不对,究竟是什么,她弄不明白。

马菊站在大门外,高声喊,祥娃,祥娃哟,回来吃饭!马菊喊完回屋对朵儿说,这兔崽子也不知跑哪儿去了?这都半后晌了,也不知道回家吃饭!

朵儿把厨房收拾干净,就上学校去了,她没有像往日一样去找白俊祥。

那一天罪恶像毒蛇一样一直在缠绕着这个少年的心。他趴在地里,不敢抬起头来,我为什么要喊朵儿?他一遍又一遍想。他想或许朵儿会像往日一样来找他,那时他就会叫她一声二娘。他还从没叫过她,那一日,他决定叫她。但朵儿最终也没来,直到天快黑时,还是马菊把他扶了起来,他扑在母亲怀里呜呜地哭了起来。母亲问他为什么哭,他没有说,但母亲的眼睛宛如毒针一样盯着他,他害怕母亲的眼睛。母亲那晚对他说,快到学校喊你二娘吃饭吧。那天,他喊了朵儿二娘。并且也就在那天他才明白,朵儿只是属于父亲,她不属于任何别的人。

5

朵儿到白果村的第十一个年头,她平静的生活被打破了。那日,在她踏上青石板去学校上班时,碰到了马村长。

朵儿啊,对面走过来的马潮勇和朵儿面对面地站在桥上,有个事儿,我得先给你打个招呼。

朵儿看着马村长一脸严肃的神情,叫声马村长,便恭敬地听着。

朵儿,你说白老三是不是咱们白果村的英雄?朵儿不知如何回答,只怔怔地望着马潮勇。朵儿呀,老三打败了日本鬼子,打败了国民党,还在朝鲜打败了美国鬼子,你说白老三该不该特殊一点?

朵儿问,想说什么呀,马村长?

马村长越说越来气,谁他妈的有白老三的资历?白老三的下级,如今有的都当上军长了,白老三要是不回来……

朵儿说,我得赶紧上课去了。

马潮勇说,朵儿,上边的人说……说白老三违反了国家一夫一妻制的法律,人家说要把你和马菊从白老三家里解放出来一个。这……

朵儿绷紧嘴,低着头。

马潮勇,朵儿,你知道,马菊是马鞍村人,这马鞍村和白果村是一个大队,马家也是大姓,况且,她为老三生了三个孩子……大队商量过……

朵儿抬起头,眼里噙着泪,马村长,我明白了。

马潮勇如释重负般地松了口气。朵儿走过桥后,他又叫住她。朵儿,这事我得找个适当的时间给老三说,回去后,该怎么着还怎么着,先别让他知道,他那个毬脾气……

朵儿点点头,往前走。

马潮勇又赶上来,朵儿,以后咋办?

朵儿眼里含着泪说,不知道。

马潮勇,你看秦老师这人咋样?人家也是拿工资的人。

朵儿的心便霍地亮了起来。但他知道秦老师是不会娶她的,她和秦老师之间的关系如果被世俗的夫妻之间的关系所取代的话,那么她将会失去一切。她嗫嚅着说,我想回城。

马潮勇说,听老三说你那同父异母的哥、姐对你都不算好。再说你的户口在这儿,回城再吃商品粮那叫逆流,恐怕比登天都难。你可得思想好。

自从马村长给朵儿说了那事后,白果村便充满着革命的气氛,大树干上和墙壁上贴着五颜六色的标语。大多数村民的胳膊上都戴着红卫兵的袖章,连白俊祥和白俊鹏的手臂上也戴了个袖章,只不过上边印的是"红小兵"三字。

朵儿被解放那天是和马村长见面后的第七天。那天的前一天白老三坐在树下桌子旁,端着茶壶看朵儿择菜。朵儿浑圆白皙的手臂每动一下,都闪射着青春的活力,这使白老三激动了起来。

白老三说,朵儿,今黑儿,我还住西屋。

朵儿脸一红,今黑儿该堂屋了。

白老三,那我先到堂屋,再到西屋。朵儿,过两天,咱们到城里去一趟,给你去扯几尺花布做两件衣服。

说话间,马潮勇已到了树下,看见白老三和朵儿的亲热劲,一时不知该不该过来。

白老三看见马潮勇,狗日的,想从老子身边溜走不成?

马潮勇说,哪儿呀。他从怀里掏出两瓶老白干朝桌子上一放,白老三,隔几日不和你划上几拳,老子就像犯了大烟瘾一样难受,来,今个儿,咱们一人一瓶,谁不干完谁是孬种!

白老三乜斜着眼望了马潮勇一眼。今儿个咋就想起老子来啦?你从你娘肚子里爬出来这三十多年,可从来没请老子喝过酒。你龟孙子有啥弯弯肠子,倒出来叫老子看看!

马潮勇站起来,白老三,你要不想喝,老子立马走人!

白老三疑惑地看了马潮勇一眼。老子买不起酒,还要你提两瓶马尿来?他转身对一旁的朵儿说,去炒两个菜,俺们就在这树下喝。

马潮勇说,别别别,咱们还是到屋里去吧。他看一下树干上的标语,现在正在革命不是!

白老三,那叫文化大革命,没有咱庄户人家的事。

马潮勇拉着白老三进了屋,依然照老位置坐定后,马潮勇悄声对白老三说,谁说文化大革命不管咱的事?从上到下,不管大官小官都要进行革命的洗礼。中央的刘少奇、咱们县的张书记、彭县长,那天送你回来的郭书记、刘镇长都靠边站了。咱们白果村,第一个被革命的对象就是我。

白老三桌一拍,有我白老三在,看哪个龟孙子敢动你一指头!

马潮勇,有你这句话,今后这白果村的事,我还管着。来,喝!朵儿,你忙你的去吧,今儿,我要和老三喝个痛快!

朵儿知趣地退去。

白老三欲猜拳,马潮勇应付两下,心里有事,提不起劲,抱着个酒瓶子,喝得闷不作声。

白老三连喝几口,把瓶子使劲往桌子上一放,有屁就放,搁肚子里不嫌憋得慌?

马潮勇也连喝几口,这老白干容易上头……说话也未免颠三倒四,咱俩光屁股时的朋友,说错了你别见怪。人家上边有规定,你家这两位……

白老三见马潮勇一说这事,脸就沉了下来,我也听说个荒信。

但此时的马村长却不敢接近白老三身上那英雄的光环。关于他想把朵儿嫁给秦老师的事,他始终不敢说出来。他知道白老三贪恋朵儿的身子,如果朵儿不离开白果村,白老三是不许任何人娶朵儿的。

白老三沉默不语,酒也喝得无声无息。

马潮勇为缓和气氛,问白老三,菊呢,咋这阵子都不见她人?

白老三眼睛里噙着泪说,事到如今,我也不想瞒你了。菊早就听说这信了,她主动提出来要离开这个家。她说朵儿离开白果村就没有地方可去,她还可以回马鞍村的娘家。前几天,她娘家人都反对这事儿。这事儿,我也没给朵儿说。

马潮勇说,那你心里咋想哩?

白老三说,要说分量,还是菊在我心里重些。我知道我遇上她,是我白老三的福分,我说我不和她离婚不是为了她而是为了我。可朵儿,我曾经答应过她娘,要管她一辈子,你说,这半路就把她扔了……

马潮勇这才鼓足勇气说,先办了离婚手续,朵儿还是咱白果村的民师,把你和妹子作哥哥嫂嫂不就得了。马潮勇叹了口气,再说,马大妹子的娘家放出话,如果和她离了,就……

白老三眼一瞪,就怎样?

马潮勇,恐怕对朵儿不好

白老三这时便怒不可遏,端起一只碗摔在地上,只要我白老三在,看谁敢对朵儿说个不字!

马潮勇知道这话是说给他听的,这白果村他白老三不怕任何人,但他马潮勇是白果村的父母官,他白老三不是怕他,是怕他不和他配合。马潮勇这时有几两酒罩头,豪气便也被冲了起来。他没有像白老三一样摔碗,而是一拍桌子站了起来。你英雄怎么了,英雄就该吃着碗里的,霸着锅里的?我告你,马大妹子同意我也不同意,他到你家来过的是什么日子?只有你白老三不清楚,你去问问这白果村和马鞍村哪个人不清楚!她给你孩子做妈,给你做妈,也给你的小老婆做妈。屋里地里,全靠她一个人,她撑着你们白家的天!如果她现在离开这个家那是她的福分!但是,我不同意她离开这个家,我知道她离开了这个家不会再嫁人,不嫁人就回娘家,回娘家还不是跟没离开这个家一样?现在,我不是以白果村村长的身份给你说,我是站在马姓人,站在马菊的兄长这个位置上给你说。别想着我们马家斗不过你们白家,也别想着这村名是白果村就是你们白果村人的天下!你对朵儿是负责吗?不是!你白老三那点弯弯肠子我还不知道?她离开你,马上就可以嫁个更好的人家!

马潮勇走了,临出门又回头对白老三说,我告你,离婚手续这两天就办,不办的话你自己到镇上去说清楚。

马潮勇出门就有种说不出的快意。自从白老三回来后,不知什么原因,他说话就是牛不起来,总是被白老三牵着鼻子走。今天总算出了口恶气。

马潮勇刚沉浸在得意中时,白老三又在后面叫住了他。马潮勇,像兔子一样,跑那么快干啥?回来回来!

马潮勇不耐烦了,啥事儿?

回来回来,我有话给你说。

马潮勇几乎不由自主地又折回了身。

白老三说,把朵儿说给憨儿吧。

马潮勇两眼瞪得铜铃大,白老三,你说啥?

白老三,把朵儿嫁给憨儿。

马潮勇哭笑不得说,我说老三,做事总不能光为自己,你也替朵儿考虑考虑。你让她嫁给憨儿,不等于让她嫁给个废人?看她伺候你多年的份上,就让她和秦老师成亲得了。

白老三怒道,你这叫什么话?再说了,人家秦老师是个神父,是你硬逼着人家改行当教师的。再叫朵儿嫁他,你这不是强人所难?

白老三,秦老师是牧师不是神父!

反正都一样。

你当我不知道你那花花肠子,朵儿做憨儿的媳妇和做你的媳妇有啥子区别?白老三,你他妈真不是个东西!

6

马菊在白老三和朵儿办了离婚手续后,到镇上她姑那儿住了几天。她知道白老三是离不开朵儿的。她对她姑说,我给他们腾出时间,让他们疯个够。

但朵儿和白老三办完手续就把东西搬到了学校,她突然觉得她完完全全属于她身边的这个男人。不管他娶不娶她,她都是他的人。其实,在很久以前,她就思索这事儿。那时是人妻,从来没有想过和秦老师会越过同事之间的关系去触摸那东西,那种东西对朵儿来说神秘而富有诱惑,因为那是超越了男女和世俗的东西。但朵儿又想,世间的一切是没有超越这种东西的。男人与女人除了那事儿还有什么?她和老三就是这种关系,马菊和老三也是这种关系。白果村所有的男人和女人都是这种关系,这种关系维系着和平和生活,维系着人类的繁衍,除此之外,她真想不出还有别的什么。但秦老师从没有向她表示过男人和女人的那种爱。她想,也许秦老师根本就没把她当女人,也许秦老师根本就不需要女人!但秦老师看她时,她感觉到他的目光与看别人时的不同。那光究竟是什么呢?她想不出个所以然来。越想不出她就越被秦老师身上那种一般男人所不具备的特质所吸引。

第三天中午放学后,白老三亲自到学校去找了朵儿,白老三看见朵儿就揽住了她。朵儿第一次挣扎起来。朵儿说,我和你离婚了,老三,以后我们只是一个村的社员。

白老三啪啪给了朵儿两记耳光。这是朵儿第一次挨白老三的打。她惊愕地后退着,白老三丢掉拐杖,整个身子向前扑去。

朵儿怕白老三碰着,去接着了他。白老三靠在她身上,大口地喘着气说,朵儿,我想你!

朵儿推着白老三,这里是学校。

之后,白老三不再到学校来找她,取而代之的是白俊祥。白俊祥总是在朵儿和秦老师共同做饭或共同备课时突然出现在他们面前,对朵儿恭恭敬敬地叫着姑姑。白俊祥第一次叫朵儿姑姑时,朵儿问,谁让你叫我姑姑的?

白俊祥脸上便浮现出一丝笑容来,俺爹。

朵儿说,回去对你爹说我有事。

白俊祥不走,继续说,是俺娘叫你回去。

朵儿就跟着白俊祥走过青石板,回到白老三的家中。但凡是朵儿回去时,马菊总也不在,她和白老三程式似地完成那件事后,朵儿才能回去。几次后,朵儿便不想再回去了。有一天朵儿在河边洗衣服,马菊也端了一大盆子衣服过来。她走到朵儿身边叫声朵儿。

朵儿抬起头说,嫂子啊!

马菊嗔怪道,什么嫂子?还是叫姐舒服。她把一堆衣服扔给朵儿,你三天不回家,老三就像犯了大烟瘾一样,浑身不自在。老三他不是个东西,他贪恋你的身子。我骂过老三,过后他还这样。我曾提出和他离婚,并不是为了你,而是为了我。我是真真确确想和他离婚的,我厌恶这种生活。后来马村长给我做工作,我不得不给马村长面子!前一段我和秦老师到城里去了一趟,可能秦老师也没给你说吧。

朵儿的心便跳了起来。她全神贯注地听着。

我和秦老师商量过你的事。他原来家里还有点房子,居委会占着,他想要回来给你住,让你离开这里。居委会开始答应腾房子,可第二天又变了卦,说房子充公了,不再是他秦家的了。秦老师现在除了这儿,没别的地方可去。但在这儿,他认为和你结婚不合适。我托马村长说,马村长说恐怕老三不会答应。现在,我决定和老三离婚,一离婚你就可以名正言顺地回去了。

朵儿说,大姐,你就是和老三离了我也不会回去。

马菊说,为什么啊?

朵儿说,我决定亲自和秦老师谈谈试试。

朵儿,现在他已不具备这个条件了,他没有地方可以去了。

那我也要试试。

朵儿与其说是寻找自己的爱情,毋宁说是寻找生命的意义。她决定把自己和白老三的纠葛彻底割断,同时她相信如果和秦老师结合她的生命就会带来新的意义。她无法给马菊说这些。马菊关心她,但也关心老三,老三毕竟是她的丈夫。

马潮勇走上河堤,看见马菊和朵儿,喊,大妹子,朵儿都在啊!

马菊头也没抬应道,他们爷几个像一窝子猪一样,一天不洗都不行。

马潮勇喊道,朵儿。

朵儿站起来,走上河堤,马村长,找我有事啊?

马潮勇不敢正视朵儿的眼睛,他低着头说,有件事我想给你商量一下,你看……光这样也不是办法,原先我想给你和秦老师说合一下,但秦老师是国家教师,这说不定啥时儿他就离开白果村了。现在这户口又卡得紧,你呢,又没别的地方可去。我考虑来考虑去,还是留在白果村好。外边正搞文化大革命,你成份又不好……那些红卫兵是看老三的面子才没有为难你,可这民师……

朵儿说,我明白了。

马潮勇说,离开学校后,你连个住的地方也没有了……

朵儿朝学校那边望了望,泪水溢满了眼眶。她没有听到马村长后面的话,她只觉得她面前的世界一下子碎了。

也许马潮勇就是在这个时候就背起了对朵儿负罪的十字架。我成了白老三的帮凶！马潮勇不止一次这样对自己说,但他又不能为朵儿做更好的安排。不让朵儿当民师是公社的意见,公社革委会成员有人知道白果村有一个英雄叫白老三,白老三有一个小老婆叫朵儿。又知道朵儿是城里人,长得嫩藕似的,成份不好。当朵儿和白老三到镇上办离婚手续时,那些革委会成员像看希奇一样看着他们,后来还是白老三把那伙人臭骂一通后,那帮人才离去。

那革委会主任不知道白老三的底细,出门对手下的人说,这真是一朵鲜花插在了牛粪上！你去对那白果村的村主任说,这个名叫朵儿的女人留在公社,接受贫下中农的改造。

白老三办完手续准备和朵儿离开时,他们留住了朵儿。白老三拐杖一挥,叫道,我看哪个敢！

偏是这个革委会主任不信这个邪,掏出腰里的枪恐吓白老三,再他妈的叫,叫你躺在这儿,不信你试试！

这枪是真的,革委会主任配带枪,是那个时代的背景使然。有了枪的革委会主任豪气就足了许多,全公社就这一把枪,拥有这把枪的人象征着拥有统治全公社的权力。

白老三单腿一跳便到那革委会主任跟前,还没等他明白过来,他的枪已在白老三手里。白老三手举枪响,革委会主任的帽子便落了地。

白老三把枪一扔说,老子打仗时,你那妈还在你爹的裤裆里。给老子叫板,也不尿泡尿照照你啥模样！

其他人完全被白老三镇住了,站在原地谁也敢再动。那革委会主任恼羞成怒,声嘶力竭地叫着,你等着！

白老三说,老子回白果村等你！

后来革委会主任把此事当作一个反革命事件报给了县里。县里了解情况后,反撤了那个革委会主任,并给白老三陪了不是。

马潮勇也越来越对白老三头上的这圈光环不敢妄自触动了。白老三要他利用他村长的权力把朵儿嫁给憨儿时,他觉得他不能这么做。但他如果强行让朵儿嫁给秦老师,那么秦老师将永无宁日。

马菊问朵儿,马村长给你说了啥啊？

朵儿摇摇头没有回答。

马菊说,今天和我一块儿回去吧,咱们两人睡一块儿。

朵儿又摇摇头,她帮马菊洗完衣服回学校去收拾她的东西。

朵儿自搬来学校后,就没再让秦润禾单独做饭了,秦润禾说几句感谢的话也就欣然领受。两人虽不是夫妻,但一个锅里捞稀稠也几个月了。这天的晚饭,朵儿做得特别经心。吃完晚饭,秦润禾照例整理好碗筷要出去时,朵儿叫住了他。朵儿说,秦老师,我想和你说几句话。

秦润禾便给朵儿搬个凳,自己靠在门扇上。

秦润禾的神态使朵儿不知怎么开始她的话了。临了,她说,秦老师,马鞍村马富宝家媳妇因成份不好被红卫兵拉去游街,喝了老鼠药,年纪轻轻的就死了。

秦润禾说,是啊!可是,她不了解死亡的真相,把死当成一种解脱痛苦的方式。

朵儿愣住了,他不明白秦润禾怎么对一个人的死这么轻描淡写。她原是借马富宝媳妇来说自己的事的,既然秦润禾这样说,她也只好淡淡地说,人总是要死的。

秦润禾听了朵儿的话就也搬了凳子,坐在她的对面,定定望着朵儿说,尽管我们的整个生命都是在为死做准备的,尽管我们不恐惧死亡,有时会想着死亡甚至是壮美的,但我们任何人都没有资格去寻死。

朵儿闪动着迷惘的眼光问,为什么啊,假如她没有存活下去理由呢?

没有假如。秦润禾现出她第一次见他时的那种神情。朵儿,你觉得你现在活不下去了吗?

朵儿听到秦润禾叫她的名字,便哭了起来。

秦润禾说,朵儿,上帝和魔鬼下棋,你希望谁赢呢?

朵儿茫然地望着秦润禾。秦润禾说,我们的智慧只要达到想让谁赢就够了,不需要明白很多。

一阵柔和温暖的力量流灌到朵儿的心中,使她陷入一种深沉而光明的意境中。秦润禾握住了朵儿的手。这是他第一次握她的手,她的心汹涌澎湃,她多想靠在他的怀里痛痛快快地哭上一场,哭出这些年她所有的悲伤!这时她听到秦润禾的声音从遥远的地方飘了过来,朵儿,明天我就写申请,我想娶你……

这声音太遥远、太飘渺,朵儿不敢相信幸福就这么来了,这太不真实了。她怔怔地望着他。我只想说……说……朵儿的脸憋得彤红,秦老师,我……对不起,秦老师,你让我好好想想!

秦润禾拉住朵的手,朵儿,让我给你唱首歌吧。

秦润禾用他韵味十足的男中音唱起了"莫斯科郊外的晚上":深夜花园里四处静悄悄　只有风儿在轻轻地唱。夜色多么好,心儿多爽朗,在这迷人的晚上。小河静静流,微微泛波浪,水面映着银色的月光。一阵清风飘来歌声,多么幽静的晚上。我的心上人坐在我身旁,悄悄看着我不声响。我愿对你讲,不知怎样讲,多少话儿留在心上。长夜快过去天色蒙蒙亮,衷心祝福你好姑娘。但愿从今后你我永不忘,莫斯科郊外的晚上。

当朵儿沉浸在秦润禾的歌声中时,白俊祥领着白俊鹏从门缝里盯着他们。秦老师开门时看见白俊祥,白俊祥不等秦老师问他话,便说,是俺爹让我来叫姑姑的。

秦老师说,你姑姑在屋里。

屋里的朵儿说,我不是你的姑姑。现在我和你们家没有任何关系了。

白俊祥说,你说没有关系就没关系?

朵儿不想和他多说,关起厨房的门回自己住室去了。

白俊祥撵到朵儿的门口说,你如果今晚不回家,明天你就会后悔。

这夜朵儿没有到白老三家。她躺在床上,眼睁睁地到天色大亮。

第二天白俊祥伙同几个红小兵糊了个高帽子,把就要上课的秦润禾拉出来游街。我们红小兵是革命事业的接班人,紧跟毛主席的革命路线,把洋鬼子的孝子贤孙打入十八层地狱,让他永世不得翻身!他们的这一举动得到白果村革委会主任的支持,另有几十个红卫兵护航,他们一直游到镇里,又从镇里游回来。

白俊祥那天晚上一进屋,就被马菊拉到白老三跟前,你的好儿子,你再不管他,不知他会做什么孽呢。白老三一拐杖把白俊祥打趴在地上,拉着秦老师去游街是不是你的主意?

白俊祥不哼气。

白老三吼道,到底是不是?

白俊祥说,不……不……不是,是红卫兵……

马菊啪啪搧了白俊祥两个巴掌,便气鼓鼓地搬个凳子坐到白果树下去了。她认定秦润禾游街和她的这个儿子有直接关系。她没有真凭实据,她就是凭自己的直觉。当白俊祥第一天上学回来,给马菊写下第一个字时,她对她的大儿子说,你长大后,我宁可你对不起娘老子,也不能有一丝一毫地对不起秦老师。除了那对法国籍的老牧师夫妇外,秦老师是她见过的第一位知识分子,秦老师身上有着一般人所没有的一种气质,这使她对他非常敬重。此刻,她想到学校给秦老师赔个不是,又没有勇气,最后还是把朵儿叫了出来。

马菊说,朵儿,无论如何你要替我给秦老师道歉,我没有教育好儿子。

朵儿说,这不怪他,更不怪你,大姐。整个社会都疯了。朵儿又对马菊说,她想答应秦润禾的求婚。马菊很为朵儿高兴,把家中的几十个鸡蛋拿给了朵儿,让朵儿给秦老师补补身子。

就在马菊为儿子的过失多多少少做了些弥补而心生欢喜的时候,秦润禾的屋子起火了。由于秦老师一日水米未进,奔走一天,加之红卫兵的拳打脚踢,回来就开始发热,喝了碗水就上了床。小煤油灯在他右边的桌子上,他无力抬起身子去吹熄它。他想尽早睡去,以便第二天红卫兵来时,他有点支撑的气力。越这样想就越发睡不着,他把身子歪向左边,大睁着眼睛看着煤油灯的影子在墙壁上晃动。他伸出一只手,手的影子投射到墙壁上,他把手做成各种各样的怪样子,他看着这些怪样子笑了。一会儿他想起朵儿和朵儿萌出的死的念头。当你准备好一切时,死是多么幸福的事儿,他想着,慢慢地睡去了。

火是朵儿最先发现的。她躺在另一个屋里,无论如何也睡不着。秦润禾没吃饭,她心里挂着。秦润禾的屋子和她的隔壁,同事十年,她从没进去过。她不知道秦润禾发热的事儿,她只知道他饿着肚子。二更时分,她热了饭菜,决定去叩他的门,才发现了火。

7

秦润禾在生死线上徘徊着。镇里的医生不知他是因为烧伤引起的发热,还是原本就发着热,他身上及脸上有大面积的深度烧伤。直到第四天,他才醒过来。此时的秦润禾已经十分清楚他今后将是怎样的一副面容,他身上及脸上的伤痛使他彻夜难眠。朵儿在细心照料着他,他极力忍受着疼痛,说着安慰朵儿的话。他不知道这种安慰有没有意义,他分明看到了朵儿眼里的哀伤。

朵儿说,怎么会起火呢?

秦润禾说,也许是我没有吹灯吧。

朵儿说,不对。当我喊人砸开你的门时,你的灯没有倒,不可能燃到其他的物件。

秦润禾岔开了话题,你看,死就这么简单。

朵儿哭了。

在秦老师住进镇医院的第七天,马菊对正在白果树下坐着喝水的白老三说,我要到镇上看看秦老师。

需要你看?

马菊蹲在白老三跟前,老三,如果你想去,我们一块儿。

我不去。

老三,秦老师屋里的火起得有些蹊跷。

白老三的眼睛瞪得如铜铃大,你说火是我放的。

马菊说,老三,我知道,你不会做这种事。

那你是啥意思?

马菊说,没什么意思,我只是觉得奇怪。

当马菊来到镇医院时,医生正准备拆掉秦润禾脸上的绷带。秦润禾对朵儿说,张老师,你在外边等着吧。

朵儿的心便颤抖起来,他怎么突然改口喊我张老师呢,失火那天晚上他还在喊我朵儿呢!

手术室的门迟迟不开,朵儿预感到英俊的秦润禾将会永远属于过去。她紧紧攥住马菊的手,把身子靠在马菊身上。马菊说,朵儿,别害怕,没事的,不会有事的。

那扇薄薄的门板终于打开了,秦润禾带着笑容出现两个女人面前,他的半边脸仍用纱布缠着。

在那一刻,朵儿认为自己的幸福即将临近了,她有种想扑上去的感觉,但碍于马菊,终于也没有动,她只是看着他笑。

秦老师,马菊把东西塞给朵儿,对朵儿说她想对秦润禾单独说句话,便跟在秦润禾后面进了秦润禾的病房。

马菊坐在秦润禾对面如坐针毡一样地难受,被秦润禾看了出来。马大姐,是不是村里发生了什么事?

马菊说,秦牧师,我还能像以前一样给您忏悔吗?那晚朵儿喊叫失火的时候,我发现了一个影子溜进我们家,是一个孩子的影子。这几日,我几次都想掐死那个孽种!

秦润禾没有说话,当医生揭开他脸上的纱布时,他对医生说他想照一下镜子,医生犹豫一阵后才给了他,他整整用了1分钟时间看着那张像魔鬼一样的半边脸,当他把镜子放下后,他释然了。他无声地接受了这个事实,并决心找出那个放火的人,把他领到上帝的面前。

不想眼前这个离开了主的女人这么快就把那个罪人交给了他,一下子他不知道如何是好,因为突然明白他也不是站在主面前的那个秦牧师了。

马大姐,秦润禾叫着。这事儿过去了,它是个意外。

马菊惊恐地后退着,秦老师,你挫我寿啊,咋能叫我马大姐呢?

马菊的举动令秦润禾鼻子酸酸的。正在这时,马潮勇也就是革委会马主任也到医院来了。他来有两个目的,一是来看看秦润禾的伤势怎样,秦润禾住院的第二天他来过,那时秦润禾还在危险中。二来他是想告诉他学校停了课,大队部迁到了学校里,因为那儿离那株白果树最近,白果村的大事小事都是在白果树下商定并执行的。学校只留给秦润禾一间住房。这是他往镇里跑了几趟才争取到的。秦润禾也是在镇里拿工资的人,他在他们白果村已住了十几年,无论如何也要给人家个栖身的地方。

当马革委会主任吞吞吐吐地说完他要说的话后,秦润禾显出一种笃定的宁静。马主任又说,镇革委会主任说了,你要是不同意镇里的安排,可直接到镇里找他。我说你就别再去问了,他要说连这一间房也收了去也是可能的。秦润禾说他完全同意镇里的一切安排。他说他想说的是想娶朵儿为妻,他要写个申请,希望马主任能够批准。

马潮勇说,我说句不客气的话,你现在自身都难保,有啥能力去养活朵儿?镇里发的那点工资,他们说停就给你停了,你找谁说理去?朵儿她不管怎样现在白果村还有她的户口,有户口就有她的口粮,有口粮她就能在白果村呆下去。如果和你结了婚,说不定白果村你们都呆不下去。不为你自己想也该为朵儿想吧。

秦润禾说我懂了。

马菊说,老三想让朵儿嫁给憨儿。

马潮勇瞪了马菊一眼,那意思是说,马大妹子,你怎么就那么直呢?

马菊不理马潮勇的茬,只管说出她自己的看法。这对朵儿不公平,如果嫁给秦老师,他们就能过正常的夫妻生活,那憨儿他绝对是个好人,但……这不是把朵儿往火坑推吗?再说即使不嫁给秦老师,同村还有那么多的年轻小伙儿,娶上媳妇的十成不占四成!

秦润禾深感愕然。他倒不是因为白老三要把朵儿嫁给憨儿,而是因为马菊。这个女人爱别人胜过自己。

8

朵儿决定嫁给憨儿时,并不是她看到了秦润禾那半张被火撩夺了的脸,秦润禾那半张脸是她举行婚礼的前夜她才看到的。她知道她如果不嫁给憨儿秦润禾就有生命危险,她是热切地想和秦润禾融为一体的,她不止一次地想她就是他身上的那根肋骨,她不回到他身上,他的生命就不健全,而她的生命就不安稳。当她看到他丑陋的半边脸时,她扑上去第一次亲吻了他。

朵儿从医院里回到了白老三家就拒绝和白老三住在一起。

她做的第一件事就是借着搬行李的名义到学校去见秦润禾。当时,秦润禾正坐在外面的一株大槐树下看书,他的那半边脸还被纱布缠着。秦润禾看见朵儿,问,张老师,搬行李啊!

朵儿的脸突然就红了。秦润禾这样坦然地面对她,使她无法说出自己的想法,只好嗯了一声。

秦润禾站起来去帮助朵儿收拾东西时问朵儿,张老师,决定了?

朵儿有些娇嗔地说,这由得了我吗?朵儿就是在这时轻轻地揭起了秦润禾脸上的纱布并亲吻了他的脸的。她想此时把自己的一切都交给秦润禾,但秦润禾却拒绝了她。朵儿如偷了人家的东西又被人家逮着一样,狼狈地逃离了学校。

朵儿回到白老三家经不住白老三软磨硬泡,就又和他住到了一起。她努力忘记秦润禾,努力记忆即将成为她丈夫的憨儿,也努力忘了自己,她和白老三像新婚一样夜夜如胶似漆。白老三有着超人的欲望,朵儿完全忘我地迎合着白老三,就在白俊祥喊他们吃饭时,两人也不避讳。这样直到她出嫁的前夜。

憨儿结婚,马鞍村家家都凑了份子却都没有吃憨儿的喜酒,他们为憨儿置办了一个家庭过日子的必需品,他们为憨儿能娶上媳妇高兴。

马鞍村的几个精壮汉子到白老三家迎娶朵儿时,朵儿还和白老三在床上疯着哩。白老三是被马菊从朵儿身上拉开的,马菊已气极,她用棍子狠劲闷了白老三一棍,打了朵儿一个耳光。马菊打了朵儿后,朵儿觉得舒服极了。她冲马菊亲亲热热地叫声姐,马菊泪眼朦胧地送给朵儿一个微笑。

朵儿嫁给憨儿的当夜,马鞍村的好几十个年轻人都一夜无眠,他们三五成群凑在一起讨论着憨儿会不会干那事儿,有十多个人蹲在憨儿房外的窗子下面听着里面的动静。一个说,我听到了,憨儿在脱朵儿的内裤。另一个说,是你自己想的吧,我倒是听到憨儿的鼾声!另外几个便嘀嘀地笑。他们在霜浸露洒中守到了鸡叫,守到了天亮,守到了生产队敲钟上早工的时辰还觉得这钟敲得比任何一天都早。其中一个不情愿地站起来,冲里面高声喊,憨儿,上早工了!憨儿应声出来,窗下的一群小伙子呼啦一声全围上去,问憨儿锄地是啥滋味,锄了几次,累不累。憨儿说没有锄地,睡觉来着,晚上锄什么地啊?小伙子们仍不甘心,很有耐心地继续问着。

连续三天,马鞍村的年轻人都和憨儿一同沉浸在幸福中。

朵儿婚后第二天也要下地挣工分了。生产队长对朵儿说,你和憨儿结婚后队里就取消了憨儿的五保户资格,你们就靠自己挣工分养自己了,这也是大队的意见。尽管朵儿到乡下已有十多年,但朵儿很少做地里的活,第一天干活就遭到那些男女老农的嘲笑。不过这没关系,她的身边围着马鞍村的年轻人,他们都乐意帮着朵儿干,连憨儿都到不了朵儿的身边。朵儿会唱歌,也会讲故事,马鞍村的小伙子说朵儿唱的歌比广播里唱的都好。不过他们觉得更好听的是朵儿唱的《莫斯科郊外的晚上》。他们听到这歌时,是朵儿晚上在河边洗衣服时自己唱给自己的。朵儿自从秦润禾那儿学会这首歌后,就经常这样唱给自己听,她尤其喜欢"夜色多么好,令人心神往。多么迷人的晚上,我的心上人坐在我身旁,悄悄看着我不声响"。最先是一个过路的小伙听到了,于是他叫了其他几个小伙子,他们悄悄躲在河边的芦苇里听。棒槌的捣衣声和着朵儿的歌声使那些小伙子听呆了也看呆了。当夜,朵儿不是人间凡人的传言就在马鞍村传开了。第二天,朵儿被众星捧月似的被那些结了婚和没有结婚的小伙子围着时,便激怒了那些结了婚的小伙子的婆娘们。朵儿成了众矢之的,那些婆姨们把她们骂人的水平发挥到极致。朵儿一天之间便成了遭人唾弃的狐狸精。那些小伙子不敢再走近朵儿了。

当朵儿第一次夜里唱着歌在河边洗衣服时,白老三正在家里和马菊吵嘴。白老三让马菊去找朵儿回来,马菊骂白老三不是个东西。马菊以离家要胁白老三,白老三才没让白俊祥去叫朵儿。可当第二天天刚亮,白老三就自己到了憨儿家里。憨儿已起床去河里挑水了,朵儿还没起来。白老三进了屋子,没有话语,一切都驾轻就熟。完事后朵儿似乎才从梦中醒来。朵儿说,这是最后一次,你这样是违法的。白老三问朵儿,你是不是和憨儿那个了?朵儿说,那个怎样?他是我丈夫!白老三说,你要那个,我抽死你!

后来,朵儿无数次地在她和憨儿的床上、在河边的芦苇地里、在地头边被青草掩映的沟渠里接纳过白老三。而朵儿每次等白老三走后就唱《莫斯科郊外的晚上》,直到有一天,白老三刚从她身上爬起来离开她不久,秦润禾无意中走近了她的身旁后,她只是悄悄地念那歌词,再也没有唱过。村里的学校停课后,秦润禾一直在接受贫下中农的再教育。那日,朵儿不知道秦润禾看到白老三没有,但当秦润禾扛着锄头走近她身旁时,她又一次想到了死。秦润禾叫声朵儿,朵儿没有应,跑回到她和憨儿的家中,她迅速换了件干净的衣服,走向河边,进入水中。水进入她的嘴里,她大口地吞咽着,水湮没了一切,她也了却了一切!

多么幽静的晚上,我的心上人坐在我身旁,悄悄看着我不声响。我愿对你讲不知怎样讲,多少话儿留在心上。长夜快过去天色蒙蒙亮,衷心祝福你好姑娘……朵儿又听到了那令她魂牵梦绕的男中音,她现在正躺在秦润禾的身旁。刚才秦润禾把她搭在自己腿上,狠劲拍打她的后背,她吐了一滩的水。秦润禾说朵儿,我说过任何人都没有权力伤害自己的生命你怎么就忘了呢?朵儿不敢说话,她害怕她一开口秦润禾就会像风一样飘去,她偎依着他,像靠着一座山似的实在。

一阵风吹来,芦苇响了,朵儿和秦润禾都回了头,他们都看到了一个他们熟悉的已长成青年的影子。朵儿挣扎着坐起来,秦润禾扶着她,她挣脱了。她看见许多人围了上来,她把秦润禾推到了河里。人群中还有憨儿,朵儿急步到了憨儿的身旁。朵儿对憨儿说她想让憨儿背着她,憨儿驮起朵儿,从人群中穿过,跑回了他们的家。后面的那群人在失望中相互埋怨着。

第二天,以白俊祥为首的几个青年把正在地里干活的秦润禾拉出来游街,他们用麻绳栓着秦润禾的脖子。麻绳很细,只要拉着他的人稍一用力,都会使他喘不上气来。他们拉着他游遍了全大队的田间地头,让贫下中农看着他们是如何批斗帝国主义的走狗的。他们到朵儿所在的那个生产队时已经临近中午,生产队长已吹了收工的号子,人们看到白俊祥等一干十几个红卫兵拉着秦润禾到了地头。看热闹的围了上去,急着回家的走了岔路。朵儿拉着憨儿也跟随在那些走岔路的人后面。白祥俊不知给生产队长说了什么,生产队长又截回那些急着回家的人。所有的人都集中在地头,把红卫兵和秦润禾围在中间。队长说这是任务,既然红卫兵们还没收工,咱们更不能收工。

白俊祥从那个拉着秦润禾的年轻人手里夺过绳子,拉着秦润禾转了一个大圈。当他们走到朵儿跟前时,他站住了,他叫了声姑姑,使正在低着头的朵儿抬起了头。朵儿抬起头最先看到秦润禾丑陋的半边脸在太阳的直射下泛着焦红的光,继而那脸便由红变得乌紫。朵儿看着白俊祥拉紧了绳子,秦润禾的呼吸已十分困难。她紧咬着自己的下唇,尔后她举起了锄头,她要看看那颗滚圆的脑袋里究竟装的是什么东西!然而她的锄头还没下去,那颗脑袋连同他的身子已经倒在了地上。

马菊给秦润禾道声对不起,又给大家举了个躬,说耽搁大家的时间了。马菊强拉着白俊祥冲出了人群。

第二天,马菊去找朵儿,说公社来了毛泽东思想宣传队,全大队都停止生产去看演出。开始朵儿不愿去,但马菊说看演出算出工,要记工分,这才和马菊一块儿去了。路上,马菊对朵儿说,她准备给自己和朵儿扯点布做两件衣服。朵儿说自己出嫁时已经做几套了,单的棉的都有,她不想再让马菊给她操心,况且她现在和憨儿挣的工分也够他们俩吃穿。马菊又说,她昨天把俊祥狠狠打了一顿,临黑儿时又领着他给秦老师赔了罪,相信他以后会学好的。

到了镇上,马菊和朵儿先到供销社扯了布,马菊要去看她生病的姑姑,又买了两斤点心。朵儿和马菊一块儿到马菊的姑姑家去时,马菊的表嫂像看到救星一样对马菊说她都一年多没回娘家了,要马菊帮她照顾一下家里。马菊欣然答应,把布料给了朵儿,要朵儿看完演出后带回去,并要朵儿回去后托人给白老三带个信,说她等表嫂从娘家回来就回去。

广场的一角,有一个用木板搭起的舞台。演出已经开始,正演着的是"老俩口学毛选"。台下攒动的人头中,大多数人跟着台上的演员唱着他们熟悉的词:收了工,吃罢了饭,老两口儿坐在灯下面,咱们两个学毛选……

朵儿因为来得晚,只能在广场的边缘找个位置。人还未站稳,一个络腮胡子、邋里邋遢的男人轻轻拉了她一下。朵儿惊叫起来,那人示意朵儿不要叫出声。

朵儿仔细看了身旁的男人,说,你像是三哥?

三哥叹了口气。朵儿,你到这里没几年,我……就被打成右派,我……我被下放到北京附近一所农场劳动,眼看出头有望了,文化革命又开始了!朵儿,我时间不多,我想让你给你三嫂带个信,给她报个平安……

朵儿听着三哥说着话,眼里就噙满了泪水。朵儿感叹着三哥的命运、感叹着三嫂的不幸,也感叹自己的无能为力。朵儿说三哥,我马上就去见嫂子,你就放心吧。

三哥说,万一你嫂子嫁了别人,就不给她说我的情况了。我得走了,朵儿,如果有人问起你,你就说没见过我!

朵儿说,三哥,你打算去哪?三哥说他准备去找一位同学。朵儿掏出兜里所有的钱塞进三哥衣袋里,三哥,回到原来的地方去,总会有出头之时的。

白俊祥和一群戴着红袖章的年轻人也朝广场走来。白俊祥早早地就发现了朵儿和她的三哥。他离开了其他人,偷偷来到他们后面。

朵儿和三哥分手又回到了马菊姑姑家,把布料放在那里,又对马菊说了情况,说她最多不过三天就会回来,要她不要为她担心。马菊也掏出了所有的钱给了朵儿,交待了要朵儿必须注意的事儿,还说她回去会给马主任替她请假之类的话后,朵儿就走了。

朵儿走时心情特愉快,脚步也显得分外轻松。乡间的草儿呀树呀,朵儿仿佛第一次看到一样,突然有了种异样的感觉,甚至连吹到了身上的风儿也不同了往日。白果村的人和事她一下子把它们切割下来,如果说她的脑海还残留着某些记忆的话,便是秦润禾那张残破的脸!她觉得那脸的背后藏着太多的东西,她想读懂并占有它。这时她就哼起了《莫斯科郊外的晚上》,可一句没完就噎了回去。她想起在田间、地头、沟里渠里白老三粗鲁的喘息声及肮脏的汗臭味,我能再唱这歌?我配再唱吗?

白俊祥从后边赶上了朵儿。白俊祥说你要到哪儿去?你走的不是回白果村的路!朵儿看白俊祥脸上凝着白老三一样的权威,没有理他,自顾自走着。白俊祥赶到朵儿前边,再次问她到哪儿去。朵儿想起白俊祥前日用细绳子套着秦润禾脖子向她示威的样子,没好气地说我到哪儿用你管么?白俊祥说我知道你去哪儿,你是跟另一个男人约会去的,我说得对吧?

朵儿越看白俊祥越像白老三,不再理他,继续自顾自地向前走。

白俊祥回到家里,父亲问都到这时候了,你娘咋还不回来?白俊祥说娘的姑姑病了,娘要在那儿住几天。白俊祥对他的父亲说朵儿跟着一个男人跑了。白老三说你这娃净说瞎话。白俊祥就说你不信去看看她回来没有?

白老三去了憨儿家,又问了村里的许多人,都说没有看见朵儿。白老三便去找马潮勇,一个时辰不到,白果村和马鞍村的几十条精壮汉子离开白果村,去找朵儿了。

他们把朵儿找回来时已是后半夜了,白果村大队的大多数人集中在了白果树下。朵儿站在中间,她已筋疲力尽,她摸错了路,没有找到回城的路。此时她的脑海里一片空白,她不明白他们为什么派那么多的人去找她,也不明白为什么自己单单一个人站在中间。她想这一定是与三哥的事儿有关,三哥是从劳改农场逃出来的犯人,她听说过窝藏犯人也同犯人一样有罪。让他们抓吧,抓起来我就可以离开这儿,离开这儿我就可以再唱《莫斯科郊外的晚上》了。这一段时间尽管她一直克制着不让自己哼这首歌,但她除了这首歌外什么都没有了。这歌是秦润禾给她的,所以是她的全部财富!

朵儿看见白果村的人对她指点着、咒骂着。白老三家隔壁的秋兰嫂拿着用麻绳栓起来的一串子破鞋向她走来,还没等她明白过来,那串破鞋就挂在她的脖子上了。她想把它拿下来扔掉,但她再没有力量站了,她坐倒在地上。她朝人群看了一圈,那些男人和女人大都用鄙视的目光注视着他,甚至连她和她关系很好的秀花嫂也流露出对她不屑的神情。她还看见了不远处的白老三和马潮勇。马潮勇叭嗒叭嗒抽着旱烟,白老三阴沉着脸。朵儿想,也许白老三正在给她求情呢?她突然看见白老三朝她这边走过来,她闭上眼睛,她不想看见他。

朵儿,我问你,跟你一块儿走的男人是谁?

朵儿感受到白老三离她很近,她依旧闭着眼不吭气。

朵儿,我再问你一遍,那男人是谁?

深夜花园里四处静悄悄,只有风儿在轻轻唱。夜色多么好心儿多欢畅,在这迷人的晚上……朵儿脑海里什么也没有,只默默地心里想着歌词。她对自己说无论如何也不能说出三哥的踪迹,三哥能否走脱全看她了。

朵儿感觉到白老三站起来离开了她身边。她睁开了眼睛,看到了白老三的背影。白老三走到马潮勇身边问马潮勇,你说咋整?

马潮勇说,你说。

白老三说,按白家家法!他的声音有着不可抗拒的力量。

她现在可不是白家的人啦!

我说是就是!

马潮勇在鞋上磕了嗑烟锅,站起来,你说是,她就是吧。这样,我也不用操心了。他伸了个懒腰,朝一边走。

白老三喊,狗日的,想溜!

马潮勇说,这折腾了一夜,你让我歇歇好吗?我这身子骨,还要留着做党的工作呢!

马潮勇后来对朵儿的愧疚就缘于这一夜。马潮勇走后,白老三朝向人群喊着,白果村的老少爷们,这朵儿现在虽不是咱白家的人了,可她是我白老三把她从城里带进咱们村的。她跟了我白老三十多年,现在她认了我做她的大哥。你们说,出了这见不得人的事儿,我该不该管?

白果村的绝大多数人都站白老三这一边,异口同声同意了白老三的提议,接着朵儿就被绑在一张小床上,周围围着白果村的男女老少。她不明白他们为什么把她绑起来,也不明白他们是要把她沉河还是别的什么,她想问一句,但她不知道问谁。她从人缝中看到了白俊祥,无疑是这个嘴上已长了毛茸茸胡须的年轻人告诉白老三她跟着一个男人跑了。她的眼睛和白俊祥的眼睛相遇,她直视着他,他躲开她的目光,跑了。朵儿又闭上眼睛,现在她只知道她不能说出她的三哥,如果白果村人让她为此献上生命她也认了。夜色多美好……她反复重复着这句歌词。有人摸了下她的膝盖,她也没在意,但随即便涌上一阵撕心裂肺的疼,接着她就昏死过去了。

憨儿跌跌撞撞地跑了过来。他是隔壁的秀花嫂把他从睡梦中拉出来,对他说要他到白果树下救他老婆的。憨儿在锤子落下的那一刻才赶到朵儿身边。他像一头发怒的雄狮,夺过锤子要砸那个对朵儿行刑的人。那人慌忙说憨儿,是白老三要我做的。憨儿就把锤子砸到了白老三身上,缺了一只腿的白老三立马倒在了地上。白果村的年轻人一涌而上把憨儿围在中间,雨点般地一阵拳脚。

9

　　白老三和朵儿都在住院。白老三因是英雄,住在镇里最高级的病房里。朵儿是马潮勇当家给送来的,她被安排在走廊里。医生听说这女人是因为跟野男人跑才受的伤,就厌恶地草草包扎一下了事。

　　白老三住院三天后还没见马菊的影子,就有些生气。他问刚坐到他身边的马潮勇,你没有通知你妹子?马潮勇支支吾吾,也没说通知,也没说没通知。白老三看到马潮勇这样子就窝火,我都快死了,你都不让你妹子来看我一眼?你狗日的是不是要棒打鸳鸯?

　　马潮勇把开水缸子端到白老三嘴边,喝口水再说。白老三动了真气,一挥手打翻了水缸子,你他妈还真是动了真?

　　马潮勇捡起地上的缸子放回原来的地方。妹子她病了,现在她无法来照顾你。这不给你派了两个小伙子侍候。

　　十个也不敌老婆一个,她平时壮得像牛一样,怎么就病了?你狗日的不是在糊弄我吧?

　　怎么,这个时候想起她是你老婆了?白老三,你他妈就不是个东西!马潮勇骂完站起来欲朝外走时说,白老三,菊她真是病了,况且家里还有娃子她得照顾。她让我给你捎句话,你要是听了等于我给你捎到,你要是不听,只当我没说。菊妹子说,让你给公社革委会主任说句话,把憨儿给放出来。她还说什么时候憨儿回家她就什么时候来看你。我走了,你自己掂量着办吧!

　　马菊是在朵儿遭到家法后的第二天知道的。那天马潮勇派村里的一个小伙子来,告诉她朵儿跟一个男人跑了,马主任派人去把她捉了回来,以及白老三征得白果村大多数人的同意,对朵儿使了白家的家法。最后那小伙子还说了白老三受伤的过程以及憨儿被公社革委会抓走,准备送县公安局。他说这是一个严重的政治事件,弄不好憨儿还有吃枪子的可能。马菊听后没到离她不到一里路的医院去看白老三,而是回了白果村。

　　马菊问了老的少的十多个人,才确信那个去叫他的小伙子说的没错。她到家后俊鹏和俊生一人拿着一根生红薯在啃,不见她的大儿子白俊祥。她给俊鹏俊生做了饭吃完后白俊祥才从外边回来。白俊祥喊声娘,马菊没有理他。他又说,娘,做饭吧,我饿了。马菊还是没有理他。俊生说大哥,娘做饭了,我和二哥刚吃过。白俊祥就跑去厨屋,揭开锅盖。锅里空着,他到马菊跟前,娘,饭呢?马菊邪他一眼,喂猪了!白俊祥听着马菊说饭喂猪了,气鼓鼓往外跑。

马菊也不追也不问。白俊祥跑到门口又跑回来,对马菊喊:我还没有吃饭哪!

马菊也朝白俊祥喊,你个孽种,为啥要说朵儿跟个男人跑了?

白俊祥也放大声喊,她真是跟一个男人跑了,我为啥不能说?

她就是跑了又碍你啥事?

她是咱家的女人!

马菊啪啪打了白俊祥两个耳光。

白俊祥捂住脸,你打我,你打我?我我我……我在你心里还不如那个臭婆娘!我……我……总有一天我……我干了她!

马菊哇地一声吐了口血,血溅到了白俊祥身上,人一下歪倒在地上。白俊祥害了怕,娘,娘,娘,你咋了,娘?

马菊被村里的赤脚医生救过来后,再也没有了往日的风采。她的腿脚已经不再灵便,一只臂膀也不听使唤了。白俊祥这才意识到自己闯了祸,哭了。他想着因为自己母亲成了残废,决心要担起家庭的重担。当天他就开始学着挑水、做饭、喂猪。母亲还是不理他,他做好了饭,去叫母亲,母亲在流泪,他伸出手拭去了母亲的泪水。马菊没有推他也没跟他说话。现在他多希望母亲骂他或狠狠地打他一顿!他突然跪在母亲跟前,抓起马菊的那只手往自己脸上搧。马菊抽回自己的手,扭过身去。他就那么一直跪着,直到掌灯时分。马菊再也忍不住了把手放在他的头上,他抱住母亲哭了起来。

马菊冷冷地说,知道自己做了啥孽吗?

白俊祥在悲伤中接受了自己做错事这个事实,我知道了,娘!

白老三在医院里住到第七天后,马菊还没来,他认定马菊要离开他了。他不信马潮勇说的马菊病了,他认为马菊不会生病,她跟他结婚已经十好几年了,这中间她从没病过,她像个性能良好的机器一样不停地转着。他隐隐地感到了害怕,他害怕马菊真的会离开他。往日,马菊也生过他的气,但从没超过仨钟头就会既往不咎了。他托人再次给马潮勇带信,这次马潮勇没有像前两次来得那么快,直到第三天,他才走进他的病房。

狗日的,把老子扔在这儿不管了?

白果村也不是只你一个人,全大队三千多人呢!马潮勇也不坐,也不看他。

白老三拍床问,憨儿出来了没有?

马潮勇转身望着他,英雄还没发话哩,谁有胆量放他出来?我刚从那儿过来,人家说明天就要送县公安局。他把英雄打伤了,至少也得判个十年八年的。这朵儿不是出院了吗,我总得把她安排妥当不是。

白老三说，憨儿的事你放心，我会让他很快回去照顾朵儿，但你也得给我办点事，回去劝劝你妹子，她让干啥我都愿意，就是别离开这个家。马潮勇想到马菊成了那样，眼里的泪马上涌了出来，他怕白老三看见，转身擦了。这事你放心吧，我一定劝妹子不离开你。

10

朵儿在膝盖被碎裂的那一刻感觉心脏也如膝盖骨一样嘣地一声裂破了，《莫斯科郊外的晚上》优美的词句也刹时冲上了云霄，而她却坠向了没有一丝光亮的深渊。自那一刻起，朵儿便神情呆痴，目光散乱。直到一个月后马菊能走路时去看她，她还是这样。马菊说，朵儿你和老三也一张床上滚了十多年，你是不能生，要能生，孩子也几个了，就不要再生他的气了！这不，他让憨儿给打了一锤，胳膊粉碎性骨折，现在还在那儿躺着呢。

朵儿还是那副表情。马菊又说，这白家的家法啊，一直延续了几百年了。白家的媳妇几乎辈辈都有这种事发生。现在有了医院，以前啊，砸了膝盖骨，扔在柴房里三天三夜不给一口水喝，以后就是好了，也站不起来了。朵儿，我相信经过这件事后，他老三不会有脸再来找你了，你和憨儿分开，和秦老师在一起吧。朵儿眼里一丝亮光划过，可马上又黯下去。

在后来的许多年里，朵儿都把自己关在屋子里，除了马菊外，她不见任何人。秦润禾来看过她，她没有开门。至于她有多少年没出院子，她自己也不知道，也不想知道。有时间她到院子里去的时候，隔壁隔着木栅栏的秀花嫂时常会在栅栏那边喊她的名字，但看着她那拒人千里的样子，也就不多说了。马菊的身体也一日不如一日，来看她的时间间隔也越来越长，她听到外面的声音最多的便是大队大喇叭。大喇叭里"大海航行靠舵手"的歌曲不知啥时不再放了，代之是"外婆的澎湖湾"、"酒干倘卖无"等等。一日，许多年没有见过的马潮勇来到了她的家，她喊声马主任，马潮勇说我现在是支部书记不是革委会主任了。马潮勇告诉她要分地了，她和憨儿能分上四亩地。朵儿就是在这日才走出了院子。

朵儿走出院子前马菊就告诉她秦润禾恢复了牧师身份，大队部也挪了地方，教堂又恢复了原来的模样。马菊还说她让俊祥上了神学院，毕业后还会回到白果村。朵儿听到这些时淡淡地哦了一声，她认为这世上的一切人和事跟她都没关系了。她觉得自己就像希腊神话中推石头的西西弗斯一样，日复一日地过着毫无意义的生活，她现在习惯并乐于这种生活。可她在走出院子的第一天碰见了秦润禾。她开始没有认出是他,他的腰弯了,背驼了,头发花白,原是英俊的半边脸上堆满了皱纹。难道真是洞中方七日,世上已千年?她是到地里去走至教堂门口时碰到他的。秦润禾叫了声朵儿,朵儿听到声音后才知道面前站着的是谁。开始朵儿以为她会和秦润禾说句什么,像常人一样对他问声好,但马上她的心就跳了起来。她飞快地走离他,两行滚烫的泪顺着腮帮往下流,早已忘却的歌词又都跳跃出来:衷心祝福你好姑娘,但愿从今后你我永不忘……

11

朵儿回家后从柜子下面的抽屉里扒出一片镜子照着自己,浓密的黑发不知何时已变成淡黄色,里面还夹杂着几根白的。由于没出过院子,皮肤还如刚来白果村一样的白,只是皱纹爬上了眼角。

朵儿天天下地干活,她和憨儿有了自己的地,她得学着去种。憨儿是不缺力气的,只要有人指挥着他干,这几亩地对他来说不算个啥。一日,朵儿对憨儿说,你去找马菊姐吧,让她有空时到咱家来一趟,这地里种啥子,怎样种,得请教一下她。朵儿不想到马菊家去,她不想见白老三。自医院回来后,白老三来找过她几次,都被她挡在了门外。有一次白老三想破门闯入,朵儿说你砸开门试试,我让憨儿把你的那只腿也砸断!白老三就不再来了。

憨儿出门不过半个时辰就回来了。他说朵儿,马菊大姐躺在床上起不来了。朵儿有种不祥的感觉,她觉得马菊要离开她了,她必须去看看她。当朵儿来到马菊床前时,马菊脸上现出了笑容。床边站着白老三和他的三个儿子,他们在朵儿来后都退了出去。朵儿也没和他们谁说话,直接抓住了马菊的手。马菊说,朵儿,你能来真好!

朵儿哭了,大姐,你怎么就不说一声呢?

马菊说,我要走了,朵儿。朵儿的泪滴到马菊手上。马菊又说,朵儿我不是舍不得离开人世,我想我走后老三这一日三餐饭咋办?俊鹏和俊生都在外面工作,指望不上,俊祥这孩子年纪虽不小了,神学院也毕业了,但他仍不明事理,无论你怎么说,他就是认为他自己是对的。

朵儿说,大姐你放心,老三交给我吧,不就是多一个人的饭吗!

马菊抓紧了朵儿的手,朵儿啊,你要觉着为难,就不要勉强自己。

朵儿是为难了自己,她连见都不想再见他,何况天天给他做饭!但因了马菊的缘故,她必须承担起这个责任。马菊放开了她的手,她的呼吸已非常困难,朵儿站起来,我让他们进来吧。马菊皱起眉头,朵儿把耳朵凑在马菊嘴边,勉强听到她说她不想再见老三他们父子,她要她无论如何把秦润禾牧师找来,她马上要走了。

12

　　她藏屋里十几年白果村平平安安,怎么她一出来,就弄出人命?
　　她本来就是个狐狸精,说不定是她现了原形,把马菊给害死了!
　　由于朵儿去看了马菊,马菊闭眼后,白果村人又把马菊的死归罪于朵儿。现在,没有人敢走近她,没有人敢和她说话。朵儿天天地里、家里和白老三那儿三点成一线地忙着,不多久,家里活地里活她都成了行家里手。有一天白老三问她,年轻时那么多年农村这些活你都没有学会,怎么这会儿学这么快?那时有大姐,我靠着她的,这会儿她不在,我没人再靠了。朵儿说着说着眼睛就红了。白老三也哽咽起来。在怀念他们共同的亲人中,朵儿便不再恨白老三了。
　　日子日复一日地过去,英雄的光环逐渐地黯淡下去,马潮勇退下来后,白老三就被人们彻底忘却了。朵儿尽管年复一年地衰老,尽管没有几个人和她说过话,但白果村几代人对朵儿的好奇心仍没有减弱。白俊鹏在回来看他父亲时曾和他大哥白俊祥说,白果村人之所以忘不掉二娘,是因为白果村现在的风云人物是直接和她有联系的人,白俊祥问现在谁是风云人物?白俊鹏说,是你和秦牧师啊!
　　白俊祥认同白俊鹏这种说法。白果村人自从分地后,便各自为政,很少有坐一块儿的机会。但一到礼拜天,那些有信仰和没有信仰的人都去教堂,在听道之余他们会聊农事、聊家常、聊他们感兴趣的一切问题。为此,小牧师白俊祥向老牧师秦润禾提出过许多次要保持教堂的神圣和纯洁性的意见,可老牧师秦润禾每一次都说不急不急,并且和一他们一起聊,有时能通宵达旦地聊。秦润禾成了白果村人的主心骨,有时在哪块地拿不定种啥作物时也跑去向他讨个主意。
　　白俊祥无奈就去找朵儿,朵儿自顾自织着毛线衣,也不理他。白俊祥坐在朵儿的对面,看着她的手一上一下地挽着毛线。二娘,我仔细观察过,白果村就你没到教堂去过。去吧,无论多大的罪,只要你到了那儿都会得到救赎。
　　朵儿不说话也不抬头。白俊祥又接着说,二娘,你怎么就冥顽不化呢?走进教堂走进主内,你的身心都可以得到洁净!你说你……你这名声……

朵儿指着外面,出去!白俊祥,你给我出去!

白俊祥也指着朵,你要是不肯走近主,你会下地狱的!

朵儿淡淡地说,那是我自己的事,不劳你费心了。

白俊祥说,不可理喻!将来下了地狱,别怪我没提醒你!我今天来还有一件事,秦牧师当年由于受过你的诱惑,现在尽管政府恢复了他的身份,可他的行为已不像个牧师了。他是你老相好,有机会劝劝他吧,不为你也为他想想,一个牧师,下地狱是多么可怕的事!

朵儿声嘶力竭喊起来,滚!

13

朵儿一直恪守着对马菊的承诺,细心照顾着白老三。在马潮勇的建议下,她和憨儿办了离婚手续,但她也一直照顾着憨儿的吃和穿。突然有一天她的侄儿侄女来看她时,不知是高兴还是伤心,她病了。侄儿侄女想把她带回县里看病,她坚持到镇医院去看。当医生一脸严肃地问他们谁是她的家属时,她确信无疑地知道自己得了绝症,以后谁也照顾不了。她不听任何人的劝说又回到了白果村。白老三和憨儿都不知道她病了,他们心安理得接受着她的照顾。

在一个落花遍地的夜晚,朵儿经过教堂门口时,秦润禾拦住了她。朵儿,你不能再这样撑了,你得治病。你的脸色和步履都告诉我你已经病得相当严重。秦润禾从衣袋里掏出一卷钱递给朵儿。这是我自己的一点钱,让我尽点心吧。朵儿没有接钱也没有说话走了。当秦润禾目送朵儿走远后,白俊祥问秦润禾,你咋知道她病了?

朵儿向马潮勇请假已是半年以后的事了。她觉得自己已来日无多,自五十年前进入白果村,除了去过镇里,从没有真正走出过白果村。所以现在她想回趟县城,想看看自己出生的地方。

头天晚上朵儿向马潮勇请过假后她就去了憨儿那儿,她对憨儿说她要去县城一趟,会买个烧鸡带回来,憨儿说买个大个的,朵儿说就买个大个的。

马潮勇的死使朵儿备受遣责,难道真是因为自己向他请假的事吗?无论人们说什么,朵儿都不在乎了。她对自己说,我已是快死的人了,还在乎什么?第二天一大早,朵儿起来给白老三做好了饭,交待了一些事就出发了。还没走出村子,就看见许多人急急地往教堂那边赶。人群中有憨儿的邻居秀花嫂,朵儿就大胆叫声秀花嫂,问这么早干什么去。秀花嫂告诉她秦牧师快不行了,他们都是要去送送他的。朵儿不由自主地随着这些人进了教堂,这是她离开教学岗位后第一次回到这里。朵儿小心翼翼地往里面看,她只看到了耶稣受难像及许多的村民,她不知道秦润禾住哪间屋子,也不敢问。人越来越多,她在人群中挤着,想找到秀花嫂问问,可秀花嫂不知到哪儿去了。这时她看到了白俊祥进了一间屋子,她就尾随着白俊祥也进了那间屋。屋里有好几个人,他们围在一张床前。无疑,这床上的人一定是秦润禾。

秦润禾已到了弥留之际,几个人在他床边侧耳听他说着什么。

白俊祥看见朵儿就火了,你不该在这种时候进来!

朵儿嗫嚅着,我……我马上就走……

秦润禾听到了朵儿的声音,生命一下子复苏了,朵儿,你……来了。

朵儿近前,怎么说不行就不行了呢?秦润禾微笑着,向朵儿伸出了手。

朵儿抓住了秦润禾伸过来的手后,白俊祥对其他人说,你们先出去一下。

秦润禾对白俊祥说,你也出去吧,我要和朵儿说说话。

白俊祥坐在秦润禾的床头,秦牧师,有什么话你就说吧,我不能出去。

秦润禾再次说,你去吧。

请恕我直言,你有些糊涂了,现在我不能离开你半步。白俊祥固执地坐在那儿。他又对朵儿说,我不能出去你不明白吗?

我不明白,请你明白告诉我!

我本不想说,可你……秦牧师他快离开尘世到天堂去了,我不想他的清名沾上一点点儿污点。

朵儿放开了秦润禾的手。我明白了。我走。

秦润禾再一次伸出手,朵儿你留下。白牧师,你出去。我也有话要单独对朵儿说。

那些信众都在教堂里呢,他们尊崇你、爱戴你……白俊祥有些气愤。秦润禾加重了口气,出去,把门带上!

白俊祥瞪了朵儿一眼,走了出去。

秦润禾望着朵儿,你能来真好!

朵儿的鼻子发酸,身子不由自主地俯在秦润禾的床边,一只腿跪在地板上,一只手抓住了秦润禾的手,他们说你快走了……

秦润禾微笑着,是的。

朵儿已无法控制自己的眼泪。

朵儿……

朵儿把头埋在秦润禾的手里。我也要走了,我觉得我在这世上过了好长好长的时间……我想和你一起走,可我觉得我不配……

秦润禾另一只手抚摸着朵儿的头,有句话憋了好多年……现在我要说出来……朵儿,我爱你!

　　朵儿一怔,随后像少女一样羞涩地莞尔一笑,把头偎在秦润禾枕边:我现在叩门,你还有力量站起来开门吗?

　　秦润禾用手拍了一下朵儿的后背,你已经进来了,你不知道?

　　一股幸福的暖流溢上朵儿的脸颊。她把脸贴在秦润禾怀里,秦润禾也尽自己最大的力气搂紧她。朵儿像她第一次到教堂里听到老妇人弹的音乐一样,感觉自己弱小的生命被放进了一团光环中,在那里她微笑着闭上了眼睛。

终末论与文学

《圣经》的末世观

章智源（合肥学院）文

首先要说明的是，《圣经》的末世观不完全等同于基督教神学的末世论，前者不包括后者所涉及的诸如政治、经济、哲学等范畴和内容，甚至不包括古代基督教教父和历代神学家对末世的种种阐述。我们在此所作的论述仅限于圣经，只以上帝、基督和使徒的教导来阐释末世的思想和内涵。其主要涉及的方面有：末世的时间和景况、末世的主题和内容、教会的建立、福音的传播、基督的再临、末日的审判以及人在末世时代当怎样行等内容和原则。

1. 末世的时间和说明

《圣经》并没有明确地指出末世起始的时间，但根据两处经文，我们可以大致推出，末世是从基督复活升天后的第一个五旬节开始的。根据《马太福音》24章，当门徒问耶稣他的再来和世界的末了有什么征兆时，耶稣提到了诸如地震、战争、饥荒等几个明显的征兆后，就说现在末期还没有到，要等到天国的福音传遍天下，对万民作见证时，末期才来到(参见太 24:1—13)。耶稣复活后的第一个五旬节，彼得和十一个使徒在耶路撒冷领受圣灵，开讲天国的福音。那时，有敬畏上帝的犹太人从天下各国来到耶路撒冷，他们听见这天国的福音，觉得扎心。那一天，有三千人悔改，奉耶稣基督的名受洗，使罪得赦。他们就这样蒙恩得救，见证了福音(参见徒 2:1—42)，接下来又天天都有新的人蒙恩得救，见证福音，加入教会(参见徒 2:47)。所以，从天下各国来的三千人以及天天都有见证福音的新人,足以代表耶稣所指的"福音传遍天下,对万民作见证,末期才来到"的大致时间段,即末期从此时开始。我认为:末世的时间段指的是自耶稣基督复活升天后第一个五旬节以来至现今,以及到将来耶稣基督再来为止的这整个时间,即从公元1世纪到未来的某个时期。因为耶稣再来的具体时间不知道,所以只能说"到未来的某个时期"。

《圣经》说:"上帝既在古时藉着众先知,多次多方地晓谕列祖,就在这末世,藉着他儿子——这是否意味着基督降生就是末世的开始了?晓谕我们"(来1:1—2)。又说:"因为基督并不是进了人手所造的圣所,(这不过是真圣所的影像)乃是进了天堂,如今为我们显在上帝面前。也不是多次将自己献上,像那大祭司每年带着牛羊血进入圣所。如果这样,他从创世以来,就必多次受苦了。但如今在这末世显现一次,把自己献为祭,好除掉罪。"(来9:24—26)彼得说:"基督在创世以前,是预先被上帝知道的,却在这末世,才为你们显现。"(彼前1:20)这三段经文清楚地表明,上帝借着他儿子耶稣为世人显现,发出启示,又让耶稣为除罪而献祭的时期,都是在1世纪,《圣经》将这时间定义为"末世"。

保罗说:"弟兄们,我不愿意你们不晓得,我们的祖宗从前都在云下,都从海中经过。都在云里海里受洗归了摩西。并且都吃了一样的灵食。也都喝了一样的灵水。所喝的是出于随着他们的灵磐石。那磐石就是基督。但他们中间,多半是上帝不喜欢的人。所以在旷野倒毙。这些事都是我们的鉴戒,叫我们不要贪恋恶事,像他们那样贪恋的。也不要拜偶像,像他们有人拜的。如经上所记,百姓坐下吃喝,起来玩耍。我们也不要行奸淫,像他们有人行的,一天就倒毙了二万三千人。也不要试探主,像他们有人试探的,就被蛇所灭。你们也不要发怨言,像他们有发怨言的,就被灭命的所灭。他们遭遇这些事,都要作为鉴戒。并且写在经上,正是警戒我们这末世的人。"(林前10:1—11)因为保罗与耶稣同是生活在1世纪,所以"这末世"正是从1世纪开始。

再看一个证据。雅各说:"嗐!你们这些富足人哪,应当哭泣、号咷,因为将有苦难临到你们身上。你们的财物坏了,衣服也被虫子咬了。你们的金银都长了锈。那锈要证明你们的不是,又要吃你们的肉,如同火烧。你们在这末世,只知积攒钱财。"(雅5:1—3)耶稣的兄弟雅各在这里正是对他同时代富人的指责。

使徒约翰说的更加明确:"小子们哪,如今是末时了。你们曾听见说,那敌基督的要来。现在已经有好些敌基督的出来了。从此我们就知道如今是末时了。"(约一2:18)

但这"末世"又是持续的。彼得说:"你们这因信蒙上帝能力保守的人,必能得着所预备,到末世要显现的救恩。"(彼前 1:5)彼得在此指出,救恩的最后完成是在基督再来之时,只不过这个确切的时间不知道(太 24:36)。而且基督再来之时,就是末世审判之日,正如马太提醒说:"当人子在他荣耀里同着众天使降临的时候,要坐在他荣耀的宝座上。万民都要聚集在他面前。他要把他们分别出来,好像牧羊的分别绵羊山羊一般。"(太 25:31—32)因此在这段时间里,因信蒙上帝能力保守的人就要"谨慎、警醒、预备、忠心、顺服,还当恐惧战兢,作成得救的工夫。"(参见太 24:4,42,44;25:13,21;腓 2:12)

2. 末世的主题和内容

根据《圣经》,末世的主题和内容至少涉及末世的景况、教会的建立、福音的传播、基督的再临、末日的审判等五大方面的问题。

2.1 末世的景况

必须从如下三个方面来进行介绍。

2.1.1 危机四伏

首先末世的景况可谓危机四伏。从属世的方面看,所谓的危机四伏,就是到处充满着战争和饥荒,还有自然灾害。根据《圣经》,耶稣用末世的预兆回答了门徒向他的提问。当门徒问耶稣世界的末了有什么预兆时,耶稣回答说:"你们要听见打仗和扰乱的事……民要攻打民,国要攻打国。地要大大地震动,多处必有饥荒、瘟疫"(路 21:9—11)。公元 70 年,耶路撒冷被罗马人毁灭应验了耶稣当年的预言。耶稣继续对门徒说:"你们看见耶路撒冷被兵围困,就可知道它成荒场的日子近了。……因为这是报应的日子,……因为将有大灾难降在这地方,也有震怒临到这百姓。他们要倒在刀下,又被掳到各国去,耶路撒冷要被外邦人践踏"(路 21:20—24);"这都是灾难的起头……因为那时必有灾难,从世界的起头,直到如今,没有这样的灾难"(太 24:8,21)。再从属灵的方面看,也是危机四伏。因为耶稣曾提醒他的门徒,说会有些人冒他的名来迷惑门徒。又说基督徒将会大受逼迫,陷在患难里,其中必有许多基督徒跌倒,彼此陷害,彼此恨恶;基督徒因为信耶稣的名还要被众人恨恶。因为假基督、假先知将要起来,显大神迹、大奇事,迷惑多人。(参见太 24:3—24)

2.1.2 人性堕落

耶稣曾预言末世时代的人们会彼此陷害,彼此恨恶,人的爱心会冷淡,违法的事要增多。父子母女将彼此为敌,相互陷害(参见太 24:10,12;可 13:

12),因为末世将是"一个邪恶淫乱的世代"(太 16:4)。

使徒保罗说的可能更全面。他说:"你该知道,末世必有危险的日子来到。因为那时人要专顾自己,贪爱钱财,自夸,狂傲,毁谤,违背父母,忘恩负义,心不圣洁,无亲情,不解怨,好说谗言,不能自约,性情凶暴,不爱良善,卖主卖友,任意妄为,自高自大,爱宴乐,不爱上帝。"(提后 3:1—4)又说:"他们逞着心里的情欲行污秽的事,以致彼此玷辱自己的身体。他们放纵可羞耻的情欲。他们的女人,把顺性的用处,变为逆性的用处。男人也是如此,弃了女人顺性的用处,欲火攻心,彼此贪恋,男和男行可羞耻的事,就在自己身上受这妄为当得的报应。他们存邪僻的心行那些不合理的事,装满了各样不义,邪恶,贪婪,恶毒(或作阴毒)。满心是嫉妒,凶杀,争竞,诡诈,毒恨。又是谗毁的,背后说人的,怨恨上帝的(或作被上帝所憎恶的),侮慢人的,狂傲的,自夸的,捏造恶事的,违背父母的,无知的,背约的,无亲情的,不怜悯人的。他们虽知道上帝判定,行这样事的人是当死的,然而他们不但自己去行,还喜欢别人去行。"(罗 1:24—32)

2.1.3 信仰更难

在基督教信仰方面,末世的人往往是这样的:"他们虽然知道上帝,却不当作上帝荣耀他,也不感谢他。他们的思念变为虚妄,无知的心就昏暗了。自称为聪明,反成了愚拙,将不能朽坏之上帝的荣耀变为偶像,仿佛必朽坏的人,和飞禽走兽昆虫的样式。"(参见罗 1:21—23)而对愿意接受基督为主的人来说,还要受到各方面的逼迫:家庭、社会甚至教会内部的。这一点耶稣也早有预言提醒:"我实在告诉你们,人为我和福音,撇下房屋,或是弟兄、姐妹、父母、儿女、田地,没有不在今世得百倍的;就是房屋、弟兄、姐妹、母亲、儿女、田地,并且要受逼迫。"(可 10:29—30)其他福音书也有记载,耶稣曾多次强调说跟从他的人,要承受极大的代价,不仅要背起自己的十字架(意指随时面对不测),还要经风雨受患难,甚至要撇下一切所有(参见太 8:20;10:38;路 14:25—33)。这也就是耶稣所告诫的"进窄门、走小路"(参见太 13—14)。

再就是乱世多师傅,真道受干扰。耶稣曾提醒门徒说要防备法利赛人和撒都该人的教训(参见太 16:12),因为他们是末世必要出现的假师傅,他们有的是要把基督的福音更改(加 1:7);有的是"为利混乱上帝的道"(林后 2:17);有的行事诡诈,装作基督使徒的模样(林后 11:13),但他们其实就是像使徒彼得所指责的那些假冒为善的假师傅。彼得说:"从前在百姓中有假先知起来,将来在你们中间,也必有假师傅,私自引进害人的异端,连买他们的主他们也不承认,自取速速的灭亡。将有许多人随从他们邪淫的行为,便叫真道,因他们的缘故被毁谤。他们因有贪心,要用捏造的言语,在你们身上取利。……他们胆大任性,毁谤在尊位的也不知惧怕……但这些人好像没有灵性,生来就是畜类,以备捉拿宰杀的。他们毁谤所不晓得的事,正在败坏人的时候,自己必遭遇败坏。行的不义,就得了不义的工价。这些人喜爱白昼宴乐,他们已被玷污,又有瑕疵,正与你们一同坐席,就以自己的诡诈为快乐。他们满眼是淫色,止不住犯罪。引诱那心不坚固的人,心中习惯了贪婪,正是被咒诅的种类。他们离弃正路,就走差了,随从比珥之子巴兰的路,巴兰就是那贪爱不义之工价的先知。他们说虚妄矜夸的大话,用肉身的情欲,和邪淫的事,引诱那些刚才脱离妄行的人。他们应许人得以自由,自己却作败坏的奴仆。因为人被谁制伏就是谁的奴仆……他们晓得义路,竟背弃了传给他们的圣命,倒不如不晓得为妙。"(参见彼后 2:1—22)这些人混在基督教会内部,起着极大的破坏作用。

保罗在前往耶路撒冷受难之前,面对以弗所教会的长老们,曾语重心长地提醒说:"我知道我去之后,必有凶暴的豺狼,进入你们中间,不爱惜羊群。就是你们中间,也必有人起来,说悖谬的话,要引诱门徒跟从他们。所以你们应当警醒,记念我三年之久,昼夜不住地流泪,劝戒你们各人。"(徒 20:29—31)在给下一代传道人提醒时,保罗的话就更加明确:"因为时候要到,人必厌烦纯正的道理。耳朵发痒,就随从自己的情欲,增添好些师傅。并且掩耳不听真道,偏向荒渺的言语。"(提后 4:3—4)

《犹大书》和《彼得后书》也有类似的提醒(参见犹 18;彼后 3:3—7)。

最后是撒旦的袭击:"务要谨守,警醒。因为你们的仇敌魔鬼,如同吼叫的狮子,遍地游行,寻找可吞吃的人。"(彼前 5:8)

所以耶稣和使徒再三地提醒说务要警醒,务要预备,总要专心(太 22;彼前 5:8),还要建立教会(太 16:18;28:19;林前 3:10—15;弗 4:11—13;提后 2:2,15;4:2,5;彼前 5:1—4),传播福音(路 24:47;徒 17:30—31;28:23,30—31;罗 1:1;提后 4:2)。

2.2 教会的建立

必须建立教会,去万国传播福音,这是耶稣复活后对使徒颁布的最大的使命。耶稣吩咐使徒去万国传福音,使万民做他的门徒,就是建立教会。

为什么要建立教会呢? 针对末世时代人性堕落、危机四伏、信仰更难的实际状况,上帝就赐福给教会,命定在基督(即教会)里才有道路、真理和平安,才能将末世时代堕落的人,从危机中拯救出来,就像挪亚时代上帝命定挪亚建造方舟一样。因为上帝见人在地上罪恶很大,终日所思想的尽都是恶,就要将人从地上除灭,惟有挪亚在上帝眼前行得正,于是就蒙恩,受启示建造方舟,因为上帝已经命定在方舟里有平安。挪亚因为信上帝，就蒙上帝启示他未见的事，动了敬畏的心，造了方舟，带领全家进入方舟，才不被洪水淹灭，保全了生命，使他全家得救，也因此定了那时代的罪（创 6—9；来 11:7；彼前 3:21）。末世时代按照基督的命定建立教会，就好比洪水时代挪亚按照上帝的盼咐建造方舟。不会再要圣殿，因为上帝已将一切的救恩和职事都命定在基督和他的教会了。教会的时间也将随着末世的终结而终结。

在古时，先知以赛亚对上帝必要在末世时代建立教会早就作过预言："末后的日子，耶和华殿的山必坚立，超乎诸山，高举过于万岭。万民都要流归这山。必有许多国的民前往，说，来吧，我们登耶和华的山。奔雅各上帝的殿。主必将他的道教训我们，我们也要行他的路。因为训诲必出于锡安，耶和华的言语，必出于耶路撒冷。他必在列国中施行审判，为许多国民断定是非。他们要将刀打成犁头，把枪打成镰刀。这国不举刀攻击那国，他们也不再学习战事。雅各家啊，来吧，我们在耶和华的光明中行走。"（赛 2:2—5）这里"耶和华殿的山"、"耶和华的山"、"雅各上帝的殿"、"锡安"、"耶路撒冷"以及"耶和华的光明"都是针对末世时代的建立"上帝的教会"来说的。

到了末世时代，耶稣道成肉身，来到世界，起初耶稣以"天国"和"上帝的国"来预表教会，说："天国近了，人应当悔改。"当法利赛人问上帝的国几时来到时，耶稣回答说："上帝的国来到，不是眼所能见的。人也不得说，看哪，在这里。看哪，在那里。因为上帝的国就在你们心里（"心里"或作"中间"）。"（路 17:20—21）耶稣在向使徒预言他即将受难之前的某一天，曾直接对他们说他要建立教会，要把教会的权柄交给使徒（太 16:18—19），让他们去世界各地向万民传福音，吸引万民进入教会，在末世过安舒的日子，最终在末日审判时能保全生命（太 28:19—20；可 15—16；徒 3:19）。终于，在耶稣复活后的第一个五旬节，圣灵降临，带领使徒传讲了第一场完整的福音，在耶路撒冷建立了第一个教会。当天就有三千人受洗，进入教会，大家都恒心遵守使徒的教训，彼此交接、擘饼、祈祷。他们天天同心合意，恒切地在殿里且在家中擘饼，存着欢喜诚实的心用饭，赞美上帝，得众民的喜爱。主将得救的人，天天加给他们（徒 2:42—47）。

不是建立了教会就完事了。在教会里，要有一批忠心有见识的仆人来管理教会，就是长老、监督、教师，还要有一批传道人，分派各地去把基督的福音传给更多的人，使世界各地都能建立教会，带领更多的人进入"方舟"。耶稣在世时曾用"好牧人和羊"的关系来比喻他和教会的关系（约 10:11）。耶稣在复活后曾三次要求彼得和使徒"喂（牧）养我的（小）羊"（约 21:15—17）。耶稣即将受难之前用"忠心和不忠心的仆人"(太 24:45—51;路 12:41—48)及"按才受托"的比喻(太 25:14—30;路 19:11—27)来强调教会要建立、要发展、要永存,必须要培养一大批忠心有见识的仆人来管理教会,按时分粮,即喂养群羊,按着上帝的旨意来进行照管。使徒彼得说:"各人要照所得的恩赐彼此服事,作上帝百般恩赐的好管家。"(彼前 4:10)又说"我这作长老,作基督受苦的见证,同享后来所要显现之荣耀的,劝你们中间与我同作长老的人。务要牧养在你们中间上帝的群羊,按着上帝旨意照管他们。不是出于勉强,乃是出于甘心;也不是因为贪财,乃是出于乐意;也不是辖制所托付你们的,乃是作群羊的榜样。到了牧长(指耶稣基督)显现的时候,你们必得那永不衰残的荣耀冠冕。"(彼前 5:1—4)

2.3 福音的传播

建立教会的目的之一就是要传播福音。福音乃上帝(天)国的福音,即上帝(基督)的道、基督的话(教训),也称悔改赦罪的道、救世的道、生命之道、复活的道、新道等。

在耶稣亲自传播福音之前,上帝先差遣施洗的约翰在耶稣前面预备道路(可 1:2)。约翰下监以后,耶稣来到加利利,宣传上帝的福音,说:"日期满了,上帝的国近了。你们当悔改,信福音。"(可 1:14—15)不久,耶稣就设立十二个门徒,要差他们去传福音(参见可 3:13—15)。耶稣受难复活以后,立即向十二个门徒颁布了大使命,要他们把福音传遍世界各处。耶稣命令门徒说:"天上地下所有的权柄都赐给我了,所以你们要往普天下去,传福音给万民听("万民"原文作"凡受造的"),从耶路撒冷起直传到万邦,使万民作我的门徒,奉父子圣灵的名,给他们施洗(或作"给他们施洗归于父子圣灵的名")。信而受洗的必然得救,不信的必被定罪。我要把天国的钥匙给你们。凡你们在地上所捆绑的,在天上也要捆绑;凡你们在地上所释放的,在天上也要释放。你们赦免谁的罪,谁的罪就赦免了;你们留下谁的罪,谁的罪就留下了。凡我所吩咐你们的,都教训他们遵守,我就常与你们同在,直到世界的末了。"(参太 16:19;28:18—20;可 16:15—16;路 24:47;约 20:23)后来四十天之久,耶稣向门徒讲述上帝(天)国(也称教会)的事,并嘱咐他们说:"不要离开耶路撒冷,要等候父所应许的,就是你们听我说过的。约翰是用水施洗。但不多几日,你们要受圣灵的洗。……但圣灵降临在你们身上,你们就必得着能力。并要在耶路撒冷,犹太全地,和撒玛利亚,直到地极,作我的见证。"(徒 1:3—8)终于,五旬节到了,门徒都聚集在一处。忽然从天上有响声下来,好像一阵大风吹过,充满了他们所坐的屋子。又有舌头如火焰显现出来,分开落在他们各人头上。他们就都被圣灵充满,……放胆讲论上帝的道(徒 2:1—4;4:31)。这样一来,上帝的道便兴旺起来。在耶路撒冷门徒数目加增的甚多。也有许多祭司信从了这道(徒 6:7)。从此,人类第一个教会在耶路撒冷建立,可是不久,耶路撒冷教会因广传福音,大遭逼迫,除了十二个使徒以外,大多数门徒都分散到犹太和撒玛列亚各处。……那些分散的人,继续往各处去传福音。使徒们也在耶路撒冷内外,证明主道,传讲福音(参见徒 8:1—4,25)。因此,上帝的道日见兴旺,越发广传(徒 12:24)。

《圣经》记载使徒保罗原来曾极力迫害基督徒,后来却悔改成为虔诚的基督徒,又蒙上帝的拣选作外邦人的使徒,用毕生的精力为基督传扬福音。他三次飘洋过海,受尽苦难,外出宣教。他第一次与巴拿巴同工,从安提阿出发,到达加拉太一带地方,再返回安提阿,历时 3 年,约在主后(公元)45—48 年(参徒 9:15—19;13:1—14:28);第二次外出宣教,到达希腊一带,历时 4 年,约在主后 50—54 年(徒 15:36—18:22);第三次外出布道,历时 9 年,约在主后 54—63 年,到达以弗所、马其顿、哥林多、腓立比、特罗亚、马耳他、西班牙等地,在返回耶路撒冷时被捕,为主殉道。保罗一生以实践恩召、建立教会、传播福音为理想,荣耀了基督的圣名,为后世留下了榜样(参徒 18—28)。

保罗曾这样教导下一代传道人:"我在上帝面前,并在将来审判活人死人的基督耶稣面前,凭着他的显现和他的国度嘱咐你。务要传道。无论得时不得时,总要专心,并用百般的忍耐,各样的教训,责备人,警戒人,劝勉人。因为时候要到,人必厌烦纯正的道理。耳朵发痒,就随从自己的情欲,增添好些师傅。并且掩耳不听真道,偏向荒渺的言语。你却要凡事谨慎,忍受苦难,作传道的工夫,尽你的职分。"(提后 4:1—5);"你当竭力,在上帝面前得蒙喜悦,作无愧的工人,按着正意分解真理的道。"(提后 2:15)因为只有这样,传道人才能在这末世把各位蒙恩信主、悔改受洗的人在基督(即教会)里完完全全地引到上帝面前。(西 1:28)

2.4 基督的再临

也称"人子降临"。基督的再临揭示了:人类,无论活人死人,都将会受审判,有人要领赏上天堂(新天新地),有人被定罪下地狱(火湖),然后世界会在火中终结(太 25:31;约 14:2—3;徒 1:11;提后 4:1;彼后 3:10—13)。对活人(信的人)来说,基督的再临意味着一种非常特殊的力量,是对他们的拯救,所以就必盼望、等候,同时警醒预备;而对死人(不信的人)来说,则是审判、定罪、刑罚,所以要悔改归正。

2.4.1 事件的确定性

《新约圣经》以大量的经文指出耶稣基督必要再来。耶稣道成肉身第一次来到世界,在受害之前某天,在给门徒讲道时,亲口预言他将第二次降临世界:"当人子在他荣耀里同着众天使降临的时候,要坐在他荣耀的宝座上。"(太25:31)不久耶稣被捕了,在公会里受审时再次揭示了他要再临这一重大的末世历史事件的发生。他说:"后来你们要看见人子,坐在那权能者的右边,驾着天上的云降临。"(太26:64)马可在预言基督再临时,还提到了与之伴随而来的奇异天象:"在那些日子,那灾难以后,日头要变黑了,月亮也不放光,众星要从天上坠落,天势都要震动。那时万族要看见人子有大能力,大荣耀,驾云降临。他要差遣天使,把他的选民,从四方,从地极直到天边,都招聚了来。"(可13:24—27)这种惊天动地的天象在《路加福音》中得到同样的描述:"日月星辰要显出异兆。地上的邦国也有困苦。因海中波浪的响声,就慌慌不定。天势都要震动。人想起那将要临到世界的事,就都吓得魂不附体。那时,他们要看见人子,有能力,有大荣耀,驾云降临。"(路21:25—27)使徒约翰详细记述了耶稣在他受难前面对心里忧愁的门徒时语重心长的一番话:"你们心里不要忧愁。你们信上帝,也当信我。在我父的家里,有许多住处。若是没有,我就早已告诉你们了。我去原是为你们预备地方去。我若去为你们预备了地方,就必再来接你们到我那里去,我在那里,叫你们也在那里。"(约14:2—3)另一处还记载:"加利利人哪,你们为什么站着望天呢?这离开你们被接升天的耶稣,你们见他怎样往天上去,他还要怎样来。"(徒1:11)这是当耶稣被接回天上之时,天使对望天发呆的使徒们的提醒。后来,使徒在传播福音时,基督的再临也就自然而然地成为使徒所传福音的重要组成部分了:"所以你们当悔改归正,使你们的罪得以涂抹,这样,那安舒的日子,就必从主面前来到。主也必差遣所预定给你们的基督耶稣降临。"(徒3:19—20)

2.4.2 时间的不确定性

虽然《圣经》肯定了基督的再临,但同时也清楚宣布基督再临的日子无人知晓。耶稣在面对门徒询问他何时再来时曾说:"但那日子,那时辰,没有人知道,连天上的使者也不知道,子也不知道,惟有父知道。你们要谨慎,警醒祈祷,因为你们不晓得那日期几时来到。"(可13:32—33)正因为基督再来的日子不能确切地知道,所以耶稣就一再提醒说要警醒,要预备:"所以你们要警醒,因为不知道你们的主是哪一天来到。家主若知道几更天有贼来,就必儆醒,不容人挖透房屋。这是你们所知道的。所以你们也要预备。因为你们想不到的时候,人子就来了。"(太24:42—44)他同时还暗示了当人对他再来最漫不经心的那一刻,他就会以闪电般的快速突如其来地出现:"闪电从东边发出,直照到西边。人子降临,也要这样。"(太 24:27)使徒们也都是这样提醒基督徒。保罗说:"弟兄们,论到时候日期,不用写信给你们。因为你们自己明明晓得,主的日子来到,好像夜间的贼一样。"(帖前 5:1—4)彼得说:"但主的日子要像贼来到一样。"(彼后 3:10)这里"主的日子"指的就是"基督再临"的日子。

2.5 末日的审判

末日的审判指的是耶稣基督再来时对全人类的审判,从这个意义上说,末日的审判是普世性的,包括死人和活人,即信的人(基督徒)和不信的人。各人在世上所行的一切都会被显露,且按着所行的受赏或受罚。

2.5.1 死人复活

基督再临时,也就是末日审判前,所有的死人都必须复活。复活的人不仅指信的人(约 6:39—40,44,54),也包括所有不信的人(约 5:29;但 12:2)。他们都会复活,并一同在基督面前接受审判。因为耶稣基督为死人复活做了开创性的工作,即他自己亲自先复活,给末世人的复活提供了保证。《旧约》记载有以赛亚的预言:"死人要复活。尸首要兴起。……地也要交出死人来。"(赛 26:19)但以理也预言说,不管是信还是不信的人,都要从死里复活:"睡在尘埃中的,必有多人复醒。其中有得永生的,有受羞辱永远被憎恶的。"(但 12:2)而以西结的预言就更进一步了:"我的民哪,我必开你们的坟墓,使你们从坟墓中出来,领你们进入以色列地。我的民哪,我开你们的坟墓,使你们从坟墓中出来,你们就知道我是耶和华。"(结 37:12—13)

当然,新约圣经对死人复活的事教导的特别清楚。使徒约翰记载下来耶稣几次直接谈到死人复活的情形。其中有一处是这样宣告的:"我实实在在地告诉你们,时候将到,现在就是了,死人要听见上帝儿子的声音。听见的人就要活了。……并且因为他是人子,就赐给他行审判的权柄。你们不要把这事看作希奇。时候要到,凡在坟墓里的,都要听见他的声音,就出来。行善的复活得生,作恶的复活定罪。"(约 5:25—29)

2.5.2 审判的必然性

对许多人来说,末日的审判不仅是可怕的,同时也是必然的。早在古时,所罗门王就曾告诫年轻人:"这些事都已听见了。总意就是敬畏上帝,谨守他的诫命,这是人所当尽的本分。因为人所作的事,连一切隐藏的事,无论是善是恶,上帝都必审问。"(传 12:13—14)《新约》更是明确地指出,在基督再来之时必有审判。耶稣说道:"人子要在他父的荣耀里,同着众使者降临。那时候,他要照各人的行为报应各人。"(太 16:27)《希伯来书》的作者既清楚又直截了当地论到了这个问题:"按着定命,人人都有一死,死后且有审判。"(来 9:27)路加则说:"世人蒙昧无知的时候,上帝并不监察,如今却吩咐各处的人都要悔改。因为他已经定了日子,要藉着他所设立的人,按公义审判天下。"(徒 17:31)因为所有的奥秘都必显明,所有已经发生的事都要被评估,其中也包括信徒所做的事和犯的罪。

2.5.3 审判的普世性

审判的普世性表明所有人都要受审判。使徒保罗曾警告说:"我们都要站在上帝的台前。"(罗 14:10)"因为我们众人,必要在基督台前显露出来,叫各人按着本身所行的,或善或恶受报。"(林后 5:10)

关于审判的普世性,耶稣的描述格外地形象:"当人子在他荣耀里同着众天使降临的时候,要坐在他荣耀的宝座上。万民都要聚集在他面前。他要把他们分别出来,好像牧羊的分别绵羊山羊一般。把绵羊安置在右边,山羊在左边。于是王要向那右边的说,你们这蒙我父赐福的,可来承受那创世以来为你们所预备的国。因为我饿了,你们给我吃。渴了,你们给我喝。我作客旅,你们留我住。我赤身露体,你们给我穿。我病了,你们看顾我。我在监里,你们来看我。义人就回答说,主阿,我们什么时候见你饿了给你吃,渴了给你喝。什么时候见你作客旅留你住,或是赤身露体给你穿。又什么时候见你病了,或是在监里,来看你呢?王要回答说,我实在告诉你们,这些事你们既作在我这弟兄中一个最小的身上,就是作在我身上了。王又要向那左边的说,你们这被咒诅的人,离开我,进入那为魔鬼和他的使者所预备的永火里去。因为我饿了,你们不给我吃。渴了,你们不给我喝。我作客旅,你们不留我住。我赤身露体,你们不给我穿。我病了,我在监里,你们不来看顾我。他们也要回答说,主啊,我们什么时候见你饿了,或渴了,或作客旅,或赤身露体,或病了,或在监里,不伺候你呢?王要回答说,我实在告诉你们,这些事你们既不作在我这弟兄中一个最小的身上,就是不作在我身上了。这些人要往永刑里去。那些义人要往永生里去。"(太 25:31—46)这段经文揭示了人在上帝的审判中要面临两种结局:或得永生,或受永刑。它同时说明了一个重要的内容,上帝把审判的权柄交给了耶稣基督。

2.5.4 审判的对象

首先是基督徒,因为《圣经》明确地指出,审判要先从上帝的家起首。使徒彼得以基督徒的身份阐明,末世的审判将在基督徒当中开始:"因为时候到了,审判要从上帝的家起首。"(彼前 4:17—18)使徒保罗也曾以相似的语调提到基督徒要接受审判的情景:"因为我们众人,必要在基督台前显露出来,叫各人按着本身所行的,或善或恶受报。"(林后 5:10)保罗说明在审判的时候,将按着基督徒本身所行的来定罪或受赏,即是善非恶,是恶非善,正如耶稣所指出的"好树结好果子和坏树结坏果子"的比喻。基督徒必须要有好行为,也就是说基督徒必须以好行为来证明自己的信心。圣经说:"身体没有灵魂是死的,信心没有行为也是死的。"(雅 2:26)也就是说信心是与行为并行,信心因着行为才得以成全。根据《圣经》,大家都知道,即使在基督徒当中也有许多是假冒的,正如耶稣用"麦子和稗子"的比喻(太 13:36—40)所指出的。《犹大书》的作者甚至这样提醒说:"因为有些人偷着进来,就是自古被定受刑罚的,是不虔诚的,将我们上帝的恩变作放纵情欲的机会,并且不认独一的主宰和我们主耶稣基督。"(犹 4)我们在《圣经》中还可以看到上帝对已经是基督徒的人,他们或因对上帝和基督的不敬,如干犯圣餐的哥林多信徒等,招致患病,有些因而致死(林前 11:29—32);或因欺哄圣灵,如亚拿尼亚和撒非喇,他们当时就遭到上帝的惩罚,立即倒地毙命(徒 5)。这两个实例只是众多例子的一部分。

但是有个非常重要的事实我们要搞清楚,那就是对真基督徒来说,就不是受定罪的审判。在基督里的真信徒,已经与那些害怕受审判的假冒者泾渭分明。耶稣说:"信他的人,不被定罪。"(约 3:18)保罗甚至重申了所有的真信徒免受定罪的确据:"如今那些在基督耶稣里的,就不定罪了。"(罗 8:1)真基督徒不仅不被定罪,而且还得到上帝的拯救:"这样,基督既然一次被献,担当了多人的罪,将来要向那等候他的人第二次显现,并与罪无关,乃是为拯救他们。"(来 9:28)也就是说,信的人要往永生里去,即进入天堂。

根据《圣经》,所有不信、不义、不虔诚、犯罪、作恶、拜偶像、杀人、淫乱、行邪术、说谎话以及所有名字没记在生命册上的人(参彼前 4:18;犹 4、5;启 20:15;21:8),等待他们的就只有审判、定罪、惩罚,他们的份就在烧着硫磺的火湖里,受永火的刑罚(犹 7;启 21:8)。

这里又出现一个问题,大家也必须要搞清楚,那就是信与不信永远是定罪与不定罪的首要标准,其次才是善行与恶行。因为耶稣说:"不信的人,罪已经定了。"(约 3:18)可是,人世间有许许多多的人,他们遵纪守法,行为规范,又能常常行善,如若不信,就还是审判和定罪的对象;反之,如若信,却没有好行为,不做善事,那就表明这个信是死的,是假冒的,就像不结好果子的树一样,最终还是会被砍下来丢在火里。(参太 8:19;雅 2:26)因为耶稣说:"没有好树结坏果子。也没有坏树结好果子。凡树木看果子,就可以认出他来。人不是从荆棘上摘无花果,也不是从荆棘里摘葡萄。善人从他心里所存的善,就发出善来。恶人从他心里所存的恶,就发出恶来。因为心里所充满的,口里就说出来。"(路6:43—45)耶稣这话正是针对基督徒说的。

再就是天使也要面对审判。对那些作恶犯罪的天使,上帝不赐给宽容、怜悯,不救拔他们,因为他们天天跟上帝在一起,同是属灵的,深知上帝的大能和权柄(来2:16)。对此使徒彼得写道:"就是天使犯了罪,上帝也没有宽容,曾把他们丢在地狱,交在黑暗坑中,等候审判。"(彼后2:4)《犹大书》的作者几乎作了相同的论述:"又有不守本位,离开自己住处的天使,主用锁链把他们永远拘留在黑暗里,等候大日的审判。"(犹6)这就如同教会的长老、牧师和传道人的犯罪,因为他们早就蒙受基督的救恩、深知基督的真道、尝过主恩的滋味,若故意犯罪,赎罪的祭就再也没有了;惟有战惧等候审判和那烧灭众人的烈火(参来10:26—27;彼前2:3)。

2.5.5 审判官

审判官当然是耶稣基督。耶稣自己说他要来并坐在荣耀的宝座上审判万民。同时《圣经》也在多处记载了上帝早已把末世审判的权柄交给了他的儿子耶稣基督。使徒马太曾记下了耶稣在死而复活后对使徒说的一句至关重要的话:"耶稣进前来,对他们说,天上地下所有的权柄,都赐给我了。"(太28:19)再看使徒约翰的记载:"父不审判什么人,乃将审判的事全交与子。……并且因为他是人子,就赐给他行审判的权柄。"(约5:22,27)使徒保罗说:"就在上帝藉耶稣基督审判人隐秘事的日子,照着我的福音所言。"(罗2:16)《使徒行传》和《提摩太后书》两卷书中也都有非常明确的记载,表明耶稣基督是审判活人和死人的主(徒10:42;提后4:1)。

尽管《圣经》没有确切地记载陪审团是由众信徒所组成,但在《马太福音》和《路加福音》这两卷书中,耶稣基督都提到了门徒要参与审判以色列的十二个支派(太19:28;路22:28—30)。使徒保罗提醒说众信徒也要坐在宝座上审判世界:"岂不知圣徒要审判世界么?"(林前6:2)使徒约翰也记载了耶稣的话说:"得胜的,我要赐他在我宝座上与我同坐,就如我得了胜,在我父的宝座上与他同坐一般。"另一处记载说:"我又看见几个宝座,也有坐在上面的,并有审判的权柄赐给他们。"(启3:21;20:4)

2.5.6 审判的标准

虽然《圣经》有话说道:"上帝必照真理审判……"(罗2:2),但我们都知道,上帝的真理都直接交给了耶稣基督,耶稣说的话就是上帝的真理,就是生命。耶稣说:"你们所听见的道不是我的,乃是差我来之父的道。"(约6:63;14:6,24)使徒保罗说:"可见信道是从听道来的,听道是从基督的话来的。"(罗

10:17)关于这一点,更有耶稣亲口说的话为证:"弃绝我不领受我话的人,有审判他的。就是我所讲的道,在末日要审判他。"(约 12:48)综上所述,末世审判的标准是基督的道,也就是耶稣说过的话。它在原则上包括了基督的教导(也称基督的福音、基督的教训,或基督的律法)和使徒的教训(约二 9;徒 2:42;加 6:2)。

关于使徒的教训,为什么说也是审判的标准呢?因为首先使徒的教训全部来自耶稣基督,是耶稣在世时和复活后亲自对使徒的教导,还包括圣灵对他们的开启。请看耶稣对使徒的应许:"我还与你们同住的时候,已将这些话对你们说了。但保惠师,就是父因我的名所要差来的圣灵,他要将一切的事,指教你们,并且要叫你们想起我对你们所说的一切话。"(约 14:26)又说:"我还有好些事要告诉你们,但你们现在担当不了(或作不能领会)。只等真理的圣灵来了,他要引导你们明白(原文作"进入")一切的真理。因为他不是凭自己说的,乃是把他所听见的都说出来,并要把将来的事告诉你们。"(约 16:12—13)使徒保罗曾多次表白,他所领受的道都是从耶稣基督领受的,譬如他说:"我当日传给你们的,原是从主领受的……"(林前 11:23),后来又说得更加明确:"若有人以为自己是先知或是属灵的,就该知道,我所写给你们的是主的命令。"(林前 14:37)当他发现加拉太教会出现问题时,就劝告他们不要听从"别的福音",而要听从使徒所传的"基督的福音"。他以提醒的口吻说道:"弟兄们,我告诉你们,我素来所传的福音,不是出于人的意思。因为我不是从人领受的,也不是人教导我的,乃是从耶稣基督启示来的。"(加 1:11—12)

3. 末世的人当怎样行

根据《圣经》,末世的人分两类,一类称为不信的人,占大多数;另一类是信的人,占少数。上帝希望不信的人能够按照他的旨意变成信的人,免受末日的审判。但对信的人要求却很高,否则,最终也难逃定罪和惩罚。

3.1 不信的人

根据《圣经》,不信的人也称不义的人,或称罪人、恶人、世人。这类人占了人类的大多数,其中也包含信仰其他各种宗教的人,因为《圣经》上所讲的"信"是在"信上帝是创造主"、"信耶稣是上帝的儿子,是基督,是人类的救主"的基础上展开的。

3.1.1 悔改

那么在这末世时代,不信的人首当要行的是什么呢?上帝借着《圣经》,警告不信的人,首当要行的是悔改:"世人蒙昧无知的时候,上帝并不监察,如今却吩咐各处的人都要悔改。因为他已经定了日子,要藉着他所设立的人,按公义审判天下"(徒 17:30—31),因为"不信的人,罪已经定了"(约 3:18)。然而,不信的人首先要把悔改的真实涵义弄清楚。《圣经》所论及的悔改乃断然脱离恶行为的内在决心,即从错误的一面转向正确的一面,也就是《圣经》上所说的"悔改归正"(徒 3:19)或"悔改归向上帝,行事与悔改的心相称"(徒 26:20)。但对不信的人来说,他们一开始根本就不理解这一点,因此就要求信的人(基督徒)带领或引导他们到教会听道,让不信的人明白为什么必须要悔改。如果不信的人听了悔改赦罪的道(即福音),开始明白自己曾是一个不认识上帝和耶稣,在世上行事为人总是我行我素,又自以为是,或常常得罪上帝,冒犯人时,或为此而感到忧伤,或从心里懊悔求上帝或耶稣饶恕,并想日后有所改过,这就是悔改,即悔改归正。

3.1.2 信靠

信靠的意思指信靠耶稣,就是心里相信,口里承认耶稣基督是上帝的儿子,道成肉身来到世界,为所有愿意认罪悔改的人死在十字架上,三日埋葬后死而复活,成为救主,升天坐在上帝的右边,某日会再来,审判全人类。使徒保罗曾特别指出:"人若口里认耶稣为主,心里信上帝叫他从死里复活,就必得救。因为人心里相信,就可以称义,口里承认,就可以得救。"(罗 10:9—10)又说:"我们若不认他,他也必不认我们。"(提后 2:12)耶稣在世时就向跟随他的门徒说过这样的话:"凡在人面前认我的,我在我天上的父面前也必认他;凡在人面前不认我的,我在我天上大的父面前也必不认他。"(太 10:32—33)

3.1.3 受洗

不信的人在愿意悔改,并相信和承认耶稣是上帝的儿子,是基督(即救主)的基础上,按基督命定的赦罪方法,即奉耶稣基督的名下水受洗,成为罪得赦免之人,即圣洁的人。这是一个罪人实践悔改、相信和承认的实际行动,也是他与过去的决裂,与过去一同死去,实践与基督同死、同埋葬、同复活的真实意义(参罗 6:3—8)。五旬节圣灵降临,在大约三千人得救的事上,还有保罗的归主经历,都证明了受洗是救主耶稣基督向世人命定的惟一的赦罪之法(徒 2:38;22:16)。耶稣从死里复活之后命令门徒普天下去传悔改赦罪的道(即福音)给万民听,使那些相信而受洗的人罪得赦免,成为信的人(即上帝的儿女,或称基督徒,也称新造的人或新人[参太 28:19—20;可 16:15—16;路 24:47])。

3.2 信的人

成为信的人,也就是基督徒之后,就要立定心志,行事端正,诚实为人,亲手做工,还要学会读经、祷告、唱赞美诗,也要积极地参加聚会。若有可能就常常行善,彰显基督徒的爱心,凡事学会讨上帝的喜悦(帖前 4:1),或将来有一天,领受好了基督的教导,立志做传道人(提后 2:3;4:2)。

3.2.1 作工

不信的人成为基督徒之后,就是信的人了,不仅要像原来照常上班作工,而且要更加努力地作工。不要听从像宗派教会的领袖根据自己的看法所倡导的"人的教训",呼吁刚成为信的人,一信之后就要放下手中的活计,甚至要初信者也要远走他乡,广传福音。他们甚至用一世纪耶稣呼召使徒的样子来举例作强调,这显然是违背了圣经的原则,其实是没搞懂,当年使徒们一蒙召就放下手中的活,跟着耶稣四处传道,因为他们是人类的第一批传道人,必须全职事奉;而使徒时代之后,情况就不同了,虽然历世历代都非常需要传道人,但并不是人人都是适合做传道人的。所以使徒保罗强调说:"各人蒙召的时候是什么身份,仍要守住这身份。你是作奴隶蒙召的么,不要因此忧虑。若能以自由,就求自由更好。因为作奴仆蒙召于主的,就是主所释放的人。作自由之人蒙召的,就是基督的奴仆。你们是重价买来的。不要作人的奴仆。弟兄们,你们各人蒙召的时候是什么身份,仍要在上帝面前守住这身份。"(林前 7:20—24)

成为信的人之后,不仅要像原来那样照常上班作工(林前 7:24),而且要"亲手作工"(帖前 4:11),因为上帝要求人"总要劳力"(弗 4:28)。保罗甚至强调,像他们那样的使徒都是一面在传道,一面还在"辛苦劳碌,昼夜作工,未尝白吃人的饭"(帖后 3:8),何况众多一般的或初信的人呢?因此,"若有人不肯作工,就不可吃饭"(帖后 3:10)。所以,人人都当"安静作工,吃自己的饭"(帖后 3:12)。

3.2.2 读经

不信的人成为基督徒之后,不仅要通读《旧约圣经》,更要研读《新约圣经》,即基督的话或基督的教训。上帝一再嘱咐说要听他基督的话,耶稣自己也一再强调要听他的话,且要明白,因他的话就是灵,就是生命(约 6:63)。他曾警告犹太人说:"你们查考圣经,因你们以为内中有永生。然而你们不肯到我这里来得生命。"(约 5:39)使徒保罗更是不停地提醒要学习真道,且要明白,这不仅与自己有益,得以完全,而且能教导人,劝勉人,甚至能把各人在基督里完完全全地引到上帝面前。依《圣经》,提摩太和庇哩亚人为众人做了榜样,他们不仅熟读圣经,而且天天查考(参见提前 2:4;提后 3:14—17;西 1:28;徒 17:11)。对待读经,信的人不单是要懂得这是上帝的和耶稣的要求,所以强调态度的端正,而且特别要知道这是新人成长所必需的灵奶和干粮,所以要做到每天读,按时读,坚持读(参彼前2:2;来5:13—14),还要注意一些特定的方法,即要顺着上帝和耶稣那特别的说话方式来研读。

3.2.3 祷告

祷告乃新造的人奉耶稣基督的名,凭着圣灵,与上帝交流,也表现出他们对上帝的信仰。祷告一般包括认罪(错)、谢恩、祈求、代求。耶稣曾教导门徒当如何祷告,俗称"主祷文",其中除了"愿上帝的国降临"这句话不需要再放在祷告中之外,整个祷告词都可以作为现今基督徒学习祷告的模范。"主祷文"指明了祷告的对象是上帝,可是当今有许多基督徒却不依据圣经,而是将祷告的对象指向耶稣基督,更有甚者,指向圣灵。圣经只说,圣灵帮助新人,替新人祈求,绝非祷告的对象(参弗5:15—17;提前2:1—4;太6:9—13;罗8:26—27)。

除此之外,祷告还有一些要注意的事项。它们主要是:要常常祷告,不可灰心;要不住地祷告;祷告要专心,要有信心;要凭着信心求,一点不疑惑;祷告要恒切;要互相代求;不可妄求;受苦的人要多多祷告;要为病人祷告;要为万人,为君王和一切在位的恳求、祷告、代求、祝谢;祷告前要从心里饶恕得罪自己的人(参可11:24—25;路18:1;林前7:5;14:15;雅1:6;4:3;5:13—16;提前2:1—2,8);可随时多方祈求,也可随处祷告;要谨慎自守警醒祷告;要用灵祷告,也要用悟性祷告;要奉耶稣基督的名祷告(参弗6:18;彼前4:7;约16:24)。

3.2.4 唱诗

唱诗就是唱赞美诗赞美上帝,这是上帝造人的目的之一(参见诗145:21;148:11—13;150:2)。唱诗也是上帝在新约时代要求新人向他所献上的祭:"我们应当靠着耶稣,常常以颂赞为祭献给上帝,这就是那承认主名之人嘴唇的果子。"(来13:15)进入末世时代不久,甚至就在1世纪,教会就出现了一个与圣经有出入的地方,即唱诗赞美时用乐器伴奏,而新约从不要求新人用乐器来歌颂上帝,特别是在聚会敬拜集体唱诗时,更不用乐器,而只是强调用"口",用"心"来歌唱。比如使徒保罗提醒说:"当用诗章、颂词、灵歌彼此对说,口唱心和地赞美主。"(弗5:19)新约圣经强调的是,要用"灵性歌唱",要用"悟性歌唱"(林前14:15)。

3.2.5 聚会

聚会乃敬拜上帝的意思。从1世纪开始,耶路撒冷的基督徒就为后世的基督徒做出了榜样,每逢七日的第一日,信的人都聚在一处,都恒心遵守使徒的教训,彼此交接,擘饼,祈祷(徒 2:42,44)。基督徒都要去教会参加聚会。教会也可以设在某个弟兄姐妹家。聚会的目的主要是听道、纪念耶稣基督、唱诗、捐钱等。除一位牧师或讲道人专门证道外,大多数信徒都只是听道。

纪念耶稣基督就是纪念主的晚餐,也称纪念主,或擘饼。其内容包括掰饼、喝杯。喝杯指喝葡萄汁,不是喝葡萄酒。这种纪念必须以集体聚会的形式在家中或教会进行(参见林前 11:17—22),一般在主日,即七日的第一日,也就是星期天。七日的头一日,是耶稣复活的日子,《圣经》也称主日。记念主是对基督徒的特别要求。使徒保罗曾明确地强调:"我当日传给你们的,原是从主领受的,就是耶稣被卖的那一夜,拿起饼来,祝谢了,就擘开,说,这是我的身体,为你们舍的。你们应当如此行,为的是记念我。饭后,也照样拿起杯来,说,这杯是用我的血所立的新约。你们每逢喝的时候,要如此行,为的是记念我。你们每逢吃这饼,喝这杯,是表明主的死,直等到他来。"(林前 11:23—26)

再就是捐钱,也称"奉献"。末世时代,上帝要求基督徒不要忘记给教会捐钱(来 13:16)。刚刚悔改归正的新人可能不习惯,这就要靠老基督徒来带领新人。捐钱没有具体数目的规定,只要各人随本心酌定,不作难,不勉强,捐得乐意,便蒙上帝喜悦。同时只要按着力量,事先预备好就行(参见林前 16:2;林后 8:3;9:1—5,7)。上帝的目的有以下几点:试验爱心;表明乐意和愿作的心;表明承认基督,顺服福音;使富余的和不足的均平;周济贫穷;帮补缺乏的基督徒;叫许多人越发感谢上帝,荣耀上帝等(参见林后 8:8,11,14,19;9:9,12,13)。有一点要注意:捐钱是在"每逢七日的第一日",也就是主日,一般不在其他任何时候,更不是随随便便地想什么时候就什么时候,也不要托人代缴,更不是交给某个长老或牧师,而是自己"投钱入箱",因为捐钱是上帝所命定的祭,有命定的时间和场合及其严肃性(参林前 16:2;来 13:16)。

3.2.6 行善

行善在《圣经》中也称"行各样的善事"。这也是新人献给上帝的一个祭,所以不能忘记。早在旧约时代,上帝就要求以色列人学习行善寻求公平(赛 1:17)。大卫曾呼吁要离恶行善,寻求和睦,一心追赶(诗 34:14)。耶稣在世时强调说行善的复活得生,作恶的复活定罪(约 5:29)。使徒保罗提醒说基督徒原是上帝在耶稣基督里造成的,为要叫他们行善。他甚至警告说信的人要以善胜恶。使徒约翰说行善的属乎上帝,行恶的未曾见过上帝(参罗 12:21;弗 2:10;多 3:1;来 13:16;约三 11)。上帝藉着《圣经》对行善也提出了一些特别的要求,比如:要亲近,要羡慕,要效法;要恒心,要热心,要竭力;不可丧志,不可灰心;当向众人;要广行,要多行(参徒 9:36;罗 2:7;12:9;林后 9:8;加 4:18;6:9—10;帖后 3:13;提前 3:1;5:10;约三 11;彼前 3:13)。

3.2.7 传道

也称"讲道"、"讲论"、"讲明"或"教导",有时和"辨明"连用(参腓 1:7;弗 6:19;提后 2:2)。《马可福音》记载有耶稣复活后,门徒走出去,到处宣传福音,主与他们同工,用神迹随着,证实所传的道(参可 16:20;徒 4:31;20:7),这道就是和平的福音(徒 10:36)。使徒保罗认为讲道是一种从上帝来的恩赐,是上帝所赐的一种职分,能造就、安慰、劝勉人,可以叫众人学道理,可以叫众人得劝勉,所以就当竭力追求,切慕(参林前 14:1—5,31,39)。传道虽然可以在家中面对少数人,但一般都指在教会,面对众人(参见西 1:5,28—29;来 13:7)。《圣经》中,上帝对传道提出的要求是:务要传道,无论得时不得时,总要专心,并用百般的忍耐(提后 4:2);还要能吃苦耐劳,四方奔跑(参徒 1:8;8:4;28:23);还要放胆,预备爱心、忠心(参弗 6:19;提前 1:5—6;提后 2:2);要用诸般的智慧和口才,按着正意分解真理的道(参提后 2:15);要按着上帝的圣言讲,把上帝的道理传得全备,讲得明白(参西 1:25;彼前 4:11)。传道可能是上帝在末世时代对信的人的最高要求(提后 2:3—4)。

天主教末世小说——《世界之主》[1]

张　欣（北京师范大学）文

末世,一个纷杂吵嚷的话题,严肃却又戏谑。2012 年,我们目击了一场脱胎于基督教遗产,托生于全球化新语言"电影",借助伪玛雅预言,娱乐界与消费大众默契合作的"末世"狂欢。但另一方面,在一个世俗化的时代,谈论末世本身已经具有了宗教关怀;20 世纪天主教神学家巴尔塔萨说:"末世论是当代神学的时代标志,所有的暴风雨都是由这一学科产生,并且威胁到神学领域的各个方面,可能带来摧毁,也可能带来丰沃和新鲜活力。"[2] 在这个世纪,天主教和新教都深刻反思并较为系统地发展了关于末世的学说。这是思想史对前几个世纪由于自然科学、理性主义乃至唯物主义的发展,西方思想逐渐丢失了宇宙论的维度所做的钟摆式回荡,也是基督宗教面对 20 世纪一系列世界性危机重新进入公共话语的契机。而在整整一百年前,一部出自英国知识分子和信仰精英之手的护教小说,以一丝不苟的热诚预言了这一重要的发展方向。

1907 年,英国天主教神父罗伯特·休·本森（Robert Hugh Benson, 1871－1914）出版了小说《世界之主》(The Lord of the World),第一次尝试以通俗流行文学——科幻小说的形式严肃地描写基督宗教的末世。罗伯特·本森是英国坎特伯雷大主教爱德华·本森的幼子,原本是英国国教牧师,1903

---

[1] 本文为教育部人文社会科学研究规划基金/青年基金/自筹经费项目"20 世纪英国天主教小说"（项目号 10YJC752052）的中期成果。

[2] H. U. von Balthasar, *I novissimi nella teologia contemporanea*, Brescia, 1967, p. 31. 转引自肖恩慧:《末世论》,北京:宗教文化出版社,2013 年,第 3 页。

年改宗罗马天主教，次年受圣职成为天主教神父。在世期间，罗伯特·本森被认为是英国文学中最重要的作家之一，写作了三部科幻小说，七部历史小说，九部当代题材小说，四部戏剧，八部灵修类作品，十部护教作品等，多产而且质量较高。其中，《世界之主》被认为是他最重要的一部作品。今天它最重要的标签是世界上最早的反乌托邦小说之一。这部作品虽然没有被津津乐道的反乌托邦三部曲《我们》、《美丽新世界》和《1984》的知名度（尤其在中国，迄今没有中文译本），但历来不乏称赞者，最近的就包括现任和上任两位教宗。

1900年前后正是科幻小说的第一个黄金时代，儒勒·凡尔纳仍在继续创作，H. G. 威尔斯正值高产期。1899年，威尔斯出版了《当睡者醒来时》(*When the Sleeper Wakes*)[3]，小说的前言写道："这篇故事描述的大都市正是资本主义胜利的恶梦。"这部作品思考了科学昌明时代中的"人祸"，即制度性原因可能造成的灾难，在具有人性深度的层面上探索科技进步的社会性后果，开创了科幻小说的新主题——"反乌托邦"。而罗伯特·本森的作品第一次将基督宗教的末世论元素注入科幻小说的形式，开创了末世小说。他的小说具有科幻小说（也是反乌托邦小说）的狂想曲特质，发展逻辑单一，对于人类心灵和世界历史的复杂程度与全局性或许缺乏足够考量。但也正因为如此，小说牢牢驻足于天主教正统立场所描绘的末世景象，却透露出片面的深刻性。

小说的时间设定为21世纪也即末世，世界形成欧洲、东方、美洲三大抗衡实力，西方的主导理念是唯物主义和社会主义，欧洲的政治体制是建立在代议制基础上的民主社会，通过灭绝极度贫困者，取消大学等精英教育制度，这时的西方社会似乎比任何时代都更接近大同社会。小说一开始呈现了100年前的作者对我们今天的想象，地下铁星罗棋布，便捷的及时通讯，公共飞行交通，恒温的人造住宅……不少当代评论者对这部小说对现代科技世界的准确预言感到惊讶。小说的第一个场景发生在地下四十英尺的房子里。房子按照"最常见的方式"装修："房间依据健康公告的推荐，布满了绿珐琅色线条，充满人造的阳光；如同春天森林般的色泽，刚好18度的暖风从古典檐壁下吹出。""家具采用时下流行的软石棉珐琅焊接在铁上制成，触摸舒适，如同桃花心木。书架置于电子火焰的青铜壁炉上方……"[4]今天读这些文字，难免感到一股讽刺意味，因为我们确实如作者预言，生活在一个相当人工化的世界中，许多用具

---

[3] 《当睡者醒来时》首次发表于1899年，威尔斯在修改后于1910年再版。异星球上的主人公在冬眠了200年后醒来，发现未来世界的大都市比过去的时代更为糟糕。

[4] Robert Benson, *The Lord of the World*, New York: Dodd Mead & Company, 1907, prologue, xi.

都是自然与古典的仿制品和替代物。此外,世界上还出现了类似原子弹的大规模杀伤武器,安乐死合法化,以及魅力型领袖的集权统治。在小说中,作者最有创见的部分并不是对高科技的想象,而是他从天主教信仰的角度出发,对人类灵魂的洞察。

小说主要讲述 33 岁英国神父弗兰克林·培西如何在信徒人心冷淡和外界逼迫的情形下成为教宗,面对敌基督的故事。在这部小说中,敌基督者名为费尔森贝格(Felsenburgh),他出身不明,精通各国语言,竟然凭借演说成功地化解了世界大战,因此被称作世界的拯救者,人之子,[5]即体现了人类最高理想的人,并最终被拥戴成为世界之主。他的思想背景是共济会,主张信奉一种人的宗教,认为人就是神,上台之后立刻强迫民众履行宗教崇拜。敌基督这一形象来源于《圣经·新约·启示录》,他的特征是盗窃救世主之名,却受到世人顶礼膜拜。从神学意义上来说,敌基督应该是指行事和本性与耶稣基督——倒空神性,为拯救世人十字架受死的仆人——恰恰完全相反的形象,如果说基督以受难成就了人性,却成为被世人钉死抛弃的但却是真正的"救世主",在世间真实称王的敌基督则是对人性的否定,这一形象受欢迎本身便包涵着对世俗欲望的深刻讽刺和批判。

在小说中,彻底崇拜人的世俗化世界逐渐难以忍受少数宗教信仰者的存在,新任枢机主教培西受教宗委托建立"被钉十字架的耶稣"修会,会员需要预备好殉道;大多数枢机主教和教宗在罗马聚集的时候集体殉道,全世界只剩下三位枢机主教,他们选出培西作为新教宗。他隐居在耶路撒冷边上,临近新约中描绘的最后大决战之处。在最后一个场景,费尔森贝格率领各国领导人来到此地,希图一举消灭地球上最后的宗教势力。教宗面对不断逼近的敌营,坚定地跟随天主的异象做着弥撒,当他们唱完弥撒曲 Tantum ergo(中译"皇皇圣体")[6]的时候,敌人的攻击发动,此时世界结束,小说就此戛然而止,最后一

---

[5] 人之子,Son of Man,也可译为人子,是耶稣在福音书中的自称,后来被作为他的称号之一,重点突出他的人性。

[6] Tantum ergo 是托马斯·阿奎那为基督圣体圣血主日撰写的圣体咏(Pange Lingua Gloriosi Corporis Mysterium)的起始部分,也是圣周四圣餐礼的经典经文歌。小说中出现了拉丁原文,为:

  "Tantum ergo Sacramentum
  Veneremur cernui:
  Et antiquum documentum
  Novo cedat ritui:
  Præstet fides supplementum
  Sensuum defectui.
  Genitori, Genitoque

(转下页)

句话是,这个世界过去了,连同它的荣耀(Then this world passed, and the glory of it.⁷)。

小说中还有一条副线索,描写英国共产党政治家奥利弗一家。奥利弗和妻子梅布尔开始完全信任新世界运动,但是当梅布尔目睹在世界统一和人神宗教的名义下,对平民的虐杀被正当化,她吓坏了。奥利弗的母亲在临终前借助培西重新皈依罗马天主教,这件事引发了她的思考,但未能使她免于绝望。最终梅布尔申请执行安乐死。在临终前,她预见到跟随世界之主费尔森贝格而来的将是彻底的恐怖。

小说反复出现的安乐死,是本森笔下的世界面对死亡的主导模式。这部小说将安乐死表现为以人道主义的名义执行的彻底个人主义行为。它的矛盾在于以看似最人道的方式结束人的生命,其中潜藏着个体及其社会面对永恒的绝望情绪。德国新教神学家云格尔在《死论》中提出:"死主要间接地出现在我们社会的意识之中,这是市民社会的产生带来的一个结果。市民社会具有强烈的理性狂热和自主狂热,认为一切皆可认识,皆可拥有,恰恰唯独死使这种激情从根本上陷入动摇,一种去启蒙和被启蒙的安稳的位置对于市民阶层的自我理解至关重要,可它唯独受到死的威胁。"⁸在《世界之主》中,世俗化的社会小心翼翼地避免让人们看到死亡甚至是看到痛苦与挣扎。梅布尔人道主

(接上页)　　Laus et jubilatio,
　　　　　　Salus, honor, virtus quoque
　　　　　　Sit et benedictio:
　　　　　　Procedenti ab utroque
　　　　　　Compar sit laudatio."
英文字面翻译如下
"Hence so great a Sacrament
Let us venerate with heads bowed
And let the old practise
Give way to the new rite;
Let faith provide a supplement
For the failure of the senses.
To the Begetter and the Begotten,
Be praise and jubilation,
Hail, honour, virtue also,
And blessing too:
To the One proceeding from Both
Let there be equal praise."

7　Robert Benson, *The Lord of the World*, 352.
8　E. 云格尔:《死论》,林克译,上海:上海三联书店,1995年,第30页。

义信仰的崩溃,就是从亲眼目睹暴力虐杀开始。梅布尔最后申请安乐死,主动离开这个世界。她感到,世界上确实没有神,领袖的演讲的逻辑是完美的,人的优化发展是唯一的道路,但是她无法喜欢这种逻辑,无法接受虐杀是这条道路的必然组成部分,因此她无比绝望,因为自己不适合这个世界的逻辑,于是只能选择自我毁灭这种受到法律保护和政府支持的方式抛弃生命。

  作者另一个惊人准确的预言是唯物主义与现代心理学的结合。书中人物开篇不久就说:"彻底的唯物主义不足以成立,心理学救了它。"[9]心理学将所有超自然都解释为心理暗示,从而悬置了宗教,人被解释成一种精神或者心理异常复杂的物质存在体。这部小说在本质上是护教作品,它试图在字里行间反驳种种时代思潮。比如,针对来自心理学的批评,小说设计了培西与即将弃教的神父弗朗西斯对话的场景:"(培西)一再对他谈起内在的生命,在内在的生命之中,真理可以被看见,信仰的行为可以得到认可。他督促祈祷与谦卑……(对方)反驳说这只是在建议自我催眠。培西感到绝望,因为他无法让一个自己没能力看见这一点的人明白,即虽然从一个角度来说爱德和信德是自我催眠,但从另一个角度,它们却像许多现实,比如艺术才能一样,需要培育;它们能够产生它们是确信无疑之事的确信,以及一旦人们掌握和品尝了它们,它们不知比感官的事物真实客观多少倍! 但是,证据似乎对这人毫无意义。"[10]而且,"他多次告诉他,心灵和理智是同样神圣的天赋,在寻求上帝的时候忽视了心灵,就是寻求灭亡。但是这位神父却用陈旧的心理学理由回答,暗示教育能够解释一切"。[11]

  接下来小说对主人公培西神父的祈祷的描写,是具有非常深刻的灵性体验的人才能写出的,同样针对心理学和唯物主义的联盟而发:

  "开始,他按默想的习惯将自己刻意从外在世界的感受中隔离出来。跟随沉到表面之下的意象,他迫使自己向下、向内。直到管风琴的鸣响、穿梭的脚步声、手腕依靠之处坚硬的椅背似乎都远去,只留下他独自一人和一颗跳动的心,一个意象接着一个意象在理智中浮现,情绪则丧失活力、不再扰动。他再做了一次下降,弃绝一切他之所有和他之所是,感到连躯体也被遗在身后,心灵为在其间找到自己的神圣临在敬畏不已,意志是它们的主宰和保护者,它们紧紧顺服在它之下。当他感到神圣临在在身畔涌动,深吸了两口气,重复了一

---

9 Robert Benson, *The Lord of the World*, prologue, xxi.
10 Ibid., p. 27.
11 Ibid., p. 28.

些常见的言辞,沉浸到放弃思考之后来临的平安中。

"他在这儿停留了一会儿。远远的高处响起狂喜的音乐,号角的喊声与风笛的尖叫;但它们如同街声对沉睡者一样无关紧要。现在他处于事物的面纱之内,穿越了感官与反思的藩篱,在一个经历无穷努力才寻得路径的神秘所在,在这陌生的领域,现实如此明晰,洞见以光速穿梭往来,飘忽的意志忽而抓住这个动作,忽而抓住那个,模塑它,使它加速;在这儿,一切事物相会,真理已被知晓、掌握、品尝,上帝的内在性与超验性合一,外在世界的意义透过它内里的一面得到彰显,教会及其奥秘从内部透过一层荣耀的雾霭得窥。"[12]

这一段文字扎根于天主教灵修经验和灵修文学传统,同时进行了较好的现代语言转换,是现代文学中不可多得的灵性文字。它展现了世俗社会陌生的宗教体验的神秘维度,同时恰好是上文培西关于祈祷的作用的具体呈现。

这段祈祷描绘了唯物主义的逻辑无法到达但却不失真实的一种人类体验。祈祷是信徒对一位不可见的上帝的言说,是基督宗教非常重要的建立灵性品格的途径。作为每位信徒都可以也应该实践的"神秘体验",它悖谬地具有深度的日常性,千百年来信徒祈祷经历的真实性是难以一笔抹杀的。

唯物主义认为世界上不存在非物质,自然认为所有的祈祷都是自言自语而已,但对人的神秘维度的否认,事实上便是否认了人的生命超越物质的可能性,而人的德性恰好表现在对物质的某种超越之上。同时,人的自主性、独立性也都与德行的建立紧密相连,通过德行的抉择表现出来。若无对物质的超越,甚至连自由(表现为自主的抉择)都无从谈起。人性在这种情形下必然被贬低。因此,小说中描写唯物主义否认人的基本灵性维度,事实上是一种严重的精神暴行。书中不仅详细描绘了梅布尔采用官方保护的方式自杀的过程,还有其他人诉诸暴力的情节,比如暴力灭除宗教信仰者——因为对自身灵性维度的彻底排斥(事实上是对自己施暴)而导致无法容忍他人的灵性维度(转而发泄为对他人施暴);又或者因为觉得生活太圆满而绝望自杀(对自我施暴的极端状况)——因为当人性所有深度都被等同于物质现实,个体的独特性就消失了。对信仰的彻底导致对人性的否定,由此产生的对他人和自我加诸暴力的情形变得不可遏制——这是作者清晰而深刻的洞见的一部分。

事实上,对死亡的思考与对末世的思考紧密相连。末世如同死亡,终会来临。死亡是个体的,也是人类的;末世是人类的,但也和个体密切相关。死亡

---

[12] Ibid., pp. 30–31.

促使人思考个体的终结。而末世则是群体终结的时刻,目前,不论物理学,还是哲学,都不能回避这种极大的可能性。它意味着不仅个体会消亡,而且人类作为群体,甚至整个物质世界,都不会是永恒的。世界也许会转化成为对人类而言彻底陌生的东西。

莎士比亚让他笔下的人物在戏剧《暴风雨》临近终点的时候说:"我们的游戏现在完了。我们这些演员,我已说过,原是一些精灵,现在化为空气,稀薄的空气:顶着云霄的高楼,富丽堂皇的宫殿,庄严的庙宇,甚至是这地球本身,对了,还有地球上的一切,将来也会像这毫无根基的幻想一般地消逝,并且也会和这刚幻灭的空虚的戏景一样不留下一点烟痕。我们的本质原来也和梦的一般,我们短促的一首诗被完成在睡眠里面。"[13]莎翁剧中"人生如梦"、"戏如人生"的台词屡屡出现,但他并非在提倡一种人生的虚幻感或幻灭倾向,抑或游戏人生的态度,而是提醒人之本质所在;人会死,当死亡来临,一个人现在拥有的一切对他自己来说都不复存在,失去了意义。这种虚无性或者否定性是人生的必然组成部分,就如死之不可避免所昭示的人之易朽性一样。莎翁的戏剧催发人们思考,莫忘记我们"琉璃易碎的本来面目",[14]骄傲自满,需知人类的脆弱、渺小使其与永恒(永远存在)、真理(绝对的正确)均相去甚远,因此我们手中工作的价值也总有一种可疑之处。在莎翁的笔下,正面的角色总是不忘记自己和他人卑微之本质,并且热情地生活着。只有在信仰的层面能够回答和面对死亡与末世的问题。宗教信仰的回答并非如许多人以为的那样,只是提供一种精神安慰。相反,真正好的回答密切地关注当下,可以帮助人把握和面对这不容回避的对人而言悲剧性的现实,加倍努力积极生活,正如莎翁笔下的正面形象一般。

基督宗教的末世观是以神圣启示的形式出现的。新约《启示录》延续了旧约"启示文学"的文体特征,文中充满图像、符号,描绘的图景带有极强的紧迫感。但是和旧约中的启示文学一样,新约每当描述大灾难即将来临之后,总会

---

[13] 威廉·莎士比亚:《暴风雨》,梁实秋译,第四幕,第一场,北京:中国广播电视出版社 & 远东图书公司,1980年,第138—139页,该话出自主人公普洛斯帕罗之口。《暴风雨》是莎士比亚晚年的一部作品。
[14] 威廉·莎士比亚:《一报还一报》,朱生豪译,人民文学出版社,1980年,第315页。女主人公依莎贝拉的台词:"世上的大人先生们倘使都能够兴雷作电,那么天上的神明将永远得不到安静,因为每一个微僚末吏都要卖弄他的威风,让天空中充满了雷声。上天是慈悲的,它宁愿把雷霆的火力,去劈碎一株槎枒状硕的橡树,却不去损坏柔弱的郁金香;可是骄傲的世人掌握到暂时的权力,却会忘记了自己琉璃易碎的本来面目,像一头盛怒的猴子一样,装扮出种种丑恶的怪相,使天上的神明们因为怜悯他们的痴愚而流泪;其实诸神的脾气如果和我们一样,他们笑也会笑死的。"

强调神的掌权和怜悯。因此，对种种灾难的描述既是预言也是警告，是为了提醒读者（启示的接受者）当下应该如何行为。[15]

1992年，前任教宗本笃十六世担任教廷信理部部长期间在一次公开演讲中提到了《世界之主》，他在演讲中指责美国总统乔治·布什的政治主张"新世界秩序"，并说这部小说描绘了"一个相似的同一化的文明及其摧毁精神的强大力量"。

就在同一年，他领导制定并公布的《天主教教理》这样教导关于末世的教理：

"在基督来临前，教会将要经历一个动摇许多信徒信仰的最后考验。那陪伴她在世旅程的迫害，将揭露在冒牌宗教的方式下的'邪恶的奥秘'，它给人提供一种表面解决问题的方法，但要付出背弃真理的代价。最大的冒牌宗教就是假基督，即是一种冒充的默西亚主义：人追求自己的荣耀而取代天主及在肉身内降世的默西亚。

"每当有人企图在历史中实现默西亚带来的希望时，假基督的这种欺骗就在世上形成了，因为这希望只能超越历史透过末世审判实现出来。纵使它以温和的形式出现，教会也摈弃这种歪曲未来神国的所谓'千年主义'，尤其摈弃'本身邪恶'的，在政治形式下的俗世默西亚主义。"[16]

2013年11月18日，新任教宗方济各在弥撒训诫中也提及《世界之主》，认为这位作者描写的世俗精神导致的叛教"几乎像预言一样准确预见了将会发生什么"，并鼓励教民不与幼稚的进步主义苟合。[17]

二位教宗都首肯了小说中表现出的拒绝彻底与现世认同的态度。中国天主教学者肖恩慧在出版于2013年的《末世论》一书指出，在历史上天主教教会曾经因为过于专注发展现世教会组织，末世意识长期淡漠，至多只关心个人的末世层面，如表现为发展炼狱学说等。但是在20世纪天主教教会中，"末世论进入了真正的、科学的、系统的神学题目之列"，参考了从史怀哲到卡尔·巴特、莫尔特曼等多位神学家的末世论学说。1979年信理部在发给主教们的《关于末世论的一些问题》中指出：末世论是神学的基础，它是人与世界的创造

---

15 参见 Earl F. Palmer, 1, 2, 3 *John*, *Revelation*: *The Preacher's Commentary*, Edinburgh: Thomas Nelson, 2002.

16 《天主教教理》制定始于1986年，1992年公布，第675, 676条。默西亚即弥赛亚，为天主教界通行译法。本文引用的中文经文未采用天主教思高本，而是新教和合本，因为后者流传更广，已经是中文通用版本。

17 http://www.catholicculture.org/news/headlines/index.cfm?storyid=19721, 2014年1月15日。

者将造物引向完美的自我启示。末世不是为了毁坏,而是为了成全。[18]因此,在末世实现的完满,彻底的公义,一切困苦的终结,上帝与人永远同在,正是基督宗教徒充满盼望的未来。

这部小说中的两个对立角色——培西和费尔森贝格——都恰好33岁,这说明他们均暗指耶稣的形象,因为传说耶稣基督33岁时受难。二人甚至在外貌上也有惊人的相似,比如都是青年白发。教宗代表的是基督的跟随者,而另一位则是基督的对立面——敌基督。敌基督是强势的,蛊惑人心的,同时也充满虚假的谎言;而教宗是默默无声的,遭人厌弃,卑微的。两者的行事为人与导向的结果都彻底背道而驰。如新版《天主教教理》所昭示,任何宣扬在世界上建立终极正义的政治形式在天主教教会看来都是邪恶的。本森的反乌托邦小说正是在这一洞见下,将敌基督的出现描写为世俗社会发展的必然结果。小说中的费尔森贝格之所以能够领导世界,是因为他为这个世界带来了"和平"。因为阻止了世界大战,他在东方称王,被欧洲授予绝对领导权,在美洲成为保民官,最终统一了世界。在极端世俗化时代,对物质世界的臣服导致人们只重视现世福祉,因而崇拜能够延长这种福祉的人。具有讽刺意味的是,费尔森贝格登基后迫不及待地发起了对"人神"的崇拜,以母性、生命、供养与父性(Maternity, Life, Sustenance and Paternity)为信仰对象,由前神父主持,效法天主教的全套礼仪。"人神"成为世界法定宗教,任何拒绝参与者都被视作人类的敌人,可以为了人类的进步予以剪除。当真正的宗教信仰被取缔,世俗理念就开始以伪信仰的姿态出现,寻求绝对忠诚与臣服。这也在20世纪一再上演。[19]即对人的重视推到极致,发展成对人的崇拜,再发展成对人性中的积极因素的崇拜,再进一步成为对超人的崇拜,然后发展成对体现了这种超人性的某位具体伟人的崇拜,然后吊诡地转化成为对一般的人性(比如人的情感等所谓软弱之处)的压抑,最后成为对伟人之外所有人的压抑。这正是20世纪极权主义闹剧也是悲剧的真实的历史逻辑。

这部站在末世立场反乌托邦的小说异常有力之处在于:它没有将信奉唯物主义的人描述为道德沦丧者,恰恰相反,他们可能是狂热的理想主义者。作者本人是理想主义者,他没有预计到理想主义大潮覆灭之后,今天后工业社会弥漫的颓废与奢华情绪,在某种意义上我们可以批评他低估了物质主义和极

---

[18] 肖恩慧:《末世论》,第75—77页。
[19] 参见兰德尔·彼特沃克:《弯曲的脊梁:纳粹德国与民主德国时期的宣传活动》,张洪译,上海:上海三联书店,2012年。

端个人主义的势力,也低估了爱国主义或者民族主义的狂热忠诚。在他笔下,真诚的唯物主义者被表现为崇高的理想主义者,他们的问题出在人类尝试抛开上帝,自己判定善恶,建设"彻底自主的市民世界"。

时下,末世主题在文学艺术领域仍有一定热度。但是虽然很多文学作品和电影都尝试表现末世,可事实上它们几乎从未正面表现过末世。很多所谓描绘末世的电影和小说其实都是灾难片或者后灾难片。比如2011年欧洲文艺大片《忧郁症》(又名"惊悚末日"[台]、"世纪末婚礼"[港])。[20] 一位欧洲著名导演在看完电影之后,笑问:"现在该怎么办?"因为在电影开头小行星已经撞击了地球,没有将来可言了。中文经常翻译成"末世"的英文词apocalypse,来自《新约圣经·启示录》,原意是对奥秘的揭示,而流行的文学艺术多半是在恐怖灾难的意义上运用它,缺乏严肃的末世探讨。基督教的启示文学虽然激发了面对末世的乐观态度与向往或者说乡愁,[21] 但许多描绘末世特征的电影其实是不过将末世与巨大的灾难偷换了概念,将人类文明的危机作为一个噱头,想象人类如何劫后余生的场景,典型的有终结者系列和《我是传奇》等。

人生活在时间之中,我们从哪里来,到哪里去,纵使没有答案,也不能够阻止提出这些问题。但对世俗社会来说,这两个问题几乎是无解的。随着世俗化,西方社会对彼岸的关注逐渐衰落,而未来这一时间上的必然作为人类无法回避的问题,开始更多受到关注。一方面受到基督教传统末世论的影响,另一方面,20世纪西方社会经历的战争与灾难导致了对启蒙以来乐观进步主义的反思。此外,宇宙大爆炸等科学理论的传播使人们普遍认识到不论地球、太阳系还是整个宇宙都面对着终结的可能性,这一切都使未来成为当代人眼中的谜团,也是滋生末世题材文艺的土壤,由此催生了2012年全球消费"世界末日"的奇异现象,甚至在中国也不例外。这在一定程度上说明了人们对于未来的迷惘态度和复杂心态。以好莱坞电影为例,它的主流大片的模式是,适度揭示隐忧,认可其存在,然后再用叙事给出一个好的结局,起到暂时性安抚这种忧虑的作用。这种处理方式注定,这些名为末世实为灾难的文学与电影的本质并不带领人们去面对真正的末世的可能性,而是通过故事婉转地遮盖这个

---

20 导演是拍摄了《狗镇》和《黑暗中的舞者》的著名导演拉斯·冯·提尔,影片获一系列电影节最佳影片提名:2011年该片获第64届戛纳电影节最佳女演员奖,戛纳电影节主竞赛单元金棕榈奖(提名),第26届戈雅奖最佳欧洲电影(提名),以及第77届纽约影评人协会奖最佳影片(提名)。

21 Lois Parkinson Zamora, *Writing the Apocalypse: Historical Vision in Contemporary U. S. and Latin American Fiction*, Cambridge: 1993. (such apocalyptic sensibilities inspired optimism and nostalgia for the End times.)

无法解决的矛盾。

　　同样关注未来的问题,反乌托邦小说相对来说比末世灾难片更深刻。这类小说关注科技迅速发展给人类社会带来的忧患,它的关注在于人的道德层面,具有很强的现实意义和批判性。它的结论一般是,如果人的道德没有获得根本的提升获得,更强大的控制物质的能力的结果是灾难性的。但反乌托邦小说一般只能描绘灾难性的后果,表达深切的忧虑,没有能力提出任何解决和超越的方案,这使它的未来往往显得阴郁无比。从这个意义上来讲,反乌托邦和真正的末世问题仍然是错位的。没有任何世俗思想能够面对末世,因为这是一个宗教的,准确地说,基督教的概念。

　　《世界之主》中对末世的描写,虽然提到了自然灾难但完全没有专注于斯,甚至也没有专注于人为的世界性灾难,而是像福音书中的描述,当末世来临的时候,等候它的人看见迹象就警醒,而普通人照样"吃喝嫁娶"。[22] 所以,小说的笔墨主要着眼于敌基督者的出现以及基督宗教信仰的衰落。作者对末世的描写,完全是从灵性斗争(既是个体的,教会的,也是宇宙性的)角度出发的。这种清晰的洞察使它在灵性高度上和正统性上,远远超越了近年来风靡一时的末日迷踪系列小说。后者由美国两位福音派背景作家写成,具有极强的时代论特征,充斥好莱坞式的个人主义和家庭温情情节。

　　2001年奥古斯丁出版社再版了《世界之主》。尽管在教界不乏赞誉者,但非天主教背景的读者很难对它产生共鸣。首先,小说对灵性世界的详细探讨

---

[22] 马24:3—39:耶稣在橄榄山上坐着,门徒暗暗地来说:"请告诉我们,什么时候有这些事?你降临和世界的末了,有什么预兆呢?"耶稣回答说:"你们要谨慎,免得有人迷惑你们。因为将来有好些人冒我的名来,说:'我是基督',并且要迷惑许多人。……只因不法的事增多,许多人的爱心才渐渐冷淡了。惟有忍耐到底的必然得救。这天国的福音要传遍天下,对万民作见证,然后末期才来到。……因为那时必有大灾难,从世界的起头直到如今,没有这样的灾难,后来也必没有。若不减少那日子,凡有血气的,总没有一个得救的;只是为选民,那日子必减少了。那时,若有人对你们说'基督在这里',或说'基督在那里',你们不要信。因为假基督、假先知将要起来,显大神迹、大奇事。倘若能行,连选民也就迷惑了。看哪,若有人对你们说,'看哪,基督在旷野里',你们不要出去;或说,'看哪,基督在内屋中',你们不要信。闪电从东边发出,直照到西边;人子降临,也要这样。尸首在哪里,鹰也必聚在那里。那些日子的灾难一过去,日头就变黑了,月亮也不放光,众星要从天上坠落,天势都要震动。'那时,人子的兆头要显在天上,地上的万族都要哀哭。他们要看见人子有能力,有大荣耀,驾着天上的云降临。他要差遣使者,用号筒的大声,将他的选民从四方("方"原文作"风"),从天这边到天那边,都招聚了来。你们可以从无花果树学个比方:当树枝发嫩长叶的时候,你们就知道夏天近了。这样,你们看见这一切的事,也该知道人子近了,正在门口了。我实在告诉你们:这世代还没有过去,这些事都要成就。天地要废去,我的话却不能废去。但那日子、那时辰,没有人知道,连天上的使者也不知道,子也不知道,惟独父知道。挪亚的日子怎样,人子降临也要怎样。当洪水以前的日子,人照常吃喝嫁娶,直到挪亚进方舟的那日,不知不觉洪水来了,把他们全都冲去。人子降临也要这样。"

很有可能使一般读者感到陌生的隔膜。其次,有些非常重要的篇章,比如结尾处教宗主持的最后弥撒礼仪穿插在敌基督者的节节逼近中,气氛紧张而庄严,但这几页有近三分之一为没有翻译的拉丁弥撒文,如果对天主教礼仪没有基本了解,读者很难感受到小说缔造的凝重氛围中惊心动魄之处:教宗面对整个世界集结的势力如同未见,跟随灵性异象(vision),以绝然超然的态度庄重而日常地举行弥撒,守候基督的再临……

就 20 世纪英国天主教小说的整体图景来说,离开了世纪初,几乎再也没有出现过这么成功的从正统天主教立场正面出发描写的小说。伴随着欧洲社会的世俗化进程,纯粹的天主教内部立场已经很难被一般读者接受。另一方面,现代主义乃至后现代主义文学的崛起,质疑了以现实主义风格描绘末世的可能性;再者,小说不考虑相对主义立场的威权式的话语模式也很难被非通俗文学界被接受,难以吸引学者的眼球。因此相似题材只能在通俗文学领域重复出现并受教界人士的欢迎,比如前面提到"末世迷踪"系列和以及加拿大天主教背景的系列小说《末日的孩子们》(Michael D. O'Brien, *Children of the Last Days*)等。

但在后现代和全球化时代如何写作基督宗教的末世仍然是一代又一代基督宗教作家小说家需要面对和完成的任务。在后现实主义文学时期中,正面严肃地谈论末世的场域似乎已经丢失,因为一般人并不真正关心末世,所以 C. S. 路易斯选择在奇幻文学中表现这个场景,即"纳尼亚传奇"的终结篇《最后一战》中,因为隐喻是童话的天然优势。但末世在本质上并非只是一个未来的场景,对于信徒而言,它一直处于来临之中,渗透于人们的日常生活。一部描写当下的基督宗教作品也可能深深浸润末世的维度,就如同许多俄罗斯宗教文学已经表现的一样。

基督信仰与伦理问题

圣经伦理的三个视角平衡
——以一个婚姻问题为例

颜复萍(四川省社会科学院)文

在圣经神学家看来,基督教伦理学涉及所有的领域,是所有价值判断和选择的基础,是考察道德是非的关系学。这种伦理学是指合乎《圣经》原则的伦理规范原则及应用,基于上帝的道,以上帝的国度视野为处境性思维,以信心、爱及荣耀上帝为动机的伦理学。威斯敏斯特神学院(Westminster Theological Seminary)的约翰·弗兰姆(John M. Frame)提出的以《圣经》的规范性、处境性和存在性(动机性)三个视角平衡的观点[1]来看待伦理问题,如一束亮光打开了我们的心灵,这种视角平衡观超越时空,超越各种主义和思潮,通过认识永恒真理从而更真实深刻地认识自己、他人与事物,以此为出发点来解决人的实际问题,尤其对有争议的社会问题更有极大的指引价值,带给追寻真理的人极大的平安和祝福。本文尝试以一个有争议的婚姻问题为例,剖析不同观点对这个问题的不同神学解读,以此评析圣经伦理的三个视角平衡观带来的重大价值和意义。

一、规范性、处境性和存在性三个视角平衡的
圣经伦理观及相应的伦理思维途径

圣经神学家认为基督教伦理学涵盖了人类所有的领域,是所有价值判断

---

[1] 周功和:《信望爱——圣经伦理学导论》,新北市:中华福音神学院出版社,2000年,第3—7页。

和选择的基础。这种观点极有挑战性。约翰·弗兰姆认为,"对于上帝的规范、世界以及自我的知识是相互关联的,三者之终极意义上是一致的。我们是通过认识规范的应用,即它和这个世界的以及自我的关系来认识规范的,因此规范的应用与规范的意义在终极意义上是一致的,因此所有的知识都是关于规范的知识,所有的知识也是关于世界的知识,这是因为我们所有的知识都设通过作为媒介的被界定,并且所有知识都是关于自我的,我们所认识的所有事物都是通过我们自己的经验和思想"。[2] 因为这三种知识是一致的,相互关联的,代表从不同角度或视野来认识的一样的知识。如此,我们确实值得思考为什么很多本着同样是追求高尚的、美好的理想和爱的思想,到头来结果却是完全不一样的?(希特勒宣扬的美好国度等等)圣经伦理学家认为所有背后的问题都是神学问题,是不是从一个清洁的源头而来的问题,是不是有永恒价值意义和视角的问题。我们是否可以从上帝的启示中,在对他的属性的确定认知和信靠里,使人活在上帝的荣耀和面光之中,找到于人于己于世界都蒙他真正永恒祝福之道,这样圣经神学伦理就有着非常重要的伦理价值和意义。

约翰·弗兰姆构建的基督教伦理的规范性、处境性和存在性三个视角平衡观,强调必须是等边三角形的视角像度。这种伦理观中,规范性视角强调圣约,对应圣父的位格,强调以上帝的道和上帝本体的认知及旨意为基本原则。其中圣经"十诫"是精华,是上帝整全的旨意及普遍启示(常理);处境性视角强调福音视角,对应圣子的位格,是从上帝的国度视野为基础的一个整全的大处境视野,认为只有从上帝的国度视野才能看到蒙福的人生和处境,而不是人眼界的一切为唯一的实在,才能看到事物全部的本质和真相,才能有力量有源泉有价值地建造和更新。强调从上帝的本质属性认知他的良善信实和慈爱,才能对上帝主权有真正的交托、信任和放手,才能有真正的平安和喜乐,其伦理视角必须要看是否出于清洁的源头,是否是上帝的旨意作为个人的动机和良心;存在性视角对应圣灵的位格,强调事情出发的动机和源头,注重从上帝国度的视野,以荣耀上帝,及对上帝属性的认知和确信中拥有的信心和恩典,来进行人生的选择。

图形:(必须是等边三角的平衡关系,偏颇导致走偏,正如圣父圣子圣灵同荣同尊和同工)

---

[2] 约翰·弗兰姆:《神学认识论》,陈德中、孙为鲲译,美国加州中华展望出版,2011年,第98页。

```
          (圣父)规范性视角
              △
(圣子)处境性视角   (圣灵)存在性视角
```

圣经伦理三个视角相对应的三角不等边伦理观分析:

规范性视角过重的视野,容易导致伦理上的律法主义。因此要注意规范性视角必须要和处境性以及存在性另外两个视角互为同工的、平衡的、等边三角的关系。规范性平衡视角与律法主义的区别在于,人有无对上帝真善美及信实的本质的信任,有无对基督的爱的深刻理解和信心回应,有无恩典。人们过于注重理性思辨和道德准则,律法反易成为吃人的礼教。同时,在现实基督徒生活中比较普遍存在一种"一般性"伦理思维,即虽然有一定规范性的原则性视角,但常常规范性被视为"一般情况下"而已,"很多情况"都有不同要区别对待。这样易使大部分现实情况成为例外,从而使规范性原则形同虚设。等边三角形关系上,规范性原则不够就显出没有力度。"辩证主义"思想的实质比较接近这种伦理思维途径,凡事辩证地去看,从中比较计算出最大利益原则,对上帝的大能和信心不够。从中也可看到功利主义神学根基其视角的端倪。

处境性视角观过偏,容易导致经验主义、人本主义和自由主义。凡事放在处境中分析,以爱人和人的生命主权为最高原则去理解和选择。实际会发生没有绝对的规范原则存在,忽视十诫是爱的精华,不能够深刻体会律法背后的恩典,不能明白什么是上帝真正的爱和爱的原则。等边三角形关系上,过度强调了处境性视角,放弃了神本的绝对性。这种伦理观忽视圣父这个位格的规范性原则是鲜活有生命力的、有清晰的道可循的、大能而可敬畏的,忽视上帝的主权和真理的唯一性:自由派神学根基视角伦理观中比较具有代表性。

存在性视角观过重,容易导致主观主义。这种视角明显缺乏规范性原则,是对律法主义的过度反应,打着圣灵启示的名义但实质是"我的感觉和启示之下"的非圣约群体的个人主观主义和存在主义。不是以扎根在上帝真理的道为磐石,以此为最高原则,凡事建立在"我的启示和感觉感动"为最高原则,重视个人主观体验和存在经验,忽视圣约真意和生命共同体概念,忽视顺服大于献祭,上帝主权的旨意其实成静止的表象。因此,这种视角的伦理观易于导致偏颇于更重视圣灵对个人的感动带领和启示。极端灵恩派神学根基的伦理视角应该是比较明显的存在性视野伦理视角。

相对于不等边的三角形伦理思维,有两种相对接近三个视角平衡的等边三角形的圣经伦理思维途径,非常值得我们关注:

一是有抵触绝对论:这种思维有三个清晰的相对平衡的伦理视角,但处境性和存在性视角偏轻。这种伦理观认为人在世上犯罪是避免不了的,只能"两害相比取其轻"的犯罪。其中一个不得已的犯罪仍是罪,仍要再在上帝面前去忏悔求上帝的怜悯和赦免。这种三角形关系上,规范性视角稍大,处境性和存在性视角不够,易导致伦理上的苦修主义。基督信仰中的路德宗、天主教、东正教有这种倾向,其视野更靠近此岸世界,无法更深入解析上帝长阔高深的爱、怜悯与恩典的本质,信仰成为苦巴巴的需要时时战兢去忏悔的天路,没有真正享受活在真理和恩典中的自由,以及上帝赐人在此世的平安和得胜的喜乐。

另一种是有等级绝对论:认为律法是有等级差别的绝对性,罪也是有层次等级差别的,如十诫是律法的精华是亘古不变的原则,而礼仪律和民事律是有等级差别的,并会因基督降临而能有改变的。这是一种以上帝国度的整全视野和上帝主权的心意旨意为眼(目标)、以十字架的恩典和爱为心肠(方法)、以荣耀上帝益人为动机(良心),作为一切优先选择的等级对比原则的三个视角相对平衡的圣经伦理观,人们因而可以从容进行伦理选择,并同时享受上帝的平安、大能和恩典。保罗,加尔文,改革宗归正信仰的伦理观思想比较具有这种代表性,他们重视秩序原则:1. 上帝的旨意和诫命;2. 整本《圣经》的原则;3. 普遍恩典、普遍启示和常理,以竭力追求三个伦理视角最接近等边三角形的(圣父圣子圣灵同荣同尊和同工)为最高原则,是绝对中的相对主义,以竭力追求三个视角相对平衡为目标的伦理观思维。

二、以对王徵出妾的不同伦理观思考为例

《圣经》启示,婚姻是极大的奥秘。在人类生活中,无论来自原生家庭和自身婚姻,婚姻问题确实影响到所有的人,人类都可以试着因着上帝启示来尽力探寻这个奥秘。在《圣经》中,与基督联合的最亲密最清楚的表达也是在婚姻里,耶稣基督是新郎,教会是他的新妇,整个婚姻的意义指向人和上帝的关系。所以,圣经伦理观认为,只有当所有的婚姻问题转向上帝转向基督教伦理准则时,问题才能得到真正正确的审视和指导,信仰也才能成为真正有平安喜乐的而非苦巴巴的生命。我们以一个有争议的婚姻问题即"王徵出妾"为例,审视

不同的神学伦理观的辩论,以及圣经伦理三个视角平衡观的如何解析及其带来的思考。

刘阳在《纳妾与自杀的"两头蛇"们》[3]的文章中,对明末清初追随上帝真理的人,当时的那种尴尬、冲突和痛苦表达出深入的思考,里面的神学和伦理观思考,源自对台湾黄一农教授所著的《两头蛇——明末清初的一代天主教徒》[4]一书的批评和辨析。黄一农想表达的是这些既是儒家士大夫又是天主教徒的人,面临两种身份的伦理冲突的困境,只能沦为两头蛇,因此其处境更让教外人士可怜。比如纳妾问题"不孝有三,无后为大",基督徒倘若中年未得子,常常会在巨大的社会现实压力下和孝文化的理念下而屈服。比如王徵虽已有信仰但在孝文化压力下不得已纳妾,但"随着其信仰渐深,决心出妾申氏,但发妻尚氏竭力挽留,申氏也誓死不肯改嫁。六年后其痛下悔改之心,视申氏'一如宾友,自矢断色,以断此邪淫之罪',将其'异处'(分居)而非休弃,结束了夫妻关系"。之后,清兵入关国破家亡,王徵"绝食尽节",也违背了十诫之律。而"妾申氏欲殉夫,被尚氏劝留,替王家料理丧葬,在尚氏离世后苦苦支撑一大家子人的生计,历尽艰苦将孙儿抚育成人后,申氏在七十大寿时仿效王徵,绝食而死!"

黄一农认为"王徵为了自身的罪赎,牺牲了申氏的幸福",其努力克服肉欲实际是一种自私的行为,让申氏失去了正常的婚姻生活,暗讽王徵无奈地失落在尴尬的两种文化之间,实质仍是"补儒易佛,修身事天"的利玛窦福音文化策略,是两头蛇的必然尴尬;而刘阳则辩论说选择"异处"而非"休弃"正是为负担女方生活的更人道的行为,他认为黄一农这种应用了创纪录的1099种史料文献的观点,不愧为"e时代的考据",但对于研究恩典并不能有所帮助。在他看来人就是人,皆有欲望皆有罪性皆有人性,何况是个人无法承受的重担。他说,"信徒为何可以藏身于基督之中,实因基督里固然有律法,但更有恩典。"他引用朋霍费尔《伦理学》[5]中谈及自杀的一段话,"不是生的权利,而是允许在上帝的赦免下继续活下去的恩典,能够抵制这种自杀的诱惑。可有谁敢说,上帝的恩典就不能包含并容忍人在抵御这种最冷酷无情的诱惑时的失败呢?"最后一句深有意味:"上帝的爱究竟有多大呢,可以被形容为长阔高深?"[6] 其鲜活的

---

[3] 刘阳:"纳妾与自杀的'两头蛇'们",《杏花》,2009年,第4期,第94页。
[4] 黄一农:《两头蛇——明末清初的一代天主教徒》,上海:上海古籍出版社,2006年。
[5] 朋霍费尔:《伦理学》,胡其鼎译,上海:上海人民出版社,2007年,第39页。
[6] 在用弗兰姆构建的基督教伦理的规范性、处境性和存在性三个视角去分析时,又引向了另一个更深的思考:在爱的名义下,规范性到底有无最后底线?

处境性视角呼之欲出，对比僵硬的单一规范性视角伦理思维模式下的黄一农的观点，有更令人值得思考的碰触。这显然是两种不同的伦理观的冲突。如何避免过度的规范性伦理观导致的律法主义吃人的礼教，在活出基督的爱与敬畏上帝的律法之间，三个视角平衡观可能应该会给常常处于尴尬的"两头蛇"们，带去一些在真理中得自由的安慰和释放。

文中没提到关于女性伦理选择这一方面，但其实也非常值得进行深入的伦理探讨，包括针对今天的社会伦理现象来讨论同样很有价值。尚氏和申氏似乎都是更深明大义之女，她们不在乎自己的性命和得失，忍辱负重，都把自己的一生奉献给了所嫁之人的家族，如《箴言》里的才德的妇人一样？她们是否如圣经人物中的犹大自惭不如的他玛一样，虽有不当但却不见得比要休妾的基督徒王徵不义？女方的表现是否更令人敬佩？这些都会反映出不同的伦理观对待问题的不同看法和解答。

我们用规范性、处境性和存在性三个平衡视角的伦理观点试着来评析下这个婚姻伦理案例，王徵的多妻和自杀首先在规范性原则里犯了十诫中的两戒，这和其儒家士大夫精神历史深厚的社会文化根基影响有直接的关系。就出妾而言，王徵的本意是想回到信仰的规范性里面，其存在性方面的初衷也是愿意以上帝的旨意作为个人的动机和良心。然而他受到的天主教影响的伦理观，非常强调规范性而相对忽略处境性考虑，所以易进入律法主义。不难看到，处境性过重的思维视角有失去真理的规范性危险，但规范性视角过重的伦理观，常常会使得律法本身反易成为吃人的礼教，信仰成为苦巴巴的需要时时战兢去忏悔的天路，没有真正享受活在真理和恩典中的自由，以及上帝赐人在世的平安和得胜的喜乐。王徵一生挣扎的信仰历程就是这真实的写照，难以脱离被人讥笑为"两头蛇"的可怜而尴尬的人生处境。所以，无论是以奥古斯丁为代表的重视圣经原则的规范性视角绝对论的伦理观，还是以马丁·路德、天主教为代表的处境性和存在性视角不够的有抵触绝对论的伦理观，都不会在王徵这种问题的伦理选择下轻松起来，更多的可能只能是无奈和痛苦，更谈不上平安和喜乐。

然而上帝透过《圣经》启示我们，律法和福音必须是统一的，不能孤立，规范性是活在上帝的恩典和信心中的规范性。王徵后来有了一点变通改离婚为永远分居，是他的处境性考虑，但按照黄一农的观点则对女方太残忍又失去了对女性的处境性考虑；按照规范性的要求，离婚也应当遵照程序公开进行，而不可任凭当事人随己意自断其事（申 24：1—4）。包括圣经原则中普遍认同同意离婚的两个原因本质上其实是保护婚姻，即犯奸淫（犯第七诫命，出 20：14；

太:19:9);不信的配偶坚持离婚(林前 7:15)。可见圣经原则同样非常尊重婚姻的神圣性,这是非常关键的一点。带进处境性视野分析,王徵和妾申氏和旧约中的多妻历史一样,有社会公认的婚约,虽多妻不被祝福但在特定环境和历史下被允许,王徵的天主教伦理观和黄一农对他的定论,显然都未能考虑那个时代的公共伦理,一般性法则。正如初造人时的乱伦不是罪,后来成为罪;旧约时代不少上帝所喜悦的子民存在多妻,都有处境性的考虑和容忍。虽然明末清初的中国已经进入新约时代,但当时的中国社会背景犹如旧约,王徵若凭着信心追求上帝的国和义(为孝而娶为国而自杀,都是儒家士大夫的精神追求大于了追求上帝的主权和上帝的义)首先坚持不娶妾,就不存在后续伤害的问题,但既然已经正式嫁娶被社会公认公知了,是否就不应该再去强逼对方离婚,若女方能接受离婚更好若把人往死里逼就太不合宜,这里必须要有处境性视角考虑和祷告等候。我们又注意到,刘阳仅以王徵为照顾女方生活为由而选择"出妾"是更人道的看法,很难站住脚,因为可能钱根本不是问题或者钱不是根本问题;刘阳最后以爱的名义的神学伦理观,直接令人思考到:规范性到底有无最后底线?结果同样令人怀疑和谨慎。现代自由主义神学最常用的伦理观也常常凡事以爱和宽容为最高原则,都显然是处境性考虑太过之故,所以仍然让人有失偏颇,甚至可能完全离开了真理的规范性原则。那种凡事放在处境中分析,以爱、人的生命权等为最高原则的理解和选择,实际会发生没有绝对的规范原则存在,忽视十诫是爱的真谛和精华,也难以理解什么是上帝真正的爱,尤其律法背后的爱。这种自由神学的实质很容易走入人本主义和自由主义,也就放弃了神本的绝对性。

与此同时,我们要注意规范性和处境性以及存在性的这三个神学伦理视角,可以是平衡的美的等边三角的关系。弗兰姆三个视角平衡的伦理观的真正价值和意义,正是其所代表的圣父圣子圣灵同荣同尊和同工的关系,也才是整全的符合圣经的伦理观。"有等级绝对论"的伦理观,竭力追求三个视角观平衡,认为律法是有等级差别的绝对性,罪也是有层次等级差别的,基督徒应以国度视野和上帝的心意为旨,以十字架的恩典和爱为心,以荣耀上帝益人为动机,作为一切优先次序的等级对比原则从容选择,并在信仰生命中经历和享受上帝的平安、大能和恩典。王徵等人的信仰历程,如若在这样的伦理思维下,将最大可能避免"两头蛇"的尴尬和痛苦,他们将会从国度更大的视野,从上帝真理的道和真正的心意中,而非简单的宗教律法和世俗伦理规范中,做出有等级的区别和选择。这种在真理中得自由的选择,将体会和实践对父母的真孝、对妻妾的真爱、对国家的真义。这种有等级的伦理选择,一方面尽可能地避免落入黄一农等人的嘲笑和诘难的痛苦境地,另一方面也不会简单地在刘阳等人的爱和理解中落入另一种无原则的境地。正是在这一点上,我们看到圣经伦理的三个视角平衡观的重大意义。这正如一束亮光,真正开启了上帝子民属灵的眼睛,看到基督徒只有从上帝的国度视野和上帝最本质的心意中,才能看到蒙福的人生和处境,而不是世间的伦理准则和宗教律法为唯一。这样也才能看到事物全部的本质和真相,才能有力量有价值地对世间伦理进行建造和更新,并在对上帝属性的认知和确信所拥有的信心和恩典中,平安地来进行人生的伦理选择。

三、以三个视角平衡观反观《圣经》的伦理价值和意义

在人类社会生活中,因不同伦理观带来的不同伦理生活处事准则带给人们极大困扰、纠结和挣扎。若能从圣经伦理的三个规范性、处境性和存在性(动机性)三个视角平衡的观点来重新审视和选择,将可能会有更蒙福的、更能在真理中得自由的身心灵境界。这三个视角平衡观超越了历史主义、经验主义、人文主义、存在主义、律法主义、自由主义等理念的局限,会使我们在看待人类社会问题的方方面面上,拥有宝贵的平安,和日久弥新的超越时空、超越人性的高度和境界。因此,三个平衡视角的圣经伦理观,就将会为我们的现实社会问题带来极有价值的指引方向和思考,从而使我们能真正重视《圣经》这个宝库带给人类的智慧和祝福。

在神学上,三个视角式的认知方式有助于我们明白上帝的属性、三一的位格、十诫等许多方面,也能够帮助我们避免神学中争论了多年的"优先次序"的困惑,我们学会可以用上帝三个位格的三个视角平衡方式,来审视各种伦理关系。在研究人类伦理问题时,《圣经》中的上帝的规范性视角被放在一个特殊的地位上,《圣经》支配我们对世界、自我甚至对《圣经》本身的认识,这是一个相辅相成的过程。弗兰姆认为,我们可以从《圣经》中读到的信息来影响我们对世界和自我所形成的观念,随着我们对其他领域的认识的深入,包括自然科学,我们对《圣经》的理解也会更加深入,所以这是一个认识论的循环。"我们对圣经的认识就决定着我们对世界和自我的认识,并且反过来是不成立的。"基督教归正信仰中,人们用最谦卑最认真的态度来看待作为启示的自然,因为上帝无所不在的主权和同在,所有的事物都在启示着他,并且"人因为有上帝的形象,所以认为人是有启示性的"。加尔文在《基督教要义》开篇谈到关于上帝的知识与人的自我知识时,明确表示并不知哪一种知识是首先存在的,并且

在范·泰尔的《系统神学概要》关于普遍启示中,将从自然界的启示,从人而来的启示,以及上帝的话语相互关联起来。[7]因此,在三个等边三角形的伦理思维路径中,我们看到,作为人类知识不同方面的规范、客体、主体,在视角上,在认识和启示上其实都是相互关联的。这意味着"当我们认识规范时,我们也同时不可避免地认识了客体及主体(其他两个视角也是如此)。因此规范性(上帝真理的道)不但只是人类知识的一部分,从某种'视角'来看,它是人类知识的整体"。[8]在这里有关优先次序的问题是无意义的,因为我们同时认识规范、客体和主体,时间上的优先次序并不存在。上帝的话语也是以视角的方式来呈现关系,这反映了上帝本身的属性。上帝是三位一体的上帝,他是一位拥有许多属性的独一真神,永恒的一而多者。没有任何一个位格和属性是"先于"另外两个位格的,都是同样永恒、终极、绝对、荣耀的。这正是神学的多视角本质。需要指出的是,"并非所有视角在《圣经》中都是同样显著,或同样对神学家和伦理学家有用。一位神学家或伦理学家喜欢一个视角过于另一个视角并不是错误的。只有当他开始对自己喜欢的视角赋予一种单独的权威,或尝试排除其他也有某种程度的合理性的视角时,他才是错误的"[9]。这一观点对如何看待我们实际生活的伦理问题时,非常有价值。

圣经神学伦理究竟是如何与人类的伦理生活发生关系呢?基督教神学家认为,《圣经》是人类所有知识的基础,而知识是始于一个被绝对认同的命题体系,并通过逻辑演绎(或归纳)衍生所有其他知识。而所有非基督教信仰的理性主义知识,最后可能都将会发展为怀疑主义和虚无主义,如海德格尔的存在主义等等。在这一层面上进行思考,所有的知识源头上都是神学的思辨。知识与生命的关系在于它的实用性真理,即能应用在生活的所有层面,阐释意义。我们所有的决定必须与我们所认为的真相一致,并活在真理中实践它。在此意义上,知识对一个人的经验而言就有着伦理责任的导向,认知就是对我们所掌握的证据和规范作出正确的反应。若一个人没有在真理面前谦卑下来前,就无法正确地认识事物,在他生命的所有层面上,知识都无法伦理上正确地回应真理的启示,这被称为"认知的安息"。在神学上,当我们提到"认知的安息"时,这实际上是指理智上的重生、成圣和"圣灵内在的印证"。罪性使我们无法获得真知识(真理),但上帝在基督里的恩典足以救我们脱离这种无知。[10]

---

7 约翰·弗兰姆:《神学认识论》,陈德中、孙为鲲译,美国加州中华展望出版,2011年,第108页。
8 同上书,第235页。
9 同上书,第238页。
10 同上书,第186页。

伦理上的理念与信念与我们生活的所有层面协调一致。在圣经伦理的三个平衡视角的关系上，规范性视角中我们需要考量我们的信念是否与思想的规范一致？在处境性视角中，我们的信念是否符合客观事实？在存在性视角中，我们是否可以用这种信念来生活？如果我们要证明自己的行为合乎伦理，就需要让别人看到我们的行为是出自良好的动机，即一种信心和爱心的动机。于是我们再次发现在基督徒伦理上的成圣，与对真理的理解之间存在着循环关系。信念是对某种立场抱有某种情感，当情感导向一个正确的方向时，这种信念就构成真理的一部分。当理性和情感相调和的状态下，并导向一个正确的方向，我们才能完全获得那种"认知的安息"。所以基督徒情感的转变是他全人成圣的一部分，对真理的认知、心灵和行为，其中任何一个方面的成长都会促进其他方面的成长。这正是三个视角的平衡观。

神学上的成熟与伦理上的成熟是并行的，这二者的关系非常紧密。我们越是能够在伦理方面分别善恶，我们就越能在神学上有分辨，反之亦然，一个人能够在真理的信仰教导中达到认知的安息，在乎他不断地成圣，以及在圣洁上的成长。因此，探讨人们是否有对圣经真理的正确认知，并伴随属灵生命的成长，从而真正能够得到认知的安息并作出正确的伦理选择，这样的话题就很有意义了。通过以上分析，我们有理由去思考，圣经启示的伦理观念是否具有渗透世间万物普遍真理的价值，值得每一位神学、美学和伦理学家们的认真研究和发现。

大哲解读

洗礼与信仰:论奥古斯丁《忏悔录》中的洗礼试探[1]

花 威(华侨大学)文

在早期基督教中,洗礼和圣餐是两大核心性圣礼。领受洗礼意味着获得基督徒的信仰身份,日常重复的领受圣餐则意味着不断持守这一身份。大公教会通常在复活节前夜举行洗礼,而领受了洗礼的信徒随后可以领受复活节的圣餐。[2] 在实际的教会实践中,洗礼也经常被推迟到望教者(catechumen)的临终时刻。

作为开启信仰身份的重要仪式,洗礼究竟意味着什么? 在《忏悔录》前九卷中,[3] 奥古斯丁记叙了自己从出生到皈依大公信仰的思想旅程。其间的叙事跌宕起伏,洗礼的多次试探贯穿始终,分别是童年的未遂洗礼、父亲的临终洗礼、无名朋友的早亡洗礼和居停罗马时的拒斥洗礼。[4] 在直面这些试探时,奥古斯丁不得不从自己当时的思想景况出发来反思洗礼和延期洗礼,不断修正

---

1 本文系 2013 年度教育部人文社会科学研究青年基金项目"奥古斯丁意志哲学研究"(项目编号 13YJC720016)的阶段性成果。
2 参见 Maurice Wiles and Mark Santer ed., *Documents in Early Christian Thought*, Cambridge: Cambridge University Press, 1975, p. 172。
3 在本文中,《忏悔录》的拉丁原文和篇章分段采用 James J. O'Donnell, *Confessions I: Introduction and Text*, Oxford: Clarendon Press, 1992,并参照 Henry Chadwick(*Confessions*, Oxford: Oxford University Press, 1991)、Maria Boulding(*The Confessions*, New York: New City Press, 1997)的英译本和周士良(《忏悔录》,北京:商务印书馆,1963 年版)的中译本译成中文,不足之处,诚请批评。
4 在 384 年秋任职米兰宫廷修辞学教授之后,奥古斯丁还可能受到洗礼的试探,但这从属于 387 年领受洗礼的皈依叙事,本文暂不考察。

自己先前的理论认识,在信仰的开端上作出意志的决断。问题是,这些在叙事中并不显眼的洗礼试探为何会深刻触动奥古斯丁的思想琴弦,迫使他不断进行反思,而这些反思究竟如何最终促成了他在无花果树下的皈依。

有鉴于此,本文试图以《忏悔录》为核心文本,具体考察这四次洗礼试探的发生状况,分析奥古斯丁对延期洗礼和洗礼作出的理论反思,力图表明:从大公教会的小小望教者到沉迷于真理的探索者,从摩尼教(Manichaeism)的听教者(auditor)又到出离摩尼教的彷徨者,思想上波折与转换并没有使奥古斯丁把捉到可以长久持守的真理,洗礼的试探不断突入到他的当下生存中,打破他在寻求真理时的安逸自得,把他驱入到反思的角斗场,使之直面大公信仰的时刻侵袭,也使得他的思想进展总是与对洗礼的深刻反思紧密关联在一起。

一、洗礼的试探

1. 童年的热心

在 383 年前往罗马之前,奥古斯丁一直生活在北非,母亲莫妮卡(Monica)是虔诚的大公教徒。[5] 从童年起,奥古斯丁就开始接触家乡塔格斯特(Thagaste)的大公教会,时而参加教会敬拜,这一直延续到他的少年时代。

> 我孩童时已听到藉着主我们的上帝的谦卑而许诺的永生,他俯就我们的骄傲,并一出母胎就被划上他的十字架的记号,受他的盐的调理。那时,我的母亲已非常信望你。[6]

划十字架记号、置盐于口是当时北非教会对婴儿和望教者所施行的信仰仪式,而婴儿受洗并不常见。[7] 就这样,从莫妮卡那里,年幼的奥古斯丁开始认识到了上帝和《圣经》,听晓其中的故事,略知其中的含义,甚至为自己在学习上能少受责罚而祈祷上帝。[8] 这种认识虽还只是孩童式的,但已经对他产生了

---

[5] 莫妮卡的名字可能取自柏柏尔人的 Mon 神,这是北非多纳图派(the Donatists)的常用名。但鉴于莫妮卡在米兰时对大公教会有着天然的亲和,奥古斯丁在 391 年之前也从未提及过多纳图派,就可以推断,莫妮卡应该是北非大公教会的教徒,但受到北非教会传统和多纳图派的明显影响。关于多纳图派的兴起与衰落,参见 W. H. C. Frend, *The Donatist Church: A Movement of Protest in Roman North Africa*, Clarendon: Oxford University Press, 1951。

[6] 奥古斯丁,《忏悔录》(*Confessiones*)1.11.17. Audieram enim ego adhuc puer de vita aeterna promissa nobis per humilitatem domini dei nostri descendentis ad superbiam nostrum, et signabar iam signo crucis eius, et condiebar eius sale iam inde ab utero matris meae, quae multum speravit in te.

[7] 参见 Henry Chadwick, *The Early Church*, London: Penguin Books, 1990, p. 216。

[8] 参见奥古斯丁,《忏悔录》(*Confessiones*)1.9.14。

219

原初的触动，使得他在患病几至于死时要求母亲让自己领受大公教会的洗礼。

主，你看到，我还是孩童时，一天突然胃痛，就发高热，濒于死亡。我的上帝，你看到，因为你已经是我的守护者，我以怎样的热忱和信心，向我的母亲和我们共同的母亲你的教会，恳求你的基督我的主上帝的洗礼。我肉身的母亲忧心如捣，因为她要以信仰你的清心更加辛劳顾复我的永恒拯救。如果不是我霍然而愈，她就会急急筹备，为使我承认你主耶稣，领受拯救的圣礼，并在洗礼中得到罪的赦免。因此，我的洗礼被延期，好像如果我活着，我就必然会沾受污秽。[9]

我童年时更好，曾向母亲恳求洗礼。[10]

在童年的教义听讲中，奥古斯丁朦胧地认识到，基督谦卑己身施行救赎，洗礼是对信仰的仪式宣认，从之可以得到罪的赦免和死后的永生。正因如此，他才会要求在生命无望的情况下接受洗礼，莫妮卡也十分看重这次即来的洗礼，似乎开始"急急筹备"，以保证在孩子夭亡之前为他施行临终洗礼。然而，由于身体霍然而愈，奥古斯丁的童年洗礼就被无限期延迟了，而这正是北非普罗大众的通行做法，带着北非教会传统的印记。

怀着这一赤子之心，奥古斯丁在探求真理时总是要寻求"基督的名字"（nomen Christi），在出入摩尼教和异教哲学时都面对着母亲的大公信仰。[11] 在此后的际遇转换中，脱去童稚正在成熟的奥古斯丁再次受到洗礼的试探，就开始在理论认识的层面上寻求解答。即便如此，在皈依之后，奥古斯丁一直把自己的大公信仰追溯到孩童时期。[12]

---

[9] 奥古斯丁，《忏悔录》(Confessiones) 1. 11. 17. Vidisti, domine, cum adhuc puer essem et quodam die pressu stomachi repente aestuarem paene moriturus, vidisti, dues meus, quoniam custos meus iam eras, quo motu animi et qua fide baptismum Christi tui, dei et domini mei, flagitavi a pietate matris meae et matris omnium nostrum, ecclesiae tuae. Et conturbata mater carnis meae, quoniam et sempiternam salutem meam carius parturiebat corde casto in fide tua, iam curaret festinabunda ut sacramentis salutaribus initiarer et abluerer, te, domine Iesu, confitens in remissionem peccatorum, nisi statim recreatus essem. Dilata est itaque mundatio mea, quasi neccesse esset ut adhuc sordidarer si viverem.

[10] 奥古斯丁，《忏悔录》(Confessiones) 5. 9. 16. Et melior eram puer, quo illum de materna pietate flagitavi.

[11] 参见奥古斯丁，《忏悔录》(Confessiones) 3. 4. 8、3. 11. 19；亦参见 John O'Meara, *The Young Augustine: The Growth of St. Augustine's Mind Up to His Conversion*, New York: Alba House, 2001, p. 21.

[12] 参见奥古斯丁，《驳学园派》(Contra academicos) 2. 2. 5；《论两个灵魂》(De duabus animabus) 1；《论信仰的益处》(De utilitate credendi) 1. 2.

2. 父亲之死

在奥古斯丁童年时,父亲帕特里克(Patricius)是异教徒,但非常宽容家中的基督教氛围。在当时的北非家庭中,这一现象十分普遍。在370年,奥古斯丁来到迦太基继续攻读修辞学,而在372年左右,帕特里克去世,并在临终前成为大公教会的望教者,随后领受了临终洗礼。[13]

> 那时我已相信,我母亲和全家也已相信,除了父亲一人,但他不能胜过我母亲的敬虔在我身上的权柄,使我不信基督,就像他不信一样。[14]
>
> 我父亲只是望教者,且还是最近的事。[15]
>
> 那时我已十九岁,父亲在两年前就去世了。[16]
>
> 在我父亲临终之前,她最后为你赢得了他。在他归信之后,她并不追怨自己在他归信前所受的委屈。[17]

相比于母亲,奥古斯丁在《忏悔录》中对父亲着墨寥寥,甚至只是在关涉到大公信仰和莫妮卡时才略略提及。然而,帕特里克不是作为对立面来突出莫妮卡的光辉形象,反而是开启奥古斯丁童年信仰的助推手。在论及自己的信仰起点时,奥古斯丁也总是将之追溯到父亲和母亲的共同作用,而没有仅仅归诸母亲一人的眼泪和祈祷。[18]

对于父亲之死,奥古斯丁应该回到家乡塔格斯特参加了葬礼,知悉他先前就已皈依大公信仰,并在临终领受了洗礼。不过,寿终而死是人到老年的自然进程,从属于西塞罗的老年论题;此时的洗礼也是家庭中长久且浓厚的大公信

---

[13] 然而,这一看法最近受到 Paula Fredriksen 的挑战。她认为,帕特里克可能早先已经皈依基督教,只是临终才领受洗礼,因为有一定社会地位的人通常会选择临终才受洗。其次,帕特里克丝毫不阻止家人成为基督徒,也十分重视奥古斯丁的教育,却毫不在意他没有学好在当时的古典教育系统中所必须掌握的希腊语。参见 Paula Fredriksen, *Augustine and the Jews: A Christian Defense of Jews and Judaism*, New York: Doubleday, 2008, p. 3.

[14] 奥古斯丁,《忏悔录》(*Confessiones*) 1. 11. 17. Ita iam credebam et illa et omnis domus, nisi pater solus, qui tamen non evicit in me ius maternae pietatis, quominus in Christum crederem, sicut ille nondum crediderat.

[15] 奥古斯丁,《忏悔录》(*Confessiones*) 2. 3. 6. Nam ille adhuc catechumenus et hoc recens erat.

[16] 奥古斯丁,《忏悔录》(*Confessiones*) 3. 4. 7. Cum agerem annum aetatis undevicensimum iam defuncto patre ante biennium.

[17] 奥古斯丁,《忏悔录》(*Confessiones*) 9. 9. 22. Denique etiam virum suum iam in extrema vita temporali eius lucrata est tibi, nec in eo iam fideli planxit quod in nondum fideli toleraverat.

[18] 例如,奥古斯丁在《忏悔录》(*Confessiones*) 6. 11. 18 说,"孩童时被父母安置在哪里,我就站定在哪里,直到发现清晰的真理"(Figam pedes in eo gradu in quo puer a parentibus positus eram, donec inveniatur perspicua veritas.);《论信仰的益处》(*De utilitate credendi*) 1. 2 也明确说,基督教是"孩童时由我父母(parentibus meis)浇灌在我心里的"。

仰氛围的自然结果,从属于北非教会的仪式论题。在这些亲身感受中,奥古斯丁没有表现出任何诧异,也没有在思想上受到多大震动,甚至对自己童年时的未遂洗礼也没有新的认识。

3. 无名朋友之死

在375年左右,带着初信的摩尼教思想,奥古斯丁从迦太基学成回乡,开始在塔格斯特教授修辞学。凭借着知识和"热心",奥古斯丁诱使一位无名朋友放弃了认识尚浅的大公信仰,与自己一同钻研摩尼教学说。摩尼教兴起于3世纪的波斯,当时已传遍罗马帝国的大部,在北非地区影响广泛,以宗教知识和道德操守吸引了许多上层人士。摩尼教标榜以理性为信仰的进路,认为旧约中的上帝是恶的上帝,新约也被多处篡添,并以善、恶二元论来区分灵魂与身体,由此鄙视大公教会的洗礼和圣餐仪式。[19]

奥古斯丁当时服膺于摩尼教的口号与教导,以之作为与无名朋友的友谊的基础。洗礼的试探再次降临,无名朋友突然罹患热病濒死,就在人事不省中被家人施以大公教会的洗礼。让奥古斯丁始料不及的是,无名朋友在苏醒后竟然坚决肯定了这一洗礼的有效性。

> 当时他患着热病,躺在致命的汗液中,好久不省人事。情势已经绝望,他就在无知无觉中被施行了洗礼。我对此并不措意,而认为,他的灵魂更会保持着从我所得的东西,而不是在他无知无觉的肉体上所施行的。然而,情况远非如此。因他复了元,略略康健,在可以和他说话时……我立即试图打趣他,以为他会和我一起取笑自己在完全的无知无觉中领受的洗礼。岂知他已得知自己领受了洗礼,惊怖地望着我,如同仇敌,以异乎寻常而突然的坚定警告我,如果我愿意与他做朋友,就不要再说这样的话。我骇然慌乱,竭力压下各样心绪,好让他养蓄精神,恢复活泼的气力,那时我就能对他为所欲为了。[20]

---

[19] 参见 Gerald Bonner, *St Augustine of Hippo: Life and Controversies*, Norwich: The Canterbury Press, 1986, pp. 173–174.

[20] 奥古斯丁,《忏悔录》(*Confessiones*) 4.4.8. Cum enim laboraret ille febribus, iacuit diu sine sensu in sudore laetali et, cum desperaretur, baptizatus est nesciens, me non curante et praesumente id retinere potius animam eius quod a me acceperat, non quod in nescientis corpore fiebat. longe autem aliter erat. Nam recreatus est et salvus factus, statimque, ut primo cum eo loqui potui, — temptavi apud illum inridere, tamquam et illo inrisuro mecum baptismum quem acceperat mente atque sensu absentissimus, sed tamen iam se accepisse didicerat. At ille ita me exhorruit ut inimicum admonuitque mirabili et repentina libertate ut, si amicus esse vellem, talia sibi dicere desinerem. Ego autem stupefactus atque turbatus distuli omnes motus meos, ut convalesceret prius (转下页)

不同于奥古斯丁的未遂洗礼,无名朋友不仅在昏迷中实际地领受了洗礼,更在苏醒之后认可了这一洗礼,并认定自己借此脱离了摩尼教,而重归早先的大公信仰。在信仰已经分道扬镳的情况下,无名朋友没有排斥奥古斯丁的友谊,反而以共同的适道问学作为友谊的基础。而奥古斯丁显然不承认这一洗礼的有效性,反而要借助言词说服无名朋友放弃之,在其重归摩尼教之后以共同的信仰作为友谊的基础。[21]

不幸而又所幸的是,在洗礼的致命试探已经降临而结局尚未明了之时,无名朋友就溘然而逝。这次带着死亡阴影的洗礼给奥古斯丁留下了情感伤痛和理论困惑,远远不是自己童年的病患和父亲之死所能比拟的。[22] 然而,对于洗礼的有效性、灵魂与肉体的关系、意志与强迫的区分等理论难题,奥古斯丁此时还不愿或不能开始深入反思,于是逃回了迦太基的摩尼教群体之中,寻找情感上和理论上的避难所。

4. "疾病的鞭子"

逃避不是解决问题的办法,洗礼的试探总会突如其来地临到,这一次则伤到了奥古斯丁自己的骨头和肉。在383年,由于罗马帝国的迫害,摩尼教的精神导师福斯图斯(Faustus)来到迦太基避难。在这次期盼已久的会面中,奥古斯丁请教了教义中的宇宙论难题,而福斯图斯却自认无力回答,这使得他彻底放弃继续研究摩尼教的计划,也在思想层面上开始脱离沉迷了九年之久的摩尼教。

同年,奥古斯丁渡海前往罗马设坛授徒,而迎接这位非洲修辞学教授的是一顿"身体疾病的鞭子"(flagellum aegritudinis corporalis)。

> 我的热度越来越高,濒于死亡。……无论我在哪里,你都怜恤我,使我恢复身体的康健,但我悖逆的心仍在疾病中,以致在如此严峻的危险中,我还不想领受你的洗礼。[23]

与童年的经历相似,热病再次把奥古斯丁逼迫到死亡的边缘,北非临终洗

(接上页)essetque idoneus viribus valetudinis, cum quo agere possem quod vellem.

21 在与无名朋友的交往中,究竟友谊和信仰孰轻孰重,洗礼又在其中占据怎样的位置,参见花威,"友谊亦或洗礼?:试析奥古斯丁《忏悔录》中的'无名朋友之死'",载于《重读奥古斯丁〈忏悔录〉》,曾庆豹主编,台湾基督教文艺出版社有限公司,2012年,第85—108页。

22 参见奥古斯丁,《忏悔录》(Confessiones) 4.4.9—4.7.12。

23 奥古斯丁,《忏悔录》(Confessiones) 5.9.16. Et ingravescentibus febribus iam ibam et peribam. — et ubi eram miserebaris mei, ut recuperarem salutem corporis adhuc insanus corde sacrilego. Neque enim desiderabam in illo tanto periculo baptismum tuum.

礼的传统也再次回响在他的耳际。在此时，童年幼小的素朴信仰早已成为过往，母亲莫妮卡的谆谆教导也隔海难望，奥古斯丁被迫独立面对洗礼的再次试探。其间的突破性进展是，基于对摩尼教的失望和对异教哲学的研究，奥古斯丁已经除去了既有的理论束缚，可以重新选择自己的前进道路，回归到童年时的大公信仰就不失为一个适恰的可能。然而，直面着死亡的当下威胁，奥古斯丁却拒绝领受大公教会的洗礼，把自己彻底抛给了无常命运的深渊。

二、反思延期洗礼

在 4 世纪下半叶，婴儿受洗的特例很难找到，即使那些出生于基督教家庭的婴儿，他们的洗礼也会普遍被延期到成年之后，特别是二十多岁。[24]这种延期是出于保护的考虑，其中认为，只有当理智成熟时，他们才可能在领受洗礼后约束心性，坚定自己的信仰，不为任何内心的情欲与外界的诱惑所动摇，否则"必然会沾受污秽"。在北非教会中，对洗礼的地位和作用的争辩从未止息，从德尔图良经西普里安（Cyprian）一直延续到多纳图派。总体上，北非教会坚持严格主义，认为洗礼可以使人先前所犯的罪得到上帝的赦免，但其后不应该再犯罪；如若再犯，所犯的罪就只能等待末日审判，所受的惩罚反而会更重。莫妮卡显然认同这一传统做法，也推迟了奥古斯丁的童年洗礼。

其实，婴儿的延期洗礼与成年人的延期洗礼基于同样的理由，即洗礼可以赦免先前所犯的一切罪，之后就不应该再犯罪，否则会受到更重的惩罚。虽然许多望教者选择了当下受洗，但可以从以上类推出，把洗礼直接延期到死亡来临之时，就会是更为可靠的保证，既适用于早先就已皈依的信徒，也适用于临终时才皈依的信徒，北非教会中的这一做法似乎无可厚非。以此反观奥古斯丁的洗礼叙事，在童年的未遂洗礼、父亲的临终洗礼和无名朋友的早亡洗礼中，真正决定是否领受洗礼的不是信仰是否开启或是否坚定，而是死亡是否即时临到，情势是否"已经绝望"。一旦有所转机，洗礼还是可以尽可能地向后延期，直至死亡的再次临到。

基于这一时代背景，奥古斯丁开始反思延期洗礼的做法。虽然《忏悔录》成书于 307 至 401 年，但他的初次反思至少可以追溯到罗马患病时期，正因为

---

24 这一现象为东、西方教父所共同认可，参见 David Wright, "Augustine and the Transformation of Baptism", in Alan Kreider ed., *The Origins of Christendom in the West*, New York: T&T Clark, 2001, p. 288。

这次充满困惑的反思才使得他仍然不愿意主动领受大公教会的洗礼。

> 我的洗礼被延期,好像如果我活着,我就必然会沾受污秽。因为考虑到,在那洗礼之后,再犯罪的罪责就更严重、更危险。[25]

对于童年的未遂洗礼,奥古斯丁给出的解释恰恰是北非教会的传统说法。为了在洗礼之后少犯罪或不犯罪,就尽可能地推迟洗礼,以使得将来的罪责更轻,更容易承受。然而,这种延期洗礼所带来的并不是心理上的释然,却是理论上的困境。既然领受洗礼是信仰身份的开启,而领受圣餐是对这一身份的持守,那么在洗礼赦免去了早先的罪之后,信众为什么不能够从此持身立洁、死守善道呢?如果延期洗礼实际上放纵了信众去肆无忌惮地犯罪,那么它对于信仰有什么益处呢?如果死亡可能随时临到,让人无法预期和准备洗礼,那么延期洗礼是不是过于冒险呢?要回答这些问题,奥古斯丁就必须弄清楚,洗礼、皈依和信仰生活究竟是什么。

面对这些理论困境,奥古斯丁发出了自己的追问,但要得到可靠的回答似乎还遥不可及。

> 我恳求你,我的上帝,如果你愿意这样,那么我想知道,我的洗礼当时为何被延期,是为我的益处而放松了远离犯罪的缰绳?还是没有放松?我们耳畔到现在还回响着关于这人那人的说法:"随他,让他做吧:他还没有受洗。"但对于肉体的康健,我们却不说:"随他,让他多受些伤:他还没有被治愈。"倘若我很快被治愈,洗礼依着家人和我的意思施行,以使我的灵魂恢复康健,并因你所赐的守护得了安全,那有多好。的确更好。但童年后诱惑的狂风恶浪即将席卷而至,我的母亲早已料到,就愿意让泥团去历经风浪,之后方加抟塑,而不愿它自身的形象再遭践踏。[26]

---

[25] 奥古斯丁,《忏悔录》(*Confessiones*) 1. 11. 17. Dilata est itaque mundatio mea, quasi necesse esset ut adhuc sordidarer si viverem, quia videlicet post lavacrum illud maior et periculosior in sordibus delictorum reatus foret.

[26] 奥古斯丁,《忏悔录》(*Confessiones*) 1. 11. 18. Rogo te, dues meus: vellem scire, si tu etiam velles, quo consilio dilatus sum ne tunc baptizarer, utrum bono meo mihi quasi laxata sint lora peccandi. An non laxata sunt? Unde ergo etiam nunc de aliis atque aliis sonat undique in auribus nostris: "sine illum, faciat: nondum enim baptizatus est." Et tamen in salute corporis non dicimus: "Sine vulneretur amplius : nondum enim sanatus est." Quanto ergo melius et cito sanarer et id ageretur mecum meorum meaque diligentia, ut recepta salus animae meae tuta esset tutela tua, qui dedisses eam. Melius vero. Sed quot et quanti fluctus impendere temptationum post pueritiam videbantur, noverat eos iam mater et terram per eos, unde postea formarer, quam ipsam iam effigiem committere volebat.

最早在383年的罗马时期，奥古斯丁就开始怀疑延期洗礼的所谓"益处"，它不仅没有保证末日审判时的可能宽恕，反而成为当前继续犯罪的许可证。虽然已经放弃了摩尼教，但奥古斯丁仍为其道德生活的理想所吸引，这种道德直觉使得他无法接受，大公教会的这些望教者借助延期洗礼来推脱自己的道德责任，试图在临终洗礼时将之一笔勾销。人们如果不会故意让肉体遭受更多的疾病，之后才来寻求医治，那么就不应该故意让灵魂遭受先行的沉沦，之后才来寻求拯救。如果童年的洗礼在热病痊愈后如期施行，奥古斯丁就情愿相信，自己本可能在尚还崎岖的信仰之路上蹒跚学步，而不会误入摩尼教的异端学说之中。

延期洗礼的困境在于，我们对死亡是无法预期的，死亡随时可以临到，而延期洗礼往往是在冒着更大的风险。比起洗礼后所犯的罪来说，这可能是救赎的绝对不可能。如果说童年时延期洗礼还情有可原，应该等到理智逐渐成熟，那么对于已经度过青年、将入壮年的奥古斯丁，就不应该再有借口阻止自己领受大公教会的洗礼了。

对于奥古斯丁在居停罗马期间为何仍然不能接受大公教会的洗礼，欧迈拉（John O'Meara）解释说，这是因为他当时还在与罗马的摩尼教群体交游，仍然愿意以摩尼教信徒的面目示人。[27]然而，这一解释并不具有充分证据，因为在这次的洗礼试探中，奥古斯丁所面临的不是假装某种宗教徒的两可选择，而是在死亡面前如何做出意志的当下决断，严肃的景况已经不允许他采取模糊或推诿的态度：是毅然领受洗礼，回归童年时的大公信仰；还是继续拒斥洗礼，把自己交给命运来随意摆布。由此可见，奥古斯丁当时拒斥洗礼，更应该是出于其特有的理智诚实，有着更深层次的理论考量。相较于轻易地加入摩尼教，在真正把握住真理之前，在清楚认识恶的起源、上帝的自然、基督的道成肉身等大公信仰的核心教义之前，奥古斯丁不愿意在困惑和投机中皈依大公信仰。他所需要的不再只是情感上的避难所，反而是要勇敢追求理智上的清澈澄明。[28]

---

27 参见 John O'Meara, *The Young Augustine: the Growth of St. Augustine's Mind Up to His Conversion*, New York: Alba House, 2001, p. 98。

28 参见 Colin Starnes, *Augustine's Conversion: A Guide to the Argument of Confessions I – IX*, Waterloo: Wilfrid Laurier University Press, 1990, p. 124。

三、反思洗礼

《忏悔录》中多次提及洗礼,以之作为皈依的标志和完成,其中的洗礼范例关涉到众多人物和事件,基本上可以看作奥古斯丁整个皈依叙事的隐含线索。[29] 在以莫妮卡和维克多瑞(Marius Victorinus)为先行的洗礼范例中,死亡并不是意志决断去领受洗礼的考量要素,就如奥古斯丁和阿利比(Alypius)随后的洗礼那样。然而,在奥古斯丁所经历的洗礼试探中,死亡无疑是最为严峻、最为迫切的考量要素,甚至可以说,正是死亡驱使了他去反思延期洗礼和洗礼的必要性和严肃性。

死亡不仅在时间上终止了自己与无名朋友的友谊,使得奥古斯丁无法追问洗礼在无名朋友皈依大公信仰中的作用机制;也开始在罗马真切地威胁到自身的生存,并随时会剥夺他以意志去决断领受洗礼的机会,使他不得不追问,如果不接受洗礼,自己死后究竟会归向何处。

> 如果我那时就这样死了,我会到哪里去呢,不是按你的秩序的真理,到我行事为人所应得的烈火和刑罚中去吗?[30]

基于对大公信仰的素朴认识,奥古斯丁已然确信,未领受洗礼而死不能得到上帝的拯救,而童年和青年时的恶行必然使自己最终承受上帝的公义惩罚。在这条非此即彼的道路决断上,奥古斯丁看到,在洗礼之外不会有拯救,只会有惩罚。而死亡的突然临到和自己的拒斥洗礼,不仅必然会使自己永远沉沦,也必然会使母亲的眼泪与祈祷归于徒然。

> 但我不过在加增自己的耻辱,惯以狂妄讥诮你药石的忠告,而你却不使我就此沦入两次死亡……如果这死亡咬定了我,她必肝肠寸断,我看不到她如何被治愈。[31]

---

29 所涉及的人物包括童年奥古斯丁(1.11.17)、无名朋友(4.4.8)、维克多瑞(8.2.3—5)、凡莱公都(9.3.5)、内布利(9.3.6)、艾弗迪(9.8.17)、阿利比、奥古斯丁和其子阿迪奥达图(9.6.14)、帕特里克(9.10.22)、莫妮卡(9.13.34)。

30 奥古斯丁,《忏悔录》(Confessiones) 5.9.16. Et ingravescentibus febribus iam ibam et peribam. Quo enim irem, si hinc tunc abirem, nisi in ignem atque tormenta digna factis meis in veritate ordinis tui?

31 奥古斯丁,《忏悔录》(Confessiones) 5.9.17. Sed in dedecus meum creveram et consilia medicinae tuae demens inridebam, qui non me sivisti talem bis mori. — Non itaque video quomodo sanaretur, si mea talis illa mors transverberasset viscera dilectionis eius.

其中，第一次的死亡指灵魂与肉体的自然分离，是每个人都会经历的；第二次的死亡指在末日审判时不信者的灵魂与上帝的被迫分离，是其灵魂自身的永恒死亡。两次死亡的观念不会是奥古斯丁在罗马时就认识到的，而应该是在皈依后或写作时对过往事件所做的重新解释。既然否定了摩尼教对洗礼和肉体的鄙视，奥古斯丁就至少认识到，洗礼是皈依的标志，是最终得蒙救赎的根本保证。"活的灵魂就不再需要洗礼，而异教徒还需要，就像这灵魂被水覆盖时一样。除了你所设立的洗礼，无人可以借助他途进入天国。"[32] 显然，不接受或再次试图延期洗礼则只会让自己永远不得拯救。

基于对生活确定性的高度认定，北非信众和望教者还可以把洗礼推迟到临终施行。但问题是，如果这种确定性被打破或根本就是幻影，自然死亡随时临到，那么洗礼就成为信仰的当下命令，在每一时刻都是必要的。"人生是悲惨的，死亡是无常的。如果它突然临到，我们将怎样随之离去呢？"[33] 也就是说，在北非教会的传统洗礼观中，洗礼与延期洗礼根本上是一体两面，而放弃了这种洗礼观，奥古斯丁就需要重新寻求解释洗礼的可能性。不过，在从罗马到米兰的一年时间中，他在理智上的寻索还处在犹豫徘徊的苦境中，并没有在反思洗礼上取得任何有效进展。

反观以上的四次洗礼试探，我们可以看到，它们的发生情景和试探内容并不相同，对奥古斯丁的影响程度也深浅不一，但开始越发触动他的思想景况，迫使他不断修正先前所认可的理论基础，必须在信仰开端上做出自己的意志决断。

第一次的洗礼试探寓于素朴的大公信仰之中，因为奥古斯丁的身体霍然而愈，洗礼就被无限期推迟，完全符合北非延期洗礼的教会传统，也有自身看似合理的理论基础，对童年的奥古斯丁没有产生实质影响。

第二次试探是父亲的临终洗礼，恰恰是北非教会延期洗礼传统的完整实践，也与奥古斯丁的童年延期洗礼一脉相承，使得他可以自然地接受这一传统，而没有真正促生思想冲突；此外，他当时还没有接触到摩尼教，还十分看重大公教会的洗礼和圣餐，在初到迦太基时可能还去参加大公教会的敬

---

[32] 奥古斯丁，《忏悔录》(*Confessiones*) 13. 21. 29. Sed animam vivam. Neque enim iam opus habet baptismo, quo gentibus opus est, sicut opus habebat cum aquis tegeretur. Non enim intratur aliter in regnum caelorum ex illo quo instituisti ut sic intretur.

[33] 奥古斯丁，《忏悔录》(*Confessiones*) 6. 11. 19. Vita misera est, mors incerta est. Subito obrepat: quomodo hinc exibimus?

拜。[34]

第三次试探是无名朋友的早亡洗礼,奥古斯丁此时刚刚沉迷于摩尼教,而基于对物质实体的蔑视,他对大公教会施予在肉体上的洗礼根本不屑一顾,并不认为这会对朋友的灵魂产生任何影响。然而,这一洗礼却得到了朋友的决然肯定,并禁绝他在自己的信仰上再滋生搅扰。在此过程中,奥古斯丁显然看到,洗礼摧毁了彼此友谊的原有基础,是皈依大公信仰的重要标志,无名朋友甚至没有临终忏悔,也没有同意受洗,但洗礼却具有同样的绝对有效性。奥古斯丁为洗礼的作用机制和有效性困惑不已,但在摩尼教"真理"的诱惑下,他仍然不会认为自己将来要接受这样的洗礼。

第四次试探是在罗马真切直面自己的死亡。在无名朋友之死中,洗礼问题开始侵袭奥古斯丁的过往经验,而他现在已经打破了摩尼教的枷锁,在当下的可能临终之际完全可以主动选择洗礼,借此返回童年素朴的大公信仰,完成北非教会延期洗礼的传统实践,并可以安然直面死亡的即时临到。然而,由于尚未解决先前关涉到信仰的诸多理论难题,奥古斯丁非但没有主动寻求大公教会的洗礼,反而以理智上的认识澄明和心理上的欣然接纳为标准,彻底拒斥了洗礼和延期洗礼。进一步说,在这次试探中,奥古斯丁不接受洗礼已经不是延期洗礼的问题,而是连延期到极致的临终洗礼也不再接受,放弃了自己原有的信仰经验和北非教会的传统实践,否定了童年的未遂洗礼、父亲与无名朋友的临终洗礼,开始悲壮却诚实地抵挡着大公教会的信仰和圣礼,几乎完全陷在绝望的泥淖中。[35]

这种思想景况一直延续到初居米兰的时期。然而,绝望之处仍有希望,奥古斯丁借着学园派的怀疑论暂时悬置了他在理论探索和信仰皈依上的努力寻求,但潜存的信仰经验和深刻的理智好奇仍然促使他去聆听米兰主教安布罗斯(Ambrose)的布道。"为此,我决心先在大公教会中做望教者,这是父母早

---

[34] 参见奥古斯丁,《忏悔录》(Confessiones)3.3.5."在敬事你的仪式上,在你的教会之内,我竟敢心起贪欲,去追营以致结成死亡的果子。"(Ausus sum etiam in celebritate sollemnitatum tuarum, intra parietes ecclesiae tuae, concupiscere et agere negotium procurandi fructus mortis.)在摩尼教中,听教者不能参加教中的敬拜仪式,在此之前必须离开。而在大公教会中,望教者可以参加一般的敬拜仪式,只是不能观摩洗礼和领受圣餐。由此可知,奥古斯丁这里是在参加大公教会的敬拜,但至于是在塔格斯特,还是初到迦太基,则难以确知。甚至有学者认为,奥古斯丁这里是暗指自己在大公教会里初遇情人的情景。参见 Serge Lancel, St. Augustine, Antonia Nevill tr., London: SCM Press, 1999, pp. 26 – 27。

[35] 从这一经验反观,奥古斯丁在394年的《〈罗马书〉断评》(Epistolae ad Romanos Inchoata Expositio)中转而讨论《马太福音》12:32的"干犯圣灵"问题,并将之归结为对救赎的"绝望",就不是偶然的了。

就嘱咐的,直等到某种确定性光照我,以找到前进的方向。"[36] 在聆听布道和阅读新柏拉图主义著作之后,奥古斯丁在恶的起源、上帝的自然、上帝是否与人同形、族长的德性、基督的神人二性、旧约的上帝、新旧约的合一和创造的时间性等多个理论难题上找到突破口,清除了自己先前对大公教义的误解,最终得以在理智(intellectual)和道德(moral)上双重皈依了大公信仰。[37]

四、信仰之门

为了寻找"基督的名字",奥古斯丁在373年初读了《圣经》,之后就困惑于摩尼教诘问大公教会的理论难题。对这些难题的思考伴随着奥古斯丁加入和出离摩尼教的整个过程,也使得他竭力阅读异教哲学和星象学,并在米兰借助寓意释经法和新柏拉图主义的学说而达到理论上的初步突破,实现了自己在无花果树下的皈依,最终在387年复活节领受了大公教会的洗礼。由此反观,在接受洗礼之时,奥古斯丁经历了深刻而充分的理论反思,准确理解和把握了洗礼的内涵和象征意义,并在约十年后开始全面驳斥北非教会的延期洗礼和多纳图派的再洗礼(rebaptism)做法,论证大公教会的洗礼学说。[38]

作为具体有形的宗教仪式,洗礼的试探可以突然临到,让人猝不及防。理论难题却需要长久的沉潜运思,在累积中才可能逐渐达到通透状态。从童年的央求洗礼,到罗马的拒斥洗礼,再到米兰的领受洗礼,洗礼的试探贯穿于奥古斯丁的皈依旅程;从童年的素朴信仰,到罗马的理智彷徨,再到米兰的理论突破,对理论难题的思考也始终伴随着奥古斯丁的信仰寻求。不过,在信仰之门前,相信与理解都不是单独可以打开大门的钥匙,而必须彼此密切配合才有可能。在仪式与理智的双重作用下,信仰既不应该是无知无识的盲目宣认,也不仅仅是理论上的圆融无碍,反而是相信与理解的不断交织,相互促发,最终才会开出信仰的美丽花朵。

---

[36] 奥古斯丁,《忏悔录》(Confessiones) 5. 14. 25. Statui ergo tamdiu esse catechumenus in catholica eccelesia mihi a parentibus commendata, donec aliquid certi eluceret quo cursum dirigerem.

[37] 参见 John O'Meara, The Young Augustine: The Growth of St. Augustine's Mind Up to His Conversion, New York: Alba House, 2001, p. 125。

[38] 参见 Everett Ferguson, Baptism in the Early Church: History, Theology, and Liturgy in the First Five Centuries, Grand Rapids, Michigan: William B. Eerdmans Publishing Company, 2009, pp. 776 – 816。

维特根斯坦与音乐

李文倩（四川师范大学）文

今天，在主流的哲学论述中，维特根斯坦哲学仍作为分析哲学的重要内容而被反复讨论，这当然有其道理。但随着研究和理解的深入，人们对维特根斯坦思想的认识，却绝不仅限于将其看作一个单纯技术性的哲学家。其实，早在上世纪80年代，就有学者指出："维特根斯坦没有直接提供社会学和历史哲学，但是如果离开社会学和历史哲学去理解和解释他的逻辑语言分析，便会使他的全部哲学失去精神和灵魂，使之成为单纯的技术科学，成为一种浅薄的哲学。"[1] 应该说，人们在今天对这一研究思路，已经有了较以往更深切的体会。因为，人们对维特根斯坦的探讨，已涉及其思想的方方面面，而不只是从"社会学"和"历史哲学"的角度进行扩展研究了。[2]

在这丰富而多样化的研究中，中西方学者对维特根斯坦与艺术的关系，亦进行了多方面的探讨。而本文的视角，则是从西方文化的深层背景出发，聚焦维特根斯坦与音乐的关系。

---

[1] 薛华：《维特根斯坦论审美》，《外国美学》编委会编：《外国美学》（第二辑），北京：商务印书馆，1986年，第216—217页。

[2] 如张志林、程志敏选编：《多维视界中的维特根斯坦》，郝亿春、李云飞等译，上海：华东师范大学出版社，2005；[英]吉布森、休默编：《文人维特根斯坦》，袁继红等译，长春：吉林出版集团公司，2008年等。

一、眼睛与耳朵

在一个相当宏阔的视野中，人们常把西方文化看作两希文明冲突和融合的结果。对于这一西方文化内部的基本冲突，人们也常用两个城市的名字来做代表性论述：雅典与耶路撒冷。雅典代表希腊，是理性的象征。耶路撒冷代表希伯来，是信仰的象征。从这一角度看，西方文化内部的基本冲突与矛盾，也可表述为理性与信仰之争。两者持续争执的结果，是在一定程度上产生了融合。但融合并未消弭争执，正如争执也不能阻止一定程度的融合。

西方文化中这一基本而内在的矛盾关系，也可从另外的角度进行表述。有西方学者以人的感官为喻体，指出希腊是"世界的眼睛"，而以色列则是"世界的耳朵"。[3]这样一种表述之所以重要，是它可以引导我们对西方文化进行深入探讨。

希腊文化是一种"看"的文化。这一文化高度发展的结果，是产生了哲学—科学。之所以如此，是因为人类的眼睛这一感官，其认知性功能相当突出。海德格尔指出："一般的感觉经验都名为'目欲'，这是因为其他的感官，出于某种相似性，也拥有看的功能；在进行认识的时候，眼睛有着某种优先性。"[4]而科学的目的，正在于"认识"，追究世界是什么，认识我们自己。与其他感官相比较，视觉功能具有相当的稳固性，正如陈嘉映所指出的："看格外理智、理性。"[5]而"看"的理性，恰与科学精神相契合；或者不如说，它就是科学精神的"根源"。科学回答"是什么"的问题，哲学则进一步追问"是"之根据。但这一追问本身，仍以"看"为中心。海德格尔曾说："哲学的传统一开始就把'看'定为通达存在者和通达存在的首要方式。"[6]

希伯来文化则是一种"听"的文化。有学者就曾指出："犹太文化可理解为一种听觉的文化。"[7]而音乐之所以在犹太及后来的基督教文化中占有主导性地位，一种可能的解释是源于它们的宗教教义。犹太—基督教反对偶像崇拜，

---

[3] [德]沃尔夫冈·韦尔施：《重构美学》，陆扬、张岩冰译，上海：上海译文出版社，2002年，第220页。
[4] [德]海德格尔：《存在与时间》，陈嘉映、王庆节译，北京：生活·读书·新知三联书店，2006年，第199页。
[5] 陈嘉映：《说理》，北京：华夏出版社，2011年，第161—162页。
[6] [德]海德格尔：《存在与时间》，陈嘉映、王庆节译，北京：生活·读书·新知三联书店，2006年，第171页。
[7] [德]沃尔夫冈·韦尔施：《重构美学》，陆扬、张岩冰译，上海：上海译文出版社，2002年，第220页。

而一般人所崇拜的对象,亦多为目力所及之物,也就是能用肉眼看得见的东西。在这个意义上,有中国学者指出:"眼睛是求知的首要器官(亚里士多德),也是最不虔敬的器官(奥古斯丁)。"[8]如此,我们则可以说希腊文化是一种科学文化,而希伯来文化则是一种信仰文化。

一种文化的总体取向,往往渗透于其所在社会的各个领域,艺术作为文化之一种,自然也不能例外。有学者指出:"在犹太文化中,摩西律法反对偶像崇拜的思想可以说是犹太审美理想的主要特征,并制约着犹太艺术活动的各个领域。"[9]事实上,犹太文化的听觉取向,表现在艺术上,就是对音乐的绝对看重。而且,这种对音乐的绝对看重,又总是与宗教信仰联系在一起。有学者指出:

> 从古至今,宗教与音乐有着一种无法分离的血缘关系。灵性是看不见的,上帝也是看不见的,但它们都是可以听见的。宗教音乐,或者说"圣乐"所传达的宗教情感,关乎的正是死亡、恐惧、痛苦、悲伤、绝望、永生等心灵问题。心灵总是想得到永恒,总是想飞向天国。[10]

交待了如上文化背景,我们再来看维特根斯坦。维特根斯坦出生于"音乐之都"维也纳,尤为重要的是,在他的家庭中,有着浓郁的音乐氛围。他的母亲,就是一位音乐修养颇高的女性,常邀请当时著名的音乐家到家中做客、演奏。在这样的家庭氛围中,维特根斯坦的几个哥哥,都曾痴迷于音乐,且具有极高的天赋。相比较而言,至少在年纪较小时,维特根斯坦并未像他的哥哥们一样表现出音乐天赋。但尽管如此,音乐在维特根斯坦的生命中仍占有极重要的地位,他在笔记中经常记下对音乐的看法,且在后来学会了吹奏单簧管。

但这只是从一般意义上而言。如果我们将维特根斯坦的整体思想,放在如上所述西方文化的深层背景中来看,或许将有益于我们更深刻地理解他的思想。对于中国学者而言,这一点可能尤为重要,因为我们对一个哲学家的理解,如果脱离了滋养他的思想和文化传统,则可能会因种种误解而流于表面。

维特根斯坦哲学与源自古希腊科学文化传统的联系,是显而易见的。他

---

[8] 刘云卿:《论博尔赫斯作品中的性、失明与巴罗克风格》,《吉首大学学报》(社会科学版)2010 年第 5 期,第 89 页。

[9] 刘洪一:《犹太文化要义》,北京:商务印书馆,2004 年,第 329 页。

[10] 欧阳谦:《圣乐与灵性——论巴赫的宗教音乐》,《文景》2010 年第 5 期,引用地址:http://www.douban.com/group/topic/11588113/,2010 - 05 - 26。

本人早年学习技术和数学等。从他的哲学看，其早期思想师承弗雷格和罗素，而这两位都是数学和逻辑学家。《逻辑哲学论》之所以取得巨大的成就，与作者对现代逻辑方法的运用不无关系，而一般认为，现代逻辑鲜明地体现了理性的精神。

　　本文所要强调指出的，却是维特根斯坦与希伯来文化的联系，并通过这一视角，试图加深我们对维特根斯坦哲学之深层精神维度的体会和把握。而这一"联系"，则具体体现在他与音乐的关系上。如此，则维特根斯坦与音乐的关系，就绝不只是一个哲学家对艺术的单纯爱好，而是与其对宗教信仰的深刻思考密切相关。

　　维特根斯坦是一个犹太人，且在笔记中写下若干对犹太人问题的评论。其中一条是，"犹太人是一片贫瘠的土地，但在它单薄的石层下面，流淌着精神和智慧溶化的岩浆。"[11] 说犹太人是"贫瘠的土地"，似乎是在说他们漂泊无根的命运。但尽管如此，在犹太人深层的精神之海中，流淌着智慧的岩浆。而这一智慧的来源，一定与他们最深层的宗教信仰相关。如此看来，作为犹太人的维特根斯坦，他对音乐的谈论，就绝不只是一种单纯的感受，而是有其信仰的维度。而且这一深层的精神背景，也鲜明地体现在他的哲学之中。

二、哲学与音乐

　　音乐对维特根斯坦哲学的影响，鲜明地体现在其早期作品《逻辑哲学论》中。维特根斯坦的《逻辑哲学论》，在结构上可谓别具匠心。全书讨论了七个命题，前六个命题，都有相应的解释性命题，并以数字标识。唯有第七个命题，以一句话做结，没有相应的解释。

　　关于《逻辑哲学论》最后几节的思想内容，有学者指出："《逻辑哲学论》后几节，往往被看作是受到叔本华的影响，事实上它直接归于毛特纳。维特根斯坦对自我、意志、语言的界限以及神秘之物的反思，都与毛特纳在他的《文集》中寻求的论题密切相关。《逻辑哲学论》结尾关于人们最终必须抛弃梯子的想象，就是直接借用毛特纳的。毛特纳在他《文集》第1卷的结尾预见到了维特根斯坦的结论：'对语言的批判，必须从作为自身解放的最高目标的语言中解

11　[奥]维特根斯坦：《维特根斯坦笔记》，[芬]冯·赖特、海基尼曼编，许志强译，上海：复旦大学出版社，2009年，第22页。

放出来。因而,语言就成为哲学的自我批判。'"[12]但无论我们是否同意这一看法,我们仍可指出的是,维特根斯坦对相关问题的处理,至少在形式上是相当独特的。

我们有理由认为,《逻辑哲学论》这一结构上的独特性,一定是作者深思熟虑的结果。一种理解可能认为,这一结构上的精巧只是出于作者对技术之完美性的考虑。但更多的解释表明,《逻辑哲学论》的写作形式,本身就有其深刻的精神指向。而这一指向,与音乐和宗教信仰紧密相关。有中国学者提到:"据朗厄自己称,一家当年曾拒绝出版《逻辑哲学论》的著名出版社之所以不愿意出版他的著作,是因为他被怀疑为一个数字神秘主义者。事实上,他确实把'7'这个数字看得太神秘了。'7'这个数字在西方世界里自然会让人联系到音乐中的七个基本音符和《圣经》中的创世说。"[13]

对这一问题,张志平首先从音乐的角度进行分析:"'七'这个数字本身就会让人联想起音乐中最基本的七个音符。从其德语原文看,这七个命题中的前六个命题,不问内容,仅从形式上看,是环环相扣或首尾相连的,近似对联中的'顶针结构';只是到了第七个命题,这种关联才被切断。原因在于,前六个命题从内容上看都与可说的事实世界有关,因此可以环环相扣,并层层递进,具有乐曲那样的连贯性和呼应性,而第七个命题则涉及到事实世界之外那不可说的东西,所以必须切断其与前六个命题的关联,并让文本到此戛然而止,就像乐曲中休止符所起的作用那样。"[14]作者沿着这一问题,指出从修辞学的角度讲,《逻辑哲学论》堪称"艺术作品"[15]而这,正与弗雷格对维特根斯坦此作的评价相一致。

张志平通过进一步的分析指出,《逻辑哲学论》之音乐性的深层精神背景,正体现出维特根斯坦的宗教情怀。他在论文中指出:"除了那些局部性的或零散的隐喻、明喻或类比外,在我们看来,《逻辑哲学论》全书的结构本身就具有隐喻性质。也就是说,为了体现自己的宗教情怀或者说自己对不可说者的信仰,他有意用全书的七个主要命题与上帝创造世界的七天相应和或使两者具

---

[12] [美]汉斯·D.斯鲁格:《弗雷格》,江怡译,北京:中国社会科学出版社,1989年,第393页。

[13] 李国山:《言说与沉默——维特根斯坦〈逻辑哲学论〉中的命题学说》,天津:南开大学出版社,2004年,第86页。

[14] 张志平:《论〈逻辑哲学论〉的节奏性、简单性与隐喻性:一种修辞学的解释》,《复旦学报》(社会科学版)2013年第3期,第134页。

[15] 同上书,第135页。

有同构性。"¹⁶从这一角度考虑,《逻辑哲学论》就是维特根斯坦所写下的"《圣经》"。而他在该书序言中那决断的口气,无疑与上帝相类似。

除了从总体上进行考虑以外,在《逻辑哲学论》一书中,维特根斯坦也以音乐为例,借以阐明他的哲学思想:

4.014 留声机唱片、音乐思想、乐谱、声波,彼此之间都处在一种图式的内在关系之中,这就是语言和世界之间具有的关系。

它们的逻辑结构都是共同的。¹⁷

4.0141 有一条总的规则,使得音乐家能从总谱读出交响乐,使得我们能够通过唱片的沟纹放出交响乐来,而且应用原规则还可以从交响乐重新推得总谱。这些看起来完全不同的东西之间的内在相似性正在于此。这条规则就是将交响乐投射到音符语言上去的投影法则,也是把这种音符语言翻译为唱片语言的规则。¹⁸

在维特根斯坦看来,音符和乐谱(或唱片的沟纹)虽是不同的东西,但因为它们具体共同的逻辑结构,因此有一种一一对应的"翻译"关系。世界与语言的关系,与此极具相似性。在这里,无论维特根斯坦所言是否完全正确,或我们是否同意他这一看法,但不可否定的是,我们于此可以看出:音乐在维特根斯坦的精神生活中占有重要地位,以至他在探讨哲学问题时,就非常自然地借音乐来进行说明。

而且,我们在其后期的哲学探究中,仍能看到这种思考的方式。维特根斯坦在《哲学研究》第二部分的第六小节,有几个段落论及音乐:

10 "如果"的感觉一定可以和一节音乐给予我们的特殊"感觉"相比较。(人们有时这样描述这类感觉:"这里就像作了个结论",或"我想说'因此……'",或"一到这儿我就想做出一个姿势——",于是就做了个姿势。)

11 但可以把这感觉和这节音乐分开吗?但这感觉并不是这节音乐本身,因为有人可能听了这节音乐却没有这感觉。

12 这感觉就此而论像不像伴随音乐演奏的"表情"呢?

13 我们说这段音乐给了我们十分特殊的感觉。我们对自己唱这一

---

16 张志平:《论〈逻辑哲学论〉的节奏性、简单性与隐喻性:一种修辞学的解释》,《复旦学报》(社会科学版)2013年第3期,第139页。

17 [奥]维特根斯坦:《逻辑哲学论》,贺绍甲译,北京:商务印书馆,1996年,第42页。

18 同上书,第42—43页。

段,同时做出某个特定的动作,也许还有某种特殊的感觉。但我们在另一种情境联系中却又根本认不出这些伴随活动——动作,感觉。只要我们不是在唱这个段落,这些伴随活动就十分空洞。

"我带着一种十分特别的表情唱这一段。"这种表情不是某种和那个段落分得开的东西。这是另一个概念。(另一个游戏)

14 这里所讲的经验是:如此这般来演奏这个段落(如此这般是说,例如像我演奏它那样;一种描述只能对它做出提示)。[19]

维特根斯坦在这里,首先认为"如果"这一逻辑常项带给我们的东西,完全可以与一节音乐给予我们的感觉进行比较。接着他谈论音乐本身与它给予我们的感觉之间的关系,并将"感觉"视为一种伴随性的"表情",这大致意谓着"感觉"的伴生性。但一节音乐,并不必然能带给我们某种感觉。在这里,我们可以看到,维特根斯坦与其早期思想不同,更多地考虑了心理学的问题。而且,一些相关的表述,也不甚清楚。但无论如何,这并不影响我们讨论其哲学与音乐的相关性。

维特根斯坦对音乐的看重,除了宗教信仰上的原因之外,可能还有来自叔本华哲学的影响。有学者指出,在维特根斯坦与叔本华之间,有许多相似的地方:"维特根斯坦之所以接受叔本华的影响,除了在某些哲学问题上持相同的观点外,也与他们二人在出身、经历、性格、生活方式、成长道理方面有许多相似之处有关。两人都出身于富商家庭,继承了一大笔遗产;两人都个性孤僻,喜欢到异乡旅游,过离群索居的生活;两人都怀有强烈的悲观情绪,多次想到自杀(叔本华的父亲和维特根斯坦的三个哥哥都是自杀身亡)。他们都崇拜柏拉图。"[20]

舍斯托夫曾指出,在叔本华的哲学中,"音乐远比逻辑的成分要更多一些。"[21]而之所以如此,是因为"在叔本华看来,其他艺术是凭借理念间接地和意愿打交道,而音乐跳过了理念、跳过了现实世界,是意愿的直接客体化,是意愿直接的倾诉"。[22]也就是说,在某些根本性的问题上,音乐的直接性正是其独特的优势所在。而且,"……按照叔本华的观点看来,每个人潜在地都是天

---

[19] [英]路德维希·维特根斯坦:《哲学研究》,陈嘉映译,上海:上海人民出版社,2005年,第218页。
[20] 涂纪亮:《维特根斯坦后期哲学思想研究》,南京:江苏人民出版社,2005年,第381页。
[21] [俄]舍斯托夫:《旷野呼告 无根据颂》,方珊、李勤、张冰等译,上海:上海人民出版社,2004年,第282页。
[22] 张祥龙:《叔本华、尼采与音乐》,文池主编:《在北大听讲座(第九辑):思想的精髓》,北京:新世界出版社,2000年,第27页。

才,能够创造出真正动人的东西,所以音乐绝不只是表现现象,而是说出现象的内在本质,也就是那最渴望着的意愿本身。它把平日制造痛苦的意愿冲动变成了凭空制造动人意义的机制,'化腐朽为神奇'。因此,音乐在根子上就是热情动人的,而且是严肃的,你能不能想象音乐本身是滑稽的?不可能,音乐不开玩笑"。[23]

音乐是对意愿[Will]的诉说,而意愿的创造正是天才的表征。从这个角度看,音乐在叔本华哲学的意义上,与天才相伴随。而我们知道,在维特根斯坦的那里,有一个痛苦的天才之梦。因为在他看来,若不能成为一个天才,人生就很难说是有意义的。从这个角度看,维特根斯坦严肃的人生态度,可能正与其想成为一个天才的梦想有关。

三、灵魂与音乐

在其笔记中,维特根斯坦前前后后写下了大量关于音乐的评论。其中既有对具体音乐家具体作品的欣赏,亦有对音乐本质的深刻思考。而在这众多的评论之中,其中有一段,颇能代表其对音乐的总体性看法。或者至少从本文的角度出发,此段具有提纲挈领式的意义:

> 音乐中具有灵魂的表现形式。它不是依据声音的大小或演奏的速度来标识的。就跟一种具有灵魂的面部表情一样,也不仅仅是依据空间的物质分布便可以描绘出来的。事实上它甚至不能参考某个范例来加以解释,因为,同样的曲子在演奏时,可以有无数的方式进行真正的表达。[24]

简而言之,在维特根斯坦看来,音乐是灵魂的表现形式。而且这种表现形式极具多样性和丰富性。从这一角度,我们即可看到,音乐是如此紧密地将上帝和人的灵魂连接在一起。有学者指出:"宗教因为有音乐而直达上帝,音乐因为有宗教而滋养灵魂。人的灵性就这样寄生在宗教和音乐的中间。"[25]

关于音乐的本性,维特根斯坦还有一些评论。比如他指出:"一首乐曲是

---

[23] 张祥龙:《叔本华、尼采与音乐》,文池主编:《在北大听讲座(第九辑):思想的精髓》,北京:新世界出版社,2000年,第28—29页。
[24] [奥]维特根斯坦:《维特根斯坦笔记》,[芬]冯·赖特、海基尼曼编,许志强译,上海:复旦大学出版社,2009年,第139页。
[25] 欧阳谦:《圣乐与灵性——论巴赫的宗教音乐》,《文景》2010年第5期,引用地址:http://www.douban.com/group/topic/11588113/,2010-05-26。

一个同语反复式,它是自成一体的,它自己满足自己。"[26] 说一首乐曲是"同语反复"、"自成一体"的,并非意味音乐的单调,而是想强调指出音乐的超验性,以及它那空灵自如的本性。他还说:"乐曲也并非如所有不懂音乐的人所认为的那样是声音的杂凑。"[27] "有些人认为音乐是一种原始的艺术,理由是它只有几个音符和节拍。然而,音乐只是表面上显得简单而已,它显示的内容是由音乐的实体来诠释的。从另一个方面讲,音乐的实体包罗着无限的复杂性,其他种类的艺术用各种外部的形式来提示这种复杂性,而音乐却将其隐匿起来。由此可见,音乐是一种最为成熟和精微的艺术。"[28] 维特根斯坦此处对音乐的评论,正触及了音乐的本性,即其以最为简单的音符和节拍,表现极精微复杂的精神世界。这正如数是简单的,但由数学规律所支配的宇宙却是复杂的。在这里,我们或许能够想到毕达哥拉斯关于数和音乐的一些谈论。

音乐是灵魂的表现形式,它能以极简单的形式,展现最精微复杂的灵魂和情感。我们可以从维特根斯坦对巴赫工作的评论中,体会到这一点。因为在巴赫的音乐中,有着上帝生动的呼吸。"巴赫说,他全部的成就只是勤勉的结果。但这样的勤勉需要的是谦卑和忍受痛苦的巨大能力,因此才会有力量。尽管这样,一个人还能完美地表达他自己,只是用一个伟人的语言对我们说话。"[29] 在对巴赫的评论中,其实涉及艺术和宗教信仰的关系。维特根斯坦似乎认为,艺术家只有具备谦卑和忍耐痛苦的能力时,才有可能创造出真正有力量的作品。关于巴赫,维特根斯坦还曾说:"巴赫在《管风琴集》(Orgelbüchlein)的扉页上写:'献给最高的上帝的荣耀,我的邻人也许会因此而受益。'那是我本愿就我的工作说的话。"[30] 这大致可以表明,维特根斯坦长期以来对宗教信仰的渴慕和向往。

音乐作为一种特殊的语言,它有能力表达一些我们的日常语言所难以言说的东西。从宗教信仰的角度,朋霍费尔指出:"音乐完全是圣言的仆人。它阐明奥秘之中的圣言。"[31] 在一个更一般的意义上,维特根斯坦说:"音乐,至少

---

26 [奥]维特根斯坦:《战时笔记:1914~1917年》,韩林合编译,北京:商务印书馆,2005年,第144页。
27 同上书,第146页。
28 [奥]维特根斯坦:《维特根斯坦笔记》,[芬]冯·赖特、海基尼曼编,许志强译,上海:复旦大学出版社,2009年,第16页。
29 同上书,第122页。
30 [英]瑞·蒙克:《维特根斯坦传:天才之为责任》,王宇光译,杭州:浙江大学出版社,2011年,第547页。
31 [德]迪特里希·朋霍费尔:《团契生活》,高喆译,北京:新星出版社,2012年,第48页。

有些音乐,使我们想要称它为一种语言;但是某些音乐肯定不是。"[32]也就是说,至少有一些音乐,如语言一样,具备表达和交流的功能。

音乐是心灵的艺术,人们通过它来交流情感。维特根斯坦说:"音乐的结构和情感。各种情感伴随着我们对一首曲子的理解,类似于伴随着我们生活中发生的事件。"[33]而在有的思想家看来,宗教的本质也是情感,通过情感,音乐与宗教相连。瑞·蒙克就曾指出:"宗教的本质在于情感(或照尼采的说法,本能)和践行,而非信仰,这个观念在维特根斯坦此后对这问题的思考中一直是个恒常的主题。对(这个时候的)他来说,基督教是'通往快乐的唯一可靠的途径'——不是因为它应允了一种死后的生活,而是因为,在基督的言谈和形象里,给出了可供仿效的、使苦难可承受的一个范例、一种态度。"[34]

但维特根斯坦在宗教信仰方面的态度,事实上充满挣扎、犹豫不定,因此我们很难说他最终皈依了上帝,成为一名纯正的基督徒。尽管他对有宗教信仰的人充满尊敬,且对宗教信仰有过深切的思考,甚至考虑过终生做一名修士。但从总体上来看,我们大致可以同意罗素的看法,即维特根斯坦是一个神秘主义者。这一点与尼采类似。德国学者沃格林在《尼采与帕斯卡尔》一文中指出:"尼采是一个神秘主义者。但是,他的神秘经验的结构与西方神秘主义主流的神秘经验的结构是如此不同,以至于我们甚至几乎找不到合适的词汇来恰当地描述它。很显然,尼采不具有构成基督教意义上的神秘合一的核心的超越经验,就此而言,尼采的精神生活是奇特地残缺的。"[35]

在某种意义上,维特根斯坦的精神生活,也有残缺性。对维特根斯坦有深刻影响的詹姆斯曾说:"神秘主义真理与我们交谈的最好媒介不是概念的言语,而是音乐。"[36]在此意义上,我们或许才能更为深切地体会到,对犹太人维特根斯坦而言,音乐在其整体的精神生命中间,占据着怎样重要的地位。

1951年,62岁的维特根斯坦终于结束了其充满痛苦而又极具精神深度的一生,在朋友的家里安详去世了。让许多朋友惊讶的是,他对自己一生的总

---

[32] [奥]维特根斯坦:《维特根斯坦笔记》,[芬]冯·赖特、海基尼曼编,许志强译,上海:复旦大学出版社,2009年,第108—109页。

[33] 同上书,第19页。

[34] [英]瑞·蒙克:《维特根斯坦传:天才之为责任》,王宇光译,杭州:浙江大学出版社,2011年,第126页。

[35] [德]洛维特/沃格林等:《墙上的书写:尼采与基督教》,刘小枫编;田立年、吴增定等译,北京:华夏出版社,2004年,第48页。

[36] [英]詹姆斯:《宗教经验种种》,尚新建译,北京:华夏出版社,2008年,第305页。

结,表述在这样一句遗言里:"告诉他们,我度过了美好的一生。"[37] 而就在他去世前不久,他仍在坚持《论确定性》一书的写作。汉斯·昆在评论莫扎特时说:"一个对人和上帝产生绝望者,一个'放弃了'的人,不会一直不倦地工作到他生命的最后时日的。"[38] 由此,尽管我们无法确切地知道,维特根斯坦在临终之时,是否最终聆听到其生命中的"圣乐";但我们可以肯定的是,无论经历过怎样漫长而充满苦恼的生活,在最根本的层面上,他仍能心怀希望,直至肉体生命终结之时。

---

[37] 涂纪亮主编:《维特根斯坦全集·第12卷》,江怡译,石家庄:河北教育出版社,2002年,第444页。
[38] 卡尔·巴特、汉斯·昆:《莫扎特:音乐的神性与超验的踪迹》,朱雁冰、李承言译,上海:上海三联书店,1996年,第60页。

学人论书

剑胆琴心话新约
——查常平的《新约的世界图景逻辑（第一卷）引论：新约的历史逻辑》

康晓蓉（自由撰稿人）

> 即使完成了这些，它也只是一种在思想上，在先知般的言说的意义上的完成……我只想告诉后世一切需要真正知识的人，告诉那些以"上帝的余民"为身份的人：为了人类更美好的生存，他们的同类中一度有人这样艰难地思考过，忍受着左手肩周炎复发后的隐痛思考过，并且在孤独中以这样的思考为人生行动喜乐的志业。
>
> ——摘自该书"前言：从历史逻辑到世界图景逻辑"[1]

不仅是写在前面

在我的写作经历中，从来没有哪篇文章像此文一样怀胎久生产难而又郑重如斯：单是阅读就从未有过地慢，一般我读哲学和神学类的书就像读小说，轻松而愉悦。然而读这本书每个章节都需要再咀嚼、再思想，即便专业人士都会感到太宏大、丰富、深邃而复杂。阅读尚且如此，遑论书评写作。曾写过一篇六千多字的读后感：基督信仰两难困境中的洞开。后来觉得对此书还是浅而未尽。中国人民大学哲学院教授何光沪称这本书是一部近年来中国学界少见的、非常具有独创性质、又非常具有学术雄心的著作；钟志邦教授说这本书的作者希望"将人的价值理念同上帝的逻辑言说关联起来，将人的理想与上帝的启示协调一致"（参见该书封底）。如此大胆的尝试，在新约研究中似乎是史

---

[1] 查常平：《新约的世界图景逻辑（第一卷）引论：新约的历史逻辑》，上海：上海三联书店，2011年，第10页。以下引文凡出自该书者只随行以括号标注页码，不再另外作注。

无前例。这两位教授的评价偏重于学术言说的角度，我更愿意从书的内容本身和它对于当下中国的意义来介绍。只能是深怀崇敬的介绍，由衷地为我自己能和这本书的作者生活在同一时代、同一城市，并有幸与之交流为荣。

为什么以"剑胆琴心话新约"为题？两层意思：一是刺中国"巫术"的剑，像大卫一样能为扫罗驱魔的琴。在我的博客上贴出"从异端的猖獗反思国民性及应对"一文，"正义一元论"的作者沈阳说：我们的民族就是一个喜欢巫术的民族。我笑道：我白忙活了整整一上午，还不及弟兄一句话顶事到位。这是真话，吾国吾民从领导到平民没有不喜欢不装神弄鬼行巫术的。不仅自己喜欢行，还欢喜别人去行。这种欢喜同样漫及思想学术界……查常平的这本书在圣灵的引导下奏出了对此反击的强音。一是中国气脉源流的擎天剑、义士琴。尤其自我中华民族危亡之秋，多少仁人志士壮怀激烈，气吞山河，将自己的热血献为活祭，力求这片土地的存留。他们的哀声达于神！"耶和华说：我的百姓在埃及所受的困苦，我实在看见了。"（参见 3:7）查常平的这本书不仅是汉语神学的一个开拓高峰，更是在探索民族道路、寻求人类美好生存的信仰之旅。从启示到回应，从源头到表象，它以扎实的学术功底和研究精神让人看到：我们所信的如此确实，庄严而伟大，祂正在带领和翻转华夏古国。

为此查常平是这样来引领读者的："在汉语思想语境中引入对新约的历史逻辑研究，即探明新约在语言的修辞、时间的观念、正义的承诺和信仰的启示几个方面，到底内含怎样的涵义，具有切实的现实价值。"具体地进行全书用了三大块——1. 现状与方法：历史与逻辑的双重视角。2. 内容与特征：基督信仰的历史逻辑。3. 定位与意义：人文—社会学的新约学。

新的看见：告诉你什么是真正的历史逻辑

这本书对大多中国人的难读，恐怕就像一个 1、2、3 都弄不太清楚的人要去理解函数，左右手都分不清楚的要去指明方向。历史是什么？似乎头脑中的历史就是帝王将相、王朝更替，就是过去、现在和未来……其他实在说不出更多了。逻辑是什么？逻辑是个外来词，大概是有条理、有秩序的意思。也真的难为查常平：既要解释什么是历史，什么是逻辑，什么是历史的逻辑，什么是逻辑的历史；又要理出古往今来对历史逻辑的研究脉络、研究方法和发展走向，以阐明自己的研究根基和学术建构。

为此，他逐一说明历史逻辑研究中的核心语词，是历史和逻辑两个术语。在吸纳剖析历代各家各派的基础上，用了相当的篇幅来论证历史逻辑的定义和结构：在发生学、文献学、历史学的意义上，历史的涵义分别为事件、人言、事实。另一方面,在希伯来、希腊和逻辑学传统中,逻辑一词的涵义是神言、人言、方法。以此对应到新约的历史逻辑的研究中,只有从历史的以及逻辑的双重视角,才能真正把握《新约》的实质。

当从这双重的视角,才能看到"历史对逻辑的包容关系(历史的逻辑性),实质上乃是历史正义逻辑对历史信仰逻辑的承受,这是人反思他的信仰对象形成的关于人与人的正义关系的逻辑。逻辑对历史的包容关系(逻辑的历史性)发生于人反思他的信仰对象,并且反思到不可反思的地方,从而以绝对谦卑的态度接受信仰对象的承诺"(第59页)。信仰和迷信的区别就在于:信仰,是人使用理性去思考他所相信的对象,并思考到不可思考的地方举目仰望形成的教义体系、生活态度和行为规范。

看到又怎么样,跟我的信仰和中国有什么关系呢? 其实在"在不同程度上,每个民族的历史,无论是以神话的方式还是以哲学的方式,无论是以宗教的方式还是以艺术的方式,无论是以伦理的方式还是以史事的方式,都或多或少地内含着这种对历史的超越历史性的意义求索"(同上)。也只有从这种历史性的意义求索里才能拥有超越的价值:"人类的哲学、艺术、宗教的活动,仅仅是人的全部存在的见证,是人的思想、创造、践行的产物"。(第81页)只有明了这一点,中国文化才能超越自我的互证而重新得力,而不是简单地认为来了一种西方思想、基督宗教,富有包容性的中国文化把它包容进来就是了。

那绝不是人在自我里的认可或文化包容!"从超越者的角度看,逻辑对历史的包容关系所形成的逻辑的历史性,是作为神言的逻辑自身向人的开启,是超越者自己向他选择的对象说话。作为神言的逻辑破除自身的限定,主动介入人类的历史,为人类的历史本身提供某种超越历史性的意义承诺"。(第59页)信作为人的主观的存在状态是信心。信作为人的客观的意志决断是信赖;信作为人的有限的无限恩典才是信仰。

难道中国那么长的源流历史和内在逻辑就得作废了? 不是。信仰意味着排除我自己因而又包括我自己。正如库尔曼在《历史中的救赎》中所说:当我没有察觉到我的自我理解的时候,于是我将获得我的自我理解。当上帝在耶稣基督里和人的绝对相关又绝对差别,即在上帝和人,人和人之间展开的正义秩序,以及在这样的逻辑中才有完整而真实的历史。这时回头看"我"自己和中国都必有新的看见!

新的开启:新约的语言观、时间观、正义观、信仰观

在阐明什么是真正的历史逻辑后第三章开始详辩新约的历史逻辑,分为

上、中、下三章，从符类福音书到使徒行传，再到约翰神学、保罗神学以及其他使徒书信和启示录的历史逻辑。在浩浩洒洒的深入中清晰地分别从历史逻辑的要素：语言观、时间观、正义观、信仰观等来逐一详析新约展示的世界图景逻辑，从而指出："新约的历史逻辑的核心命题应当为：基督信仰，即信仰基督，信仰上帝之言成为肉身的历史上的耶稣和耶稣的肉身成为了被传言的基督"（"内容提要"，第5页）。

这有什么？基督徒都知道当信主耶稣。但是多少人能回答为什么当信主耶稣？信主耶稣意味着什么？外邦人常常理直气壮地陈述自己为什么不信。基督徒更应该明确说出我的信何以值得信，何以成为信；我的信怎样在历史上书写，从而书写历史；我的信如何构成生活的逻辑，和永恒生命相连接而获得自身与世界的意义。作为学者兼牧者的查常平大胆有力地说出来了：在历史逻辑的研究中，在逻辑上需要首先关注历史文本的语言观，其次应当关注历史文本的时间观。而人与人的关系，无非是某种正义观的表达，即人和人应当具有的理想关系；最后必须言说历史文本的信仰观。历史文本的语言、时间、正义、信仰四个方面，是历史逻辑的研究对象，它们给出了文本阐释和文本理解的完整可能性——

"新约在语言上，属于以指使性为特征的宗教语言。符类福音书大量使用隐喻、使徒行传中的历史叙述、约翰神学在对话中的吁请、保罗书信的十字架语言结构和问答逻辑、普通书信的命令语气、启示录的层级象征性语言，它们言说的对象都围绕耶稣是基督而展开。"

"新约的时间观是以上帝在过去的创造为时间的起点，以基督的第一次来临为末世的开始和祂未来的再临为末世的终点的终末论时间观，历史被启示为从创世到末世的时段，上帝在其中最终通过耶稣基督施行对人类的救赎计划。"

"唯有耶稣基督充当人和上帝的中保，否则，就不可能确立人与人之间在伦理、政治、经济、法律几个方面的正义关系……新约的正义观是通过爱表达义，是以人神关系为主导的人人关系的社会正义论。"（"内容提要"，第3—4页）

"上帝之言成为肉身，成为历史上的耶稣，这正是从上帝而来的恩典。耶稣之肉身成为言，成为信仰的基督，这正是从人而来的信仰之所指。两者统一在十字架上的受难事件和十字架下的复活事件中……所谓'言成万物'，是指耶稣基督的中保存在对人的差别能力、人的逻辑能力以及人的理性能力的永恒持守。这样的持守让人得以对神言领受，并通过人言和逻辑方法上表述、传

递而进入历史。"(第131页)

信仰并守住这个"永恒持守",中国才可能有真实的在上帝言说中的历史,中国文化才能彻底突破"巫术"怪圈进入新的发展阶段。那么,怎么持守信仰？藉着圣灵让"皈依基督的人对基督的信仰不至于降格为一种关于所信对象的知识理论体系,而是把人引向耶稣基督,使人体验作为绝对超越者的上帝奥秘"(第343页)。在上帝的奥秘里,知识、智慧都是在耶稣基督里藏着,无论是自然科学还是社会科学,无论是个人还是群体,短暂得以与永恒紧紧相连。善莫大焉!

新的仰望:汉语神学语境中的新约研究和圣经神学

"从新约来看,上帝从七个方面把自己的存在向人显现,即上帝的创世(上帝言成世界)、上帝的公义(上帝作为创造者与受造者之间的正当关系)、上帝的救恩(上帝选择以色列为外邦人的光,使救恩临到万邦)、上帝作为圣灵位格的降临、上帝存在的天国、上帝主动带来的复和(上帝因着耶稣成为基督而与世界的和好:上帝成为上帝,人成为人,世界成为世界)、上帝把时点与时段结合起来设定的历史的末世(个人的末世与世界的末世)。其实这七个方面的每一个方面,都既和上帝相关,又和人相关。"(第99—100页)

和人相关必然带来人的生活、发展,都不能脱离上帝启示引发的更深的思考和研究。以往的汉语学界的新约研究从圣经的语言、时间观、社会正义等方面切入很少,大多是从基督论和跨文化的比较来探索。其中基督论的视角,也主要是从历史学、哲学、宗教学而不是神学传统的角度。这本书虽然在研究内容上和圣经神学有某种程度的关联,但它远远超出了一般以讨论《圣经》文本的信仰教义为使命的圣经神学的范围。它拓展了汉语学界的圣经研究的横向域界和推进它的纵向深度。横向上从《圣经》文本的信仰观到正义观、从它的时间观到语言观,纵向上从关于耶稣基督的历史事实到关于祂的历史人言、再到关于祂的历史事件,"从而为中国当代人文学术普遍缺乏绝对在上的超越性维度的演进取向提供一种可能的参照"(第6页)。

在最后一章,查常平从新约的历史逻辑审视汉语神学和圣经神学。他说:"如果要为汉语神学给出一个描述性的定义,那么,它就是以圣经基督论为启示的中心、以汉语为母语的基督徒的信仰为经验的根据,以汉语思想文化传统为阐释的背景,以历代教会及其神学思想(希腊化、拉丁化、欧美)的学典为言说的参照,以汉语学者的对基督经验的宗教学研究为基础的神学。"(第354页)这实在是任重道远! 但它值得我们毕生献上,不仅因为是上帝在这个时代对中国人的呼召和挑战,更是上帝成为人的耶稣基督,"永远是更大的真理,永远是更大的奥秘——它从四周环绕围浸着我们的灵魂!"(H. 奥特)

"剑胆琴心"对于中国当下的意义

从学术研究来说,该书是汉语语境下的圣经神学的创新和集成。内容创新在哪里？在上文的新的看见、新的开启和新的仰望有介绍和论述。在研究角度上,它同样有大胆的尝试和突破:不仅涵盖了释经学、圣经神学、系统神学、历史神学、新约神学,还使用了历史哲学、社会学、心理学、语言学以及广义的科学、时间学等,从而创立了一种研究《圣经》的人文—社会学的方法。这种方法,对中国思想和学问的"祛巫驱魔"的意义将随着时间的推移而更加显著。

在此过程中,它也自然地起到破除人们头脑中对基督教的误解或迷信。误解多在于基督教是西方强势来的洋教,是西方帝国主义的倾销,是西方文化的战略渗透,"其类必异,不与我同心"……迷信多在于上帝这位神比中国原有的神更好更真,信上帝得更大的好处,求上帝更灵验,有了上帝就有了一切……查常平没有对诸多的误解和迷信进行争辩,而是以极其认真的学术态度和踏实深厚的学术功底直接给出正解。

怎么给出的？"在思想图景逻辑上,我一直把时间逻辑、正义逻辑、信仰逻辑与语言逻辑当做'历史逻辑'的内在部分,认为历史的生成离不开它们的共同作用……时间逻辑为历史给出源始场所,正义逻辑把历史引向合法的价值之路,信仰逻辑指导历史在终极意义上趋向合理性。此外,历史逻辑还得有通向正义的语言作为工具。"("前言",第 3 页)时间、正义、信仰、语言,古今中外无数哲人思者追溯的源起与迷宫。可以说,不同的民族、国家、人群有不同的世界观、价值观、社会观、人性观等,莫不是在对历史逻辑不同的理解当中的呈现。

正因为各有各的理解,便以百花齐放为美,自以为的真理为是。林林总总自我标榜的真理究竟有没有真理,哪个才是真理？查常平追溯语言的根底,历史的内在走向——信仰的引导脉络,鞭辟入里地直抵正义的核心:基督才是真理,并切中肯綮地指明:"基督信仰,首先不是一个抽象的教义理论体系,尽管它在后来的发展中变成了教义理论十分成熟的基督教。因为,任何教义理论体系,在学理上并不必然同它的创立者存在逻辑的关联;教义理论体系的创立者本人,也未必能够承诺他所阐明的理论的真实性与合法性。相反,基督教的真实性与合法性,则完全取决于它的创立者耶稣本人。没有耶稣,就不可能有基督,没有基督,就没有基督信仰,没有基督教。基督教的一切教义理论体系,最终都必须指向耶稣其人而非仅仅是对他的理解和阐释。所谓基督教，只是指人在承受了基督信仰或基督性之后形成的社会建制及其相关的理念形态、行为伦理体系。由于个人或群体的处境差异，在承受或理解基督性中便形成了不同的基督教派。竭力理解基督信仰的本真内涵，乃是每位基督教徒成长为基督徒的过程。"（第320页）

那么，在"在基督里"，就不是指个人与基督的某种神秘关系，也不单是秘修灵修的个人体验，而是指信徒个体的现实生活由基督决定。信徒活着不是出于他自己，而是出于救赎的神圣行为。在这样的神圣行为中，人的价值得以最大程度的体现：有上帝的形象和样式的人真正地成为人，能管理和治理这地。并且充满盼望，主耶稣还会再来，历史向未来敞开，又立定在当下——当下已经和永恒相连。这样的历史逻辑，既不是乌托邦、理想国，也不是物质至上，一切以经济基础来决定上层建筑的共产大同；也不是简单的肉体与灵魂、精神与物质的二分；更不是在阴阳八卦中去力求的难以把握的动态和谐。而是充分尊重生命个体，也把生命当做整体，即避免犹太人式的总在等待中的漂泊，又引领着人类不断归正，离弃罪恶不义，始终朝向应许的光明。

在朝向应许的光明之际，对中国当下最大的现实意义莫过于秩序和关系的恢复与重建。中国历来是讲秩序也讲关系，但因着没有一个最高的指向和对绝对真理的谦卑，中国的秩序和关系人为地局限在低级的血亲伦理、裙带关系中，努力地试图依靠人里面残存的良心和堕落的理性来维持。当实在无法维持的时候，法治又以极残酷的面容出现，似乎整个中国历史总在小心翼翼地寻求某种平衡。好不容易达到某种平衡点，社会出现短暂的繁荣，但这个点被突破，社会就失衡到无法收拾的失控地步。惨痛之余，人们又拼命去维持新的平衡……但始终难以节制和中止这种周期性的动乱。对此《圣经》说得很清楚，人间没有一个义人，其意思是人离开上帝，便不可能有任何正义的伦理道德准则。

在这本书里，查常平用了很大的篇幅，并且是逐一解析从福音书到启示录中每一类书卷中启示的正义观，特别阐明圣经的公义观指向人神和人人双重关系，其正义观言说的是以人神关系为根据的伦理道德准则：旧约的正义观是上帝通过祂的义表达爱，新约的正义观上帝通过祂的爱表达义。在这种公义观中，包含人神关系（摩西十诫的前四诫——出20:1—11）和人人关系（摩西十诫后六诫——出20:12—17）。"前四诫论及上帝的唯一性、祂的慈爱和公义的本性，祂和受造物的关系，祂对人的时间的介入；后六诫表明上帝关注人的全部生活：人的家庭生活，人人关系中的伦理底线（对他人生命的尊重）、两性、财产、语言、思想的绝对准则。"耶稣将之归纳为人要爱上帝和爱人如己两句话(太 22:37—40)。而上帝就是爱,本身就成就了爱的伦理根基和爱得以实现的保障。也只有在这种保障中,底层人士、边缘人群等的权益才能得到维护,社会的和谐共进,人群的和睦同居才有根有基地得以实现。

在这种人文—社会学的研究方法中,查常平生动自然地带出上帝论、基督论、圣灵论等神学基要,深刻晓畅地阐释了爱、善、恶、终末论等普世价值。从而经纬繁杂有致,编织精密到位,是为洋洋大观地绘出新约的世界图景逻辑的雏形。这样的世界逻辑图景,是中国文化未曾有过的,也未曾思想过的,不再是从原始社会到共产社会的简单描述,也不是梦里寻他千百度仍是在水一方的天下大同,而是上帝启示的、在耶稣基督里显明的、必要成就的现在与未来!

这时我们看到理性和诗性在查常平身上奇妙的合而为一,无怪乎他在2009 年的后记中写道:"我唯有向着标杆直跑,尽心、尽情、尽意!"又是那样满含感情地翻译了威尔弗里德·斯科恩·布伦特(Wilfrid Scawen Blunt,1840 - 1922)的这首诗:

> 我们的泪水洒向何方?
> 年幼时候,我们为痛苦而哭泣,
> 成年时期,我们为成功、突然降临的美誉、巨人的掌控与谋杀而哭泣,
> 年老时候,我们只为常新的爱情、归回的快乐而泪眼依稀,
> 我已尝过一切的快乐,但还有最后、最甜的一样;
> 这,需要一颗等待的心。(第 364—365 页)

大屠杀、历史记忆与《罗兹挽歌》

刘 平(复旦大学)文

　　20世纪的中华民族与犹太民族历经的磨难以及同类的共同记忆是二战"大屠杀":中国以"南京"为象征,犹太人以"奥斯威辛"为标记。两个饱受苦难的民族不仅在上海、哈尔滨、天津、香港等地共克时艰,当代中国作家朱晓琳还专门以奥斯威辛为素材撰写了中篇小说《奥斯威辛墙》,温家宝作为共和国第一位参观"奥斯威辛—比克瑙德国纳粹集中和灭绝营纪念馆"并悼念遇难者的总理,于2012年4月27日深情发表如是感想:"不能忘记历史,要铭记历史,只有记住历史,才能建设美好的未来。"对于具有悠久历史的中犹民族,历史记忆非但不是理所当然的恩赐、传统与能力,反而始终是一个课题、一个挑战、一个难题,甚至是一场需要不断抗争的战争、一场反抗反记忆的记忆战争。

一

　　就犹太大屠杀,在波兰,不仅仅有为世人熟知的奥斯威辛,还有似乎并不那么闻名的罗兹。纪实小说《罗兹挽歌》(史蒂夫·塞姆-桑德贝里著,王梦达译,复旦大学出版社,2012年版以下凡出于该书的引文皆以括号随行标出页码,不另作注)以波兰的罗兹犹太人隔都(译文为"贫民区")为叙事对象,以史料为基础,配上作者适度谨慎的想象力,给全世界读者勾画出一座如假包换的人间地狱:没有最邪恶的恶,只有更邪恶的恶。这座在雅利安人汪洋大海中不堪一击的犹太人"独立王国"成为名副其实的"隔都"。一切人间的邪恶在此尽情上演,人性中的一丝美好不过是黑暗的天空中的几颗流星——微弱的亮光偶尔一闪而过便迅速沉入似乎无边无际的泥沼粪堆之中。

阅读这样一部长篇小说,除了需要读者耐心充足,更需要读者有一颗柔软而刚强的良心。谁能够在近 40 万字数砌成的罪恶通天塔中,哪怕偶尔有烛光摇曳,能够呼吸均匀、肠胃运转正常的呢?事实上,作者所叙说的主要对象尚不足 600 万大屠杀牺牲品中的百分之三,至于真实的大屠杀事件几近或就是无限的不可言说、难以言说。

二

对于这类真实到荒谬的历史,对于中国的"九一八"、南京大屠杀的历史,摆在今日消解一切真实真理的后现代语境面前的是一个迫切需要回答的难题:我们如何记忆?

我们所需要的首先不是一种道德谴责、哲学反思,甚至不是冰冷而客观的史料、学术文论,更不是激情的宣泄,而是一种对大屠杀历史的感同身受的集体记忆,一种穿透、撞击人类最深沉最内在心灵的集体记忆。这种集体历史记忆尽管要以伦理、哲学与史学研究为前提,但是它们首先要转化为普通民众的记忆,才会真的让历史真相变得神圣而不可侵犯。

"侵犯"民族苦难历史的最大力量不是他人以及施暴者的否定或抹杀,而是民族历史承载者自身的否定即遗忘。遗忘是一种无形而强大无比的动因,侵蚀着不可重复的自然时间、独特的历史事件和无常的人生,使之变得面目全非,甚至无影无踪。时光荏苒,代代转递,社会变迁。个人记忆无法保证形成或传递集体记忆,而集体记忆也不是一种自然而然生成的现象,相反,它是文化与教化塑造的产物。由此,后奥斯威辛时代,全世界犹太人不惜一切代价追捕纳粹分子并绳之以法,设立大屠杀纪念日,建立大屠杀纪念馆,推行大屠杀研究与教育,其原因正在于此。透过文化与教化的塑造,集体记忆首先成为个人记忆,成为"为了我"的记忆。对于大屠杀事件而言,记忆者自身优先关注的问题不仅仅是大屠杀本身,而且是"我"所经历的大屠杀,或者说,以大屠杀幸存者的角色经历大屠杀。透过这种内在化的层层累积,大屠杀事件转化为个人生命的一部分。若个人的犹太身份能引导犹太人记忆大屠杀,那么大屠杀记忆则创造出一个经历大屠杀的犹太人。这种个人化的记忆才既是个人的,也是集体的;既是当下的,也是指向过去与未来的;既由犹太身份诱发形成,也强化、延续犹太身份。在一定意义上,一个民族文化身份的形成端赖于以节庆、礼仪、典籍、音乐、图像、实物传承的集体记忆;一旦离开这些集体记忆,一个民族文化的身份就变得模糊不清、似是而非或显得面目全非。

在民族苦难转化为一个民族的集体记忆之一部分之后，提升民族苦难的集体责任伦理就显得尤为可贵和迫切。任何一次或一场民族苦难自身，通过当下的集体记忆指向过去和未来。这种"指向"不是一种简单的历史呈现或复制，而且更是一种道德承担。以道德的方式承担已经发生的民族苦难不限于运用法律和伦理对施暴者加以惩罚和指责，最为关键的是在承继历史记忆的同时，愿意承担民族苦难所必需担负的似乎属于他人的责任。"似乎"意味着哪怕民族苦难的施暴者不是当下的自己，但是自己愿意承担施暴者的责任，藉此承担民族苦难记忆的个人将对历史真相的尊重转化为自身对民族苦难的道德责任。正是这种"转化"可以帮助一个民族放下孟姜女式的哭倒长城的悲情，消除祥林嫂式的自怨自艾情结，也可以破除以迫害者—受害者身份相互抵消责任的虚假辩护，同时可以防止一个民族将自己的苦难偷换为一个民族的狂欢庆典。在面对民族苦难上，恐怕没有哪样一种形式像后者这样以隐蔽的方式掩盖对民族苦难的历史记忆与道德承担。当全民族为过去的民族苦难举办庆功宴的时候，一个民族的道德已经彻底沦丧：因为一个有道德的民族，谁会在以自己民族苦难造成的累累白骨、千里坟茔上载歌载舞？因为一个有道德的民族，只会以悲悯和谦卑的行动弥补、修复、治疗任何一次无限、永远无法弥补的伤痛！

三

一旦我们以此为切入点来重新认识大屠杀，《罗兹挽歌》就提供了一份不可多得的经典文本。这部以瑞典语撰写的诗史著作几近于以纪录片的方式叙述波兰罗兹犹太人的隔都生活。贯穿整本小说的主调是阴沉、灰暗、肮脏、血腥，充满饥饿、贪婪、背叛、变态、阴谋与死亡，让读者心生压抑、恶心。

但是，这一切都是在纳粹主义者的集体疯狂中发生的心理危机的产物吗？参与迫害的被迫害者也是在一种集体无理性的状态下肆意虐待、屠杀犹太同胞的吗？是主角之一的蕾吉娜·瓦恩贝格所辩护的"激情犯罪"（第109页）吗？作者的笔触所勾画的迫害者，不论是元凶还是帮凶，以集体疯狂来为他们的犯罪寻找原因无疑是对受害者的最大羞辱，也是为他们洗罪的最冠冕堂皇的理由。或者可以如汉娜·阿伦特从社会学角度将大屠杀悲剧归于极权主义政治？心理学与社会学解释实际上都"偷走"了整个大屠杀中的独特因素——犹太性（Jewishness）。犹太大屠杀之所以在犹太教中专门用希伯来文"Shoah"来指称，其中的一个重要原因是，Shoah 仅指而且仅仅指"犹太人被纳粹大屠杀"，正如当代汉语中"十年浩劫"仅指且仅仅指不可重复的悲剧:"十年文革"。

小说《罗兹挽歌》始终围绕着犹太人与雅利安之间的巨大分野展开叙述。隔都以有形的方式被迫将犹太人与其他人隔离开;而隔都还被迫以意识形态、军事、道德、宗教、生活方式的无形方式受到隔离。犹太人之被纳粹大屠杀,其独特性在于被屠杀者仅仅是犹太人。主流的纳粹主义意识形态这样评论犹太人:"在德国人眼里,犹太人只能以集体形式存在,有固定的数量、配额和质量","实质是令人憎恶的劣等材料"(第 26 页)。当犹太人之作为犹太人不再被作为人看待的时候,作为人的一切尊严就丧失殆尽,"当死亡已经不再成为一个私人的选择时,私人物品或是私人财产又何从谈起呢?"(第 236 页)。人之基本的生命权、财产权、追求个人幸福的权利对于作为"传染性脓疮"(第 2 页)的犹太人而言根本就是虚无。被物化的犹太人甚至对犹太人也作如是观:在犹太工头眼里,装卸的犹太工人和废铜烂铁没有任何区别,"他所需要见到的只是持续的卸货、装运"(第 134 页)。犹太人在所谓的高等人种甚至被纳粹赋予一定权力的犹太人面前可以被任意进行物理学意义上的宰割、运输、焚烧与埋葬。

罗兹挽歌所哀悼的是犹太人的人学悲剧——独特的人性被剥夺。但是,它未尝不是哀悼人类的人学悲剧——一切人在马丁·布伯的"我—它"世界中都会成为作为物而存在的"它"。从这种角度来看,心理学意义上的变态、社会学意义上的极权主义暴政都不过是将任何一个"我"变成"它"的工具而已。罗兹哀歌悼念"犹太"人的死亡,而一旦"犹太"人死亡了,人类离开"人"之死亡也不远了,或者说,"人"已经随之死亡了;一旦"犹太"人被作为非人,将"犹太"人非人的人也非人化了,或者说,自以为高人一等、贵人一级的"人"已经丧失了基本的尊严与价值。人类历史上因为人为原因死亡人数最多的 20 世纪留给 21 世纪最大的教训正在于此!这个警钟需要时时为 21 世纪每个你我敲响,否则,人类死亡的丧钟就一定在 21 世纪向你我响起!因为 21 世纪人类文明的更新依然离不开一个古老的希伯来信条:每一个人的生命都是神圣不可侵犯的,忘却对大屠杀的记忆在本质上是谋杀作为个体之生命的神圣不可侵犯性!以集体的方式遗忘大屠杀或类似的民族苦难在本质上正是谋杀作为一国一民中一个真实个体的鲜活生命及其独特的神圣不可侵犯性!

四

笔者郑重推荐汉语读者阅读此书,原因之一是以大屠杀为主题的经典小说在汉语语境中并不多得。虽然此书是一部诗史小说,但是与其他以通俗文化的方式记忆大屠杀的文本相比较,此书可以与《安妮日记》(日记后改编为电影)、《辛德勒名单》、《奥斯威辛》、《浩劫》相媲美。就《罗兹挽歌》而言,它与上述四部电影作品一样采取的是求真派(purist)的路径,尽可能采用第一手的原始资料,以真实的历史素材为根基再现大屠杀悲剧,尽可能将大屠杀作为一个独特的主题处理,既避免使用吸引读者眼球、商业上可能带来利润的文学手段,又以忠实于历史记忆的方式对大屠杀主题表达出尊敬与敬意,避免背叛大屠杀的牺牲者、羞辱幸存者。这一取向不仅由作者在全书结尾加以特别点出,而且读者从全书正文中也可以品味出作者虽身为小说家,但不乏历史学者的严肃、认真与严谨。从如泣如诉的行文中,细心的读者甚至可以判断出作者为了保持原汁原味、追求历史的再现而有意放弃使用创作上的自由与想象力。这部作品就这样与民粹派(populist)区分开。对后者而言,作家可以运用创作的自由重新构造、使用大屠杀事件,将之作为一种比喻或符号运用到自己所选择的主题当中。这种路径将大屠杀事件普遍化,消解了其中的独特性。《苏菲的抉择》、《朗读者》尚是两部哲理性非常强烈的电影,《美丽人生》、《钢琴战曲》算得上是讲述犹太人故事的大屠杀素材电影,而《伪币制造者》的娱乐性色彩远远重于历史真实性,《无耻混蛋》则纯粹为了娱乐而娱乐,将大屠杀事件作为商业消费素材来支取与使用。

若将上述路径相互比较,21世纪,即二战大屠杀事件发生过三代人之后,否定大屠杀的途径除了遗忘之外,还有一种常常被忽略但更加值得警惕的方法就是将大屠杀变成任意消费的符号,服务于个人或某些群体的利益:或作为旅游消费产品,或用作娱乐工具或道具,或拿来为政治利益增加砝码。求真在一个以消费主义、世俗主义为圭臬的后现代显得尤为可贵而不可或缺。

笔者推荐此书的第二个理由是我们汉语读者需要在想象力中经历犹太大屠杀,将犹太人的悲剧转化为我们的悲剧,这样我们自身的悲剧不仅有了比照,也有更加切入骨髓的体认、反思与批判。夏虫藉此未尝不可语冰。让600万犹太人(其中有20万罗兹犹太人)的死亡在汉语读者的生命中变得不是毫无意义的惟一办法就是记忆。汉语读者记忆的意义,我们先不必许诺说可以阻止悲剧再次上演,在道德上强化对社会和个人不公的认识,但至少可以证明我们不会因为忘却而让600万牺牲者再死一次。世上有什么比让亡者再次亡故的遗忘更让亡者悲凉的呢?世上有什么比将亡者作为符号来消费并以此记忆亡者实际上让亡者加速再度死亡更加悲哀的呢?

五

《罗兹挽歌》堪称是近年来不可多得的译著精品。其"精"的原因,首先在于本书是从笔者一窍不通的小语种瑞典语直接移译过来的,仅凭这一点此书获得一定的赞赏就是它本应当配得的奖励;其次在于其中涉猎大量的希伯来文、意第绪语、波兰语、德语等多种语言和犹太教文化知识,对于译者,这既需要时间,也需要专业训练,可以想见,译者在这方面颇费周折与精力;再次,译者还花费大量时间查阅文献,为读者提供注释,方便阅读;最后在于译者的文笔流畅,能让当代汉语读者领会原文的叙事风格与写作技巧。

但是,不可否认的是,正如任何一位译者都不是百科全书式的人物,该书译者也不例外。笔者根据自己的专业认为,全书在将来修订中需要注意以下几个问题,并与译者商榷,以期臻于完美。

1. 二战期间,纳粹在占领地区建立的犹太人聚集区,即城中城,通常被称为"隔都"或"犹太区"(ghetto),而非一般意义上的"贫民区"。

2. 犹太人的宗教场所一般译为"犹太会堂"(synagogue),而基督教的宗教场所一般译为"教堂"(church),全书将两者未作区分,均译为"教堂",会让人在阅读时产生误解,以为犹太人的隔都中还有"教堂"存在。

3. 根据专业习惯,"正统犹太人"(第8页)一般译为"正统派犹太人"(Orthodox Jews);希伯来文"阿里兹以色列"(Eraz Israel,第10页)译为"以色列地",即《圣经》中的应许之地、巴勒斯坦地区;塔姆德(Talmud,第11页),译为"塔木德",此书被誉为犹太教的第二圣经。第42页的"塔木德诗"、第100、103页的"塔木德诗集",鉴于笔者的才学浅陋,不知原文所指何谓,塔木德是拉比犹太教对《圣经》的评注汇编,似乎没有诗歌收录其中。第87页的"经文匣和祈祷带"(Tefillin)实际上指的是经文匣,包括装有经文的匣子和将匣子系在身上的带子。《圣经·以斯帖记》中的人物"莫德察伊"(第291页)(Mordecai)一般译为"末底改"。

以上这些微小的瑕疵再次证明好的翻译绝非易事。读者有幸获得这样一本译著精品,可以稍稍宽慰大屠杀主题带来的沉闷压抑和道德愤慨。

"即使不和改革派站一边，照样可以相信改革啊"
——评历史悬疑小说《天文学家》

刘 平（复旦大学）文

一

1517年，奥古斯丁修会修士马丁·路德博士将《九十五条论纲》钉在德国威腾堡教堂的西大门上。这个有意辩论而无意革命的举措导致的后果却是一场改变整个欧洲基督教王国的崩溃和再造运动。此后，欧洲高耸入云、巍峨壮观的罗马天主教会面临着大一统瓦解的深度危机，而现代世界的一切新鲜元素也在此过程中一一浮现出来，改变了欧洲，也改变了世界。

而在这次风云变幻中，哥白尼的日心说成为另外一颗深水炸弹，继续从保守的罗马天主教内部堡垒中摧枯拉朽，为现代性的铺陈铺平道路。但是正如我们的伟人所言，前途光明道路曲折。现在被认为是常识甚至落伍的日心说在欧洲从中世纪走向现代社会的历程中并不如我们想象中所认为的那么易于为人普遍接纳。拉伯雷和伊拉斯谟的人文主义、路德的信义宗、加尔文的改革宗、罗马天主教的宗教裁判所、世俗的王权等各种力量在罗马天主教的祭坛上出自各自的原因而或支持之或反对之。的确，16世纪的欧洲思想界不再是铁板一块，多元的裂缝已经无法阻挡地出现。这不仅是一个为了灵魂而争战的时代，也是一个为了新思想、新观念而争战的时代。新学说、新理论、新方法既是斗争的工具，也是斗争的对象或目标，而以巴黎为中心的法国正是这样一座舞台。

小说《天文学家》（劳伦斯·戈德斯通著，李宏昀译，复旦大学出版社，2012年版。以下凡出于该书的引文皆以括号随行标出页码，不另作注。）正是一部

"即使不和改革派站一边,照样可以相信改革啊"

以这种思想史为宏观背景而虚构出来的悬疑小说,以天文学家哥白尼及其当时尚未发表的日心说为副线或暗线,用明线叙述各种宗教与政治、精英与草根力量如何围绕它们而展开错综复杂、你死我活的博弈。在作者的精心布局下,这种博弈的聚焦点从天主教的法国推展到马丁·路德的德国、哥白尼的波兰,甚至也将由王室婚姻危机引发宗教改革的英国、罗马天主教大本营意大利和梵蒂冈、加尔文推行改革宗的瑞士也被收纳进来。一场欧洲16世纪波澜壮阔的思想史画卷就这样完整而活灵活现地展现在读者面前。所以,严格地说,这本小说不是一部纯粹意义上的以各种伏笔、秘闻、密码勾起读者阅读欲望的悬疑小说,而是一部藉着悬疑来展现欧洲近代思想改革史的小说。

一部小说以思想史为主题无疑是吃力不讨好的。说它"吃力",是因为它以文学来描述思想史,而文学在从事这种工程上往往力不从心;说它"不讨好",是因为对一般读者而言,若缺乏相对应的思想史知识,恐怕对此类图书的阅读兴趣就不会那么盎然有致了,哪怕小说家运用技巧娴熟也是白搭。所幸运的是,错综复杂的16世纪宗教改革史,经过作者的巧妙构思,避免了这种吃力不讨好的困境。这种评价似乎有点贴金的嫌疑。但是,虽然《天文学家》比不上《达芬奇密码》那样吊人胃口,但是也不似后者那样偏离历史事实,以至于虚构的历史事实显得比真实的历史事实还要真实,悬疑本身反而成为阅读本身,而为了悬疑的阅读远远终归比不上藉着悬疑的阅读。为了悬疑而阅读对于版税来说当然是好事,但是对于喜欢深度阅读的人来说,就是悲剧了。《天文学家》则可以避免这种悲剧:思想史本身不被文学技巧所遮蔽,后者反而将前者从书斋中领入到寻常人的茶余饭后。一杯有点清淡的茶,一本有点深度的书,一次有点峰回路转的思想史探险,足以让偏好探究思想的人有一段惊心但不动魄的美好时光,算得上这个后现代时代对初露端倪的现代表达的一点敬意吧!

二

现代人恐怕难以理解,为什么作为新思想之一的日心说会有如此大的影响力,以至于"哥白尼革命"成为指称一切重大范式转换的代码符号?《天文学家》以很小说的方式回答了这个很学术的问题。

让我们穿越到16世纪初的欧洲。尚未完全从高度中世纪的阴影中走出来的欧洲以罗马天主教为官方宗教,一切的经济、政治、思想与文化、个人生活问题均以罗马天主教的官方神学为最高尺度。这种包罗万象的神学在维护欧洲社会稳定上不乏积极作用,但是它以牺牲、压制甚至逼迫一切创新、新思想为代价。宗教裁判所在此方面所发挥的作用最为直接而明显。的确,宗教裁判所本身以维护欧洲天主教的正统思想为使命。不幸的是,维护思想的正统性与社会的稳定性一旦与火刑柱、民粹主义、个人私利相互结合,带给人类的就不是福音,而是如撒旦般的邪恶了。小说虽是虚构但也不乏一定依据的宗教裁判所在法国巴黎以火刑处死四个信义宗异端的故事,成为整个叙事的重大转折点:卧底的故事主角阿莫里在思想抉择时由徘徊走向了自己阵营的对立面,如大数的保罗一样由迫害异端者翻转成为被迫害的异端。但是,这场血腥而残忍的悲剧所发生的前因后果值得读者仔细玩味:世俗政权为了自己的江山稳固,对宗教信仰玩机会主义的把戏,宗教领袖以上帝的名义煽动民众的宗教热情,藉此消灭异己,而普通民众把火刑柱作为一场娱乐狂欢和表演。一切的很暴力很血腥都被冠冕堂皇的理由包装起来,除了极少数人之外,一个基督教社会以捍卫基督的名义做着反基督的伟业。而所有这一切的起因都不过是为了让哥白尼的日心说甚至哥白尼本人从地球上销声匿迹。

一个天文学家的天文学研究究竟为什么让如此多的宗教与政治力量恐惧呢? 其中的秘密是,一旦新思想破茧而出,它稚嫩而美丽的翅膀扇动的微风会引起大西洋海啸。16 世纪初的欧洲罗马天主教如巍峨而壮丽的积木大厦,一切社会和思想结构都被中世纪的阿奎那以亚里士多德主义为工具似乎井井有条地安排在自己的大厦之中,而天文学家哥白尼的天文学新发现(实际上也非新发现)则如同抽去积木大厦最底层的一块木头,虽不至于让大厦崩塌,但也足以让之摇摇欲坠:罗马天主教的官方圣经神学会被质疑乃至推翻,罗马天主教会的权威被颠覆,罗马天主教神职人员会被失去一切的特权和权力。覆盖一切的帷幕一旦被撕裂,除了阳光之外,还有新鲜空气,但是暴风骤雨也无法避免。

小说《天文学家》并没有告诉我们欧洲经历一番暴风雨之后所留下的遗产,但是结尾以男女主角成功保护哥白尼免除宗教裁判所的屠杀圆满告终,似乎让读者喘了一口气。欧洲中世纪终究会过去,一切改革和革新、一切新思想新观念终将成为社会的主流。只是我们在从 16 世纪带着希望回到 21 世纪的时候,还需要从这部历史悬疑小说中注意一个常常易于被忽略的问题:以哥白尼为代表的现代科学的兴起仍然发轫于欧洲中世纪罗马天主教的思想环境,哥白尼本人仍然是一位信仰者,他所从事的科学研究一直为神学辩护。这可能会给我们带来这样一种大致不错的看法:一切的思想变革乃至社会变革尚需要从内部破土动工,一切的新思想和新观念需要有良知与勇气的人以理性精神去呵护与捍卫。就 16 世纪的欧洲而言,前有哥白尼,后有伽利略;前有马丁·路德,后有加尔文。思想史和人类良知如同接力赛一样代代传递,这样人类才有希望。而改革从来也不是一边倒的,改革常常是在反改革中磨砺与成长。现代欧洲正是在 16 世纪欧洲改革与反改革运动中成型,对于当时茫然无措的普通人而言,甚至对于站在反改革立场的既得利益者而言,所需要的更是这样一种信念与决心:"即使不和改革派站一边,照样可以相信改革啊"(第 62 页)。历史证明这种认识不是一种一厢情愿的华丽口号,随着新教改革而来的就是罗马天主教的反改革的改革运动。改革—反改革的博弈推动塑造出现代欧洲的面貌。这可能是我们现今需要借鉴的一部分遗产。

三

正是因为小说《天文学家》与欧洲近代宗教改革思潮密不可分,作者在行文叙事中会涉及大量关于罗马天主教、信义宗以及改革宗的神学思想。如果读者对这段思想史略有常识,那么对阅读此小说必将大有益处,对理解此小说中的思想交锋也会有更多的心领神会。就举第 IX 章为例,主角阿莫里在友人引导下来到一座名叫十字铺的小镇,聆听改教家加尔文的一场演讲。作者笔下虚实参半的加尔文演讲(第 86—87 页)的主旨是批判腐朽垂死的罗马天主教会:"……《圣经》里何处说过牧师是凡人和上帝之间的中介?何处说过人该向另外一个人忏悔并把这视为与上帝说话的途径?《圣经》里何处允许一个人具备对别人罪孽的赦免权?何处规定过仪式必须使用拉丁文?这种语言在普通民众中几乎没人能懂,它只是令教区居民对上帝言辞的理解更加遥远了……"显然,加尔文在此批判 16 世纪初叶罗马天主教会坚持的传统,认为根据《圣经》,信徒可以直接与神交流,而不需要以神职人员为中介;信徒只需要直接向神认罪,而不需要告解即向神职人员认罪,且神职人员本身并不具有赦罪权;举行宗教仪式可以使用地方语言,而不使用当时罗马教廷所规定的让普通人不知所云的拉丁文,等等。接着,年轻的加尔文阐述了他有关救赎的三个基本观点(第 87 页),实际上其中包括了加尔文主义的四个核心思想:1. 人由于始祖亚当的堕落而无法以自己的能力作任何灵性上的善事,即人完全无能力(Total inability)或全然败坏(Total depravity);2. 上帝对于罪人的拣选是无条件的,他的拣选并非因为人在伦理道德上的优点,也非他预见人将发生的信心,基督钉十字架只为预先蒙选之人,而不是为世上所有的人,即无条件拣选(Unconditional election)和有限代赎(Limited atonement);3. 人类不可能拒绝上帝的救恩，上帝拯救人的恩典不可能因为人的原因而被阻挠，无法被人拒绝，即不可抗拒的恩典（Irresistible grace）。实际上，若加上"圣徒蒙保守"（Perseverence of the saints），完整的加尔文五要点就在这里显明出来。一般学界将此五要点缩写简称为郁金香（TULIP）理论。对于在罗马天主教神学院学习九年的阿莫里而言，这一套理论完全颠覆了他的神学传统，在救赎上，人的自由意志、善行毫无作为，完全是上帝预定、自主、无条件的作为。所以阿莫里提出怀疑："人自己追求被拯救，努力克服自己的低级本能"是毫无意义的吗？对于加尔文的预定论，他更是"晕了"："人生和一场大规模的抽奖有何区别？"非但如此，他和妓女薇薇安由于对加尔文有关称义和成圣的理论无法理解，导致他们理直气壮地行淫乱。在加尔文看来，人被赦罪是完全出于上帝的作为，而无论人曾经犯罪或行善如何；人被称义之后要不断追求成圣。而这两位主角则认为，既然人无论如何犯罪，上帝都会赦免，那么春心荡漾的青年男女苟合一次也未尝不可（第88页）。

四

小说全文译笔流畅，虽然还有点欧风美雨的痕迹，但是不啻为一部不错的译著。但是，可能译者对基督教神学缺乏一定的知识，在若干地方明显出现错误。这里列出三个地方。

1. 第95页，哥白尼面见教皇（一般译为"教宗"），提及这位"圣父甚至还问他要这方面的论文"。这里的"圣父"明显指称"教宗"。在罗马天主教传统中，教宗也被称为"神圣的教父"（Holy Father），而"圣父"仅仅限于三位一体中作为父的神，即天父。

2. 原文中 Reformer 和 reformer 实际上是存在明显区别的，前者特别指称宗教改革派，一般译为"改教家"，后者才译为"改革派"。

3. 原文中的 Scripture 指的是"圣经"，而译者将之译为"经典"，这明确不准确。所以，"托马斯·阿奎那将亚里士多德引入基督教，为的是让科学与圣经取得和解"（第183页等），而非译者所谓的"让科学与经典取得和解"。

此外，笔者不懂法语，从网络检索获得信息知道 *lieutenant-criminel* 译为"刑事长官"恐怕比"刑法中将"（第274页）更为准确。其他不少地方的译文，若直接使用通用的译法，可能更加符合翻译习惯，而不必费心劳力另外翻译。举例而言，在第189页，马丁·路德创作的《我们的上帝是坚不可摧的堡垒》被恩格斯称为16世纪的《马赛曲》，通常译为《坚固保障歌》；行文中的人名"奥古

"即使不和改革派站一边,照样可以相信改革啊"

斯汀"一般译为"奥古斯丁"。还有,译名要前后一致,例如第 3 页的"圣芳济"要与全文通用的"圣芳济各"统一。但是瑕不掩瑜,笔者热情推荐读者们与作者一起玩一次穿越,经历一次思想历险,既可以抒发怀古幽情,也可以抚今悼昔。[1]

---

[1] 建议延伸阅读:《宗教改革运动思潮》,阿利斯特·麦格拉思著,蔡锦图、陈佐人译,中国社会科学出版社,2009 年 1 月版。

名典迻译

奥古斯丁美学中的十字架之美

谢大卫(美国,David Lily Jeffrey [Baylor University])文
刘阿斯(西南大学)译

虽然奥古斯丁通常被视为西方诠释学与《圣经》解经的奠基者,他的名字却并不常与美学联系在一起。也许这是可以理解的,由于《忏悔录》中出名的自贬性评价,即他曾写过一本名为《论美与适宜》(*Of Beauty and Proportion*)的书——"有两到三卷,我想",他说得很简单——却丢失了。他的评价不见丝毫惋惜,而且由于这部分形成了奥古斯丁对他皈信前出于不可靠的目的[1]而对低级事物的关注的承认,丢失的美学著作似乎成了在他看来可以同青春期的恶作剧与其他的错误追求混在一起的东西。

没有能比这更荒谬的了。在这些丢失的著作中他尝试解决的问题首先是美的本质以及如其所言,强烈的"诱惑力"。在他皈信之后,这些问题在更广阔的思想脉络中被重塑了;它们被重新定位,在其新生命里被赋予了中心地位,并非被认为是灵性上、哲学上均无意义而被抛弃了。简单说来,丢失的《论美与适宜》(*De Pulchro et apto*)中的基本问题仍在作为基督教神学家与哲学家的奥古斯丁的著作中占有中心位置。因而,对其美学的任何反思都应将他神学和形而上学的母体考虑在内,我们所看到的他的美学观点正是孕育自此。

两种外来文本的介入——一个古代,一个现代——模糊了奥古斯丁早期对身体之美及其诱惑性吸引力本质问题的持续相关性。这其中最古老的大量使用了新柏拉图主义的语言。奥古斯丁当然从中获益匪浅,但也正因此他有

---

[1] *Confessions* 第4卷,特别是从4.13.20到16.31。这里我使用的是J. G. Pilkington的翻译,有时又根据F. J. Sheed的翻译进行了修改,后者的翻译最近又被Michael P. Foley进行了修改,见*Augustine's Confessions*, Indianapolis, IN: Hackett, 2006。

时被过于狭隘地刻画为一个形上实在论者(metaphysical realist)或者甚至是一个二元论者。[2]最近,美学中完全拒绝形而上学的后康德主义倾向认为,奥古斯丁的许多圣经和神学语言,包括他的论证仅仅是一种虔敬,一种神秘主义。我想指出,这些进路都阻碍了公正的评价,并论证(1)奥古斯丁并非一些人认为的那样是一个严格的新柏拉图主义者,以及(2)他的形上目的论并非抽象自物理实在(physical reality)以及身体经验。从教规上看,奥古斯丁的美学观点表明它们更是希伯来的而并非希腊的——也就是说,更加圣经的——比它的新柏拉图主义的语言在表面上似乎所表明的那样具有历史奠基性、且经过深思熟虑。因此,虽然形上实在论对奥古斯丁关于美之整体的理论明显很关键,他关于美及其诱惑力(他使用了感官的词语 *allicit*,来自 *allicere*,"挑逗")之本性的成熟观点完全依赖于理智的欣赏以及身体的经验。然而以悖论的方式,他关于十字架之美的观点形成了他整体神学美学的关键。

美作为爱的对象

回到《忏悔录》(约公元 397—401 年),当他进一步反思引起他丢失了的著作的问题时,我们马上就遇到了一个词。此词在新柏拉图主义的语境中似乎是不合时宜的,而在新康德主义的美学中又是一种范畴性的错误:这个词就是"爱"(amor):

> 我所爱的只是低级的美……我对朋友们说:"除了美,我们能爱什么?什么东西是美?美究竟是什么?什么会吸引我们使我们对爱好的东西依依不舍?这些东西如果没有美丽动人之处,便绝不会吸引我们。"我观察到一种是事物本身和谐的美,另一种是配合其他事物的适宜,犹如物体的部分适合于整体,或如鞋子的适合于双足(《忏悔录》4.13.20,Pilkington 译)。

奥古斯丁早期在他遗失的著作中将适宜之美与欲望的紧密联结在其后来对美的基督教反思中丝毫没有消失。

在他之后对美的讨论中,一种新柏拉图主义的修辞语境无疑是明显的。正如卡罗尔·哈里森(Carol Harrison)在她里程碑式的研究里指出的那样,奥

---

[2] Augustine 的同行,北非的 Albert Camus 在硕士论文中就强调了这一点(1939, University of Algiers);论述这一观点的最重要的研究是 K. Svoboda, *L'Esthetique de saint Augustine et sources* (Brno: A. Pisa, 1933),Camus 本人也知道此项研究。

古斯丁对普罗提诺的熟知为自己提供了有用的范式及语汇。[3]然而,我会认为,普罗提诺的《论美》(《九章集》1.6)对奥古斯丁自己的思想而言既是提示,却也是阻碍,这一点与前者同等重要。[4]对普罗提诺来说,至美(Supreme Beauty)是超验秩序的一部分,相对于它所有尘世之美至多是一个苍白的幻影。他宣称,只有心灵能够认识它,接下来则只有靠超越感官束缚的经验了。哈里森认为,当摩尼教生硬的二元论的唯物论对奥古斯丁失去诱惑之后,普罗提诺的超验理念论定是一剂令人头脑振奋的解毒剂。她认为奥古斯丁早先的基督教著作在身心之辩问题上对心灵的偏爱很明显地要归功于普罗提诺。[5]

然而,任何这样的归结还涉及到,奥古斯丁那里关于心灵进阶的神秘主义观点都要少于普罗提诺。早在《论秩序》(*De ordine*)(约公元386年)这部加西齐亚根(Cassiciacum)时期的著作中,他就强调,经过人文科学各门学科严格的智力训练,心灵才能朝向它更高的潜能而被定序。理性经由经验而发展,在理性中被数(number)支配被认为是提供我们在被造世界中观察并确定的秩序、和谐与形式。[6]支持《论秩序》中这个主题的是奥古斯丁最喜欢的经文之一,即《传道书》11章21节:"你以尺度、智慧和数字赋予万物以秩序。"[7]这条一再出现的经文,就像奥古斯丁所认为的那样,指涉对物质的创造,为他在《论秩序》中着力强调的神圣权威与理性的重要平行提供了一条重要线索

---

[3] Carol Harrison, *Beauty and Revelation in the thought of Saint Augustine* (Oxford: Clarendon, 1992)具有更好的平衡,仍旧是最好的概括性研究。同样参见她的"An Essay in Saint Augustine Aesthetics," *Federacion Agustiniana Espanola Estudio Augustiniano* (1990):第205—215页。

[4] Plotinus, *The Enneads*,卷5,Stephen Mackenna 编 (London: Medici Society, 1917 - 1930;再版,New York: Pantheon, 1965)。对普罗提诺而言,至一(或曰善)是超越存在(Being)的,对奥古斯丁而言,"上帝"——存在(Being)的另一个名字——是最高的。

[5] Harrison, *Beauty and Revelation*,第4—6页,第12—15页;她认为奥古斯丁对被造之美的兴趣在他的神学著作中更被强调,我想要论证奥古斯丁对被造之美的兴趣在他早期著作中就已经非常突出了,从而纠正她这在具体语境下能够被证实的观点。

[6] *De Ordine*, 1.8.24, Silvano Barruso 译为 *St. Augstime: On Order* (South Bend, IN: St. Augustine's Press, 2007),第31页。关于奥古斯丁对艺术之分类的讨论——此分类与后来在 *trivium* 与 *quadrivium* 中的稍有不同——参见 Danuta R. Shanzer, "Augustine's Disciplines: *Silent diutius Musae Varronis*?",见 *Augustine and the Disciplines: From Cassiciacum to Confessions*, Karla Pollmann 与 Mark Vessey 编 (New York: Oxford University Press, 2005),第69—73页。

[7] 《传道书》11:20—21是这一联系中奥古斯丁最被频繁引用的圣经经文,虽然毕达哥拉斯主义的氛围赋予了它特殊的情境。参见 Henri-Iirenee Marrou 在 *Saint Augustine et la culture* 第3版(Paris: Brossard, 1958),第262—275页中的讨论,以及对 I. Hadot 在这个语境中的机敏的回答。Shazer, *Arts liberaux et phlosophie dans la pensee antique* (Paris. 1984)以及随后 William Klingshirn 与 Philip Burton 的文章,同样参见 Pollman 与 Vessey, *Augustine and the Disciplines*,第113—164页。

(2.9.26—27;比较从 2.4.12 到 2.5.14)。在《论秩序》中,普罗提诺从未被提及,柏拉图也没有。然而,亚里士多德却被引用了,而且在很多点上亚里士多德的思想轮廓都是清晰可见的(例如 2.11.31;比较 2.5.16)。那么,奥古斯丁在对上升观念的使用上有一个方面是,他把"作为确定阶梯的有形之物"看成对无形或智识性现实进行把握的途径。但是,在奥古斯丁那里我们不应该太快地越过这些"阶梯"。[8] 正如他在《论音乐》(De musica,大约公元 397 年)中谈到的,具有可朽之美的事物以其种类和秩序而美丽,通过一种包罗万象的秩序,它们联结为一个和谐的整体,他称之为"宇宙之诗"。[9] 对奥古斯丁而言,甚至在公鸡打架中都可能发现美。他坚持认为,以它自己的方式,它也是适宜,即秩序无处不在的证据:

> 我们可以看到它们急切的头长长地往前伸着,颈羽都竖了起来,有力地用嘴和脚距猛地刺过去,巧妙地躲避开。在这些无理性的动物的每一个动作中完全没有缺陷。显然是有另一种从上而来的理性控制着一切,控制着胜利者和被征服者的普遍法则。胜者发出胜利的鸣叫,膨起它的羽毛,以此作为优胜者的清晰标志。其余的则将颈羽收回去,不发任何声音,残跛了。我不知怎么会这样,但每一样事物都是自然之美与和谐的颂歌(《论秩序》1.8.25)。

对于一些人来说,这对丑陋和无秩序应该是更贴切的例子,奥古斯丁在此却显然是严肃地将其刻画为一首"对和谐与自然之美的赞歌"。稍后,在《论自由意志》(De libero arbitrio)(大约公元 395 年)中,他将以一种更加正式、神学性的方式回到这一点,颂赞神圣智慧"在一切被造物的美里向我们说话。"[10] 他对大范围的物体和现象的物理性之美匠心独具的直率称赞预示了他后来对美与尘世生命的和谐是如何必然包含一种对立与矛盾的颤栗的反思。

很清楚的是,对自然秩序中美的反思肯定是类比性的,就像奥古斯丁对通过人文科学的训练而练习理性的看法一样。这提供了一种向上的道路,或者说,是心灵朝向理智之美的更加丰满的视域[11]的途径。他有许多方式来比喻

---

[8] 参见 Retractions l. 6;Harrison, Beauty and Revelation, p25。
[9] De musica 6.10.28;Robert C. Taliaferro 译,Fathers of the Church,第 4 卷(New York: Cima, 1947)。
[10] De libero arbitrio 2.16;Anna S. Benjamin 与 L. H. Hackstaff 译,On Free Choice of the Will: Saint Augustine (Indianapolis, IN: Bobbs-Merrill, 1964)。
[11] 参见 Saint Bonaventure 写于 9 个世纪之后的 De reductione artium ad theologiam(《论艺术向神学的回归》),修女 Emma Therese Healy 编译,Woks of Saint Bonaventure, Philotheus Boehner 等编,(Saint Bonaventure, NY: Franciscan Institute, 1955)。

这种上升的观念,但是,就像在这一段里,教育历程的主旨在它们中间占有支配地位:

> 所以,对于那些采取上升之路的人来说,为了指示清楚,第一步可以被称为苏醒,第二步可称为感知,第三步是艺术,第四步是道德,第五步是宁静,第六步是进入,第七步是沉思。它们也可以这样被命名:身体的、通过身体、关于身体、心灵朝着自己、心灵在自身之内、心灵朝向上帝、心灵与上帝在一起。而且,还能这样被命名:来自他物的美、通过他物的美、关于他物的美、朝向那美的(the beautiful)美、在那美的之中的美、朝向美本身(Beauty)的美、在美本身之中的美。[12]

他是说,可朽坏的美是通向超验之美的途径,心灵的美并不取消身体的美,前者必要地始于后者并依赖于后者。这一点是他在反对摩尼教和摩尼教徒的时候提出来的(约公元390年)。[13] 心灵是"无形体的伟大力量",但借着它们的被具形化我们得见它们的作品,通过这些作品,借着造物主上帝的工作,我们常常"吃惊":

> 看看周围事物的秩序,看看耕耘的田野的美、连根拔起的草堆、栽种及嫁接的果树,我们看见并热爱的乡间的一切。看看城邦的秩序、一堆堆尊贵的建筑、多种多样的艺术品和手工制品、多种多样的语言、记忆的深度、雄辩术的老练。所有这些东西都是心灵的成果。心灵的成果是多么地繁多与伟大,这些你都能看到,但你却看不到心灵自身![14]

对奥古斯丁来说,这一点是很明显的,即对包括神圣艺术家这位最显要者在内的艺术家的工作更热忱的觉知让我们想要认识这位艺术家。对他而言这

---

[12] *De quant Animae*,第70—76页;参见第35页,第79页;参见 Svoboda, *L'Esthtique de saint Augustine*,第60—61页。

[13] 在 Sermon 243.8 中,奥古斯丁讲道,"如果这样一种伟大的有形之美(tanta corporis pulchritudine)甚至到现在都在我们的身体中显明出来,在那儿该是更加伟大了。"在这样的评论中我们听到了圣保罗在《哥林多前书》2:9 中的回音,"神为爱他的人所预备的,是眼睛未曾看见,耳朵未曾听见,人心也未曾想到的"(又引用赛64:4,65:17)。他对摩尼教徒说,"让我们赞美上帝,因为祂将带给如此巨大的善甚至给予美,虽然它是最不必要的。但是让我们不要像情人那样攀附着它,而是让我们作为上帝的情人而超越它,为的是位于它之上我们能够判断与它相关的,也能够不与它缠绕在一起并随它一起被判断。让我们没有散布在空间、不随时间流逝的善,时空中一切的生灵从这善中获得了美和形式。为了得以看到那善,让我们通过对主耶稣基督的信仰而清洁我们的心,主说过,清心的人有福了,因为他们必得见神。"(太5:8)对"摩尼来信"("Letter of Mani")的答复,被认为是"基础"("The Foundation")(*Contra epistulam Manichaei quam vocant Fundamenti*)42.48。

[14] Sermon 360B.9;同上书,第371页。

是非常自然的：

> 难道人只看艺术品却不看制造这艺术品的艺术家？你看到铺满果实的大地，你看到满是动物的海洋，你看到空中满是飞鸟，你看到天空闪闪的繁星；你看到四季的变换，认出一年的四个部分，树叶是如何从树上落下又回来，它们的种子是如何大量涌出，每一样东西都有自己的尺度、重量，所有的东西是如何以它们自己的等级和秩序而被管理的。苍穹静谧，大地有自己独特的美，事物自成一格的美彼此让位、彼此相继。凝视着所有这一切，你看到被造的灵魂被所赋予的生命，但你竟不寻找这伟大杰作的艺术家么？[15]

这一段落出自一篇讲道，其目的当然是基督教护教，而且奥古斯丁在此使用的语言与其说是归功于普罗提诺，不如说更是归功于其频繁引用的《圣经》段落。他提及创造之美的讲道文本包括《传道书》11 章 20—21 节，指的就是这里的内容，以及《诗篇》第 19 首，这首诗提供了奥古斯丁方法的大部分框架，而且在他作品的各个地方都能发现对它的引用。我认为，这个圣经背景是最被忽略的一个要素，而奥古斯丁的"新柏拉图主义"被非常着力地强调，就像在卡罗尔·斯沃博达(Karol Svoboda)在《奥古斯丁美学探源》(*L'Esthetique de saint Augustin et ses sources*)中说的那样，[16]这本书在西方学界界定奥古斯丁美学上有巨大影响力。最近，詹姆斯·奥唐奈(James O'Donnell)考察了奥古斯丁著作中新柏拉图主义的地位并更加准确地总结出，"并不是他发现柏拉图的方法行不通；他发现这方法虽确实行得通，但是却不够。"[17]

被造之美

在《论基督教教义》*On Christian Doctrine* [18]中，区分使用(use)与为了某物自身的安享(enjoyment)的差别对奥古斯丁论证的基石。这本书是关于解

---

[15] *Sermon* 198.31；同上书，第 202 页。

[16] 参见注释 2。

[17] James J. O'Donnell, *Augustine*: *Confessions. Commentary in Three Volumes* (Indianapolis, IN: Bobbs-Merrill, 1958)。当 David Bentley Hart 说"美的理念——需要感官去实现它的'理想'本性——绝不能真与近在咫尺的美分离"时，他映射的就是奥古斯丁。见 *The Beauty of the Infinite*: *The Aesthetics of Christian Truth* (Grand Rapids, MI: Eerdmans, 2003)，第 20 页。

[18] *De doctrine Christiana* 1.3 – 5，D. W. Robertson 译，*Saint Augustine*: *On Christian Doctrine* (Indianapolis, IN: Bobbs-Merrill, 1958)。

释学的,我们现在应称其为"文艺理论"("literary theory")。[19]这里,奥古斯丁提出了阅读《圣经》文本的一种方法,即阅读的时候,读者不应被风格和语言这些先入为主的美学观点(虽然它们也很重要)分心而远离更深的理智目的,即理解神圣权威的意图。也就是说,我们被要求从艺术对象之美转而指向创造它的理智存在者。对奥古斯丁而言,注意力必须专注于多个部分如何构成统一整体的问题,作为达到我们对文本意义的主要相遇之安享的途径。他允许我们可以"安享且使用"(1.3)一些要素,但他关心的是我们理智之旅途的目标不能由于前进受阻而被破坏或阻碍,例如被风格或方法过于狭窄地局限,或者其他对图像的偶像崇拜。他并不否认文学语言的美丽,相反,他会一直认为,它那变化多样的美是不可或缺的,也是吸引我们追寻意义的途径,并因此而需要被认真对待。他的观点是谨慎的,坦白说就是我们应该加以护卫,以免

> 我们途径的乡村之美,以及这种运动的乐趣吸引了我们的心灵,并将这些我们应该使用的东西都变成了享受的对象,我们变得不想要加快到达旅行目的地,变得沉溺于不自然的快乐,我们的思绪远离了那个给予我们真正的快乐的家。[20]

一个可食用的水果的壳或外皮是吸引我们的,并因此是我们知识的一个关键因素。然而这并非我们追求的终极之善,后者是里面的核或肉。[21]类比地说,当我们说"安享"一个尊贵的有理智或有美德者的陪伴,奥古斯丁说,我们不应"在路上有丝毫停留,并将我们的希望置于人或天使身上"(1.33.36),而应认识到"当我们在上帝中喜悦一个人,我们喜悦的其实是上帝而非人"(1.33.37)。对奥古斯丁来说,这种看法远非诋毁所提及之人,而是赋予了那人以上帝形象的被造物之价值以最充分的评价。在所有这些例子中,问题就是正确的指涉,而奥古斯丁对希腊和罗马异教诗学在基督徒的教育中的经典辩护正建基于此。但是,在此我们也看到他所使用的范式是圣经的,甚至当他同时

---

19 见 David Lyle Jeffrey, *People of the Book: Christian Identity and Literary Culture* (Grand Rapids, MI: Eerdmlans. 1996),第一章与第三章是对这个问题的扩展的讨论。

20 *De doctrina* l. 4, J. F. Shaw 译, *Nicene and post-Nicene Fathers*,美国版,丛书第一辑,第 2 卷, *St. Augustine's City of God and Christian Doctrine* (1887;再版,Peabody, MA: Hendrickson, 2004)。欲了解对此书出版约 30 年间的描述,见 David Lyle Jeffrey, "Self-Examination and the Examination of Texts: Augustine's Confessions and On Christian Doctrine",载于 *Houses of the Interpreter: Reading Scripture, Reading Culture* (Waco, TX: Baylor University Press, 2003),第 39—53 页。

21 *De doctrina* 3. 7. 11;参见 3. 5. 9;见 H. I. Marrou 的讨论, *St. Augustine et la fin de la culture antique* (Paris. 1938),第 413 页。

承认新柏拉图主义的价值时亦如此:

> 更进一步地,如果那些被称为哲学家的人——特别是柏拉图主义者——说了什么真理性的并与我们的信仰一致的东西,我们不仅不排斥它,反而为了我们自己的用途而从那些不适当地占有它的人那里肯定它。因为,埃及人不仅有以色列人痛恨并要躲开的偶像和重担,而且还有金银制作的器皿、装饰,以及华美的服饰。当这些人逃离埃及的时候——这对他们而言当然是合适的——将这些东西指派了更好的用途,并不是出自自己的权威而是出于上帝的命令才这么做的。[22]

正确的解释是,在这种背景下关键的是正确排序了的喜爱与对仅仅是标志的偶像崇拜的区分。对奥古斯丁以及他那个时候大多数的读经者而言,我们被圣经故事性地所引导:例如,对《出埃及记》的读者来说,亚伦铸的金牛犊所用的金子与后来艺术家比撒列(Bezalel)、亚何利亚伯(Aholiab)与"心中有智慧的妇女"为了上帝在圣所中的临现用艺术装饰神龛的材料出自同一来源。[23]问题就在于是否适合。这个段落只是奥古斯丁引用来区分使用与安享的区别的众多圣经原型之一。区分并不是诋毁。奥古斯丁表明在这样的叙事里反复提出的是一个论证,为了让读者明白正确秩序的爱。他将要反复说明,这种爱并不蔑视身体或世界中任何美丽的事物,因为它们都是爱的普遍语言的表达,这爱从"创造有形无形万物的主"(尼西亚信经)。在这种语境下,他对自然(创造)之美无处不在的赞美是诗意的,这赞美本身也是美的。巴尔塔萨(Hans Urs von Balthasar)说对自然这样的赞美对所有柏拉图主义而言都有效地构成了一个矛盾,这说法也许是有些言过其实了,但这赞美确实限制了它。[24]

创造本身,如果正确地被看待,对奥古斯丁而言就是让我们觉悟到至美(Beauty)的美(beauty)。相反,至美又让我们以更加完满的方式欣赏可朽的美。当他将笔锋转向这一主题的时候,他的修辞很少如此地高调:

> 问一问太地的美好,问一问大海的美好,问一问辽阔苍穹的美好,问一问天空的美好,问一问星宿的秩序,问一问用它的光芒点亮了白天的太

---

[22] Shaw, *St. Augustine's City of God*,第 2,40,60 页。

[23] 见 David Lyle Jeffrey, "Bible Translation and the Future of Spiritual Interpretation", *Modern Theology* 28, no. 4 (2012),692;同样参见 Jeffrey, *People of the Book*,第 52—59 页。

[24] Hans Urs von Balthasar, *The Glory of the Lord*:*A Theological Aesthetics*,卷 7, Joseph Fessio, S. J 与 John Riches 编,Erasmo Leiva-Merikakis 译 (San Francisco:Ignatius, 1982),第 2 页,第 123 页。参见 Harrison, *Beauty and Revelation*,第 130—131 页。

阳,问一问调和随即而来的暗夜的月亮,问一问活动在水里的、逗留在陆地上的、飞翔在空中的生灵们,问一问隐蔽的心灵、知觉的身体、被管辖的有形之物、管辖的无形之物——问一问所有这些东西,他们会回答你,喏,看我们是多么可爱。他们的美好就是他们的赞美。而这些可爱却易变的东西,除了不变的至美,创造他们的还能有谁呢?[25]

最后,基督的道成肉身以有形之形式表达了上帝自己不变的至美。因此对奥古斯丁来说,道成肉身的上帝"在苍穹中是美的,在大地上是美的,在子宫中是美的,在他父母的手中是美的",甚至"在十字架上是美的"。[26]在这里,不变的美本身拥有一个有形的形式,将我们引向创造的意义之美。这个原则在接下来的一千年及以后的造型艺术和绘画艺术中丰富地实现了,特别是在赎罪影响下对创造的恢复(或者,再创造)。因此,对奥古斯丁以及这一路的艺术家们而言,说十字架、被钉十字架是美的,这是完全合适的。

"祂没有我们得以凝视祂的形式或者美貌。"基督的残缺赋予你以形式。因为,如果祂不曾希望变得残缺,你也不会获得你丢失的形式。因此,祂因挂在十字架上而残缺,但是祂的残缺正是我们的美。[27]

超验之美

提到 4 世纪认为十字架是美的,就是给关于比例或"和谐"的美学观点加上了沉重的压力。在某种程度上,这对我们这个时代的人来说可能是难以理解的。从一开始,基督教就被定义为"十字架的宗教"(*crucis religiosi*),这并不是一种赞扬。将救赎与这卑贱的刑罚联系起来,仍然是"在犹太人为绊脚石,在外邦人为愚拙"(林前 1:23)。[28]至少据德尔图良(Tertullian)说,在额头上划十字架标记的手势在 2 世纪似乎已经是惯常的了。用重复地给自己划十

---

25 *Sermon* 241.2.2, Erich Przywara 译,*An Augustine Synthesis*(London: Sheed and Ward, 1939),第 116 页。
26 *Enarrationes in Psalmos* 44.3;参见 45.7。A. Cleveland Cox, trans. *Nicene and Post-Nicene Fathers*. 丛书第一辑,第 8 卷,(1888;再版,Peabody, MA: Hendrickson, 1994),第 146 页,第 148 页。在此参见 Richard Viladesau, *The Beauty of the Cross: The Passion of Christ in Theology and the Arts from the Catacombs to the Eve of the Renaissance* (New York: Oxford University Press, 2006),第 9—12 页,第 31—33 页。
27 *Sermon* 27.6,引用自 Harrison, *Beauty and Revelation*,第 234 页。
28 Tertullian, *Apologeticus adversus genes pro Christianus*, PL 1:365 - 366.

字架来暗示对罪的结果的忏悔与悲痛、对承担自己十字架的决心的断言,有必要时甚至会去殉道(也许是想到《以西结》书9章4—6节中"那些叹息哀哭的人"额上的T标记),这似乎有含蓄的圣经的授权。[29] 亚历克斯·斯托克(Alex Stock)说,保罗将十字架说成是"耻辱"("stigma")与"印记"("stigmata")(加6:17)是类比给奴隶加上烙印,也是《申命记》11章18节的诫命说要将摩西五经(Torah)"系在手上为记号,戴在额上为经文"(参申6:8)的平行段落。[30] 但是十字架在基督教艺术中的视觉呈现出现得较晚,而且是慢慢地、甚至是秘密地出现的。例如,我们在地下墓穴的湿壁画上找不到十字架,但是在同样的地方我们能找到其他的标记,比如锚、绵羊、牧羊人,甚至鱼类(*ichthys*)密码。对基督之死的间接指涉,例如,字母排列图形(staurogram)——对希腊语词十字结(*stauros*)中的T(tau)与ρ(rho)的压缩——以结扎线的样式出现,是《伯默蒲草纸抄本集》(Papyri Bodmer, p. 45, p. 66, p. 75)中的一类神圣的名称(*nomina sacra*)。就像拉里·乌尔塔多(Larry Hurtado)指出的,对那些准备寻找它的人们来说,这两个字母的意思大略是一个在十字架上的人。[31] 由于这些手稿在日期上远早于康士坦丁著名的军旗标记(*labarum*),他在米尔维安大桥之战那天空的十字架以及胜利者的座右铭——"以此为标志你将会胜利"(*in hoc signo vincis*)(312AD),据乌尔塔多,对十字结标志的使用暗示了一种将来的艺术形象会在4世纪中期到晚期的这个更晚的时候、在更为象征性的背景下出现。说到时期,问题自然就提出来了:是不是康士坦丁让十字架的标志被公开地接受了?

在他统治前期,康士坦丁一直将犯罪的奴隶们钉上十字架。优西比乌(Eusebius)告诉我们,晚些时候,出于对耶稣殉道的尊敬,康士坦丁放弃了这种刑罚。[32] 有时会注意到,一个铸于公元315年左右带有康士坦丁半身像的圆形浮雕装饰上,康士坦丁戴着一顶刻有一个小小的、几乎看不见的基督标志,[33] 但

---

29 Vladesau, *Beauty of the Cross*, 第42—43页。
30 Alex Stock, *Poetische Dogmatik: Christologie: Figuren* (Paderborn: Ferdinand Schoningh, 2001), 第318—319页。
31 Larry Hurtado, "The Staurogram in Early Christian Manuscripts: The Earliest Visual Reference to the Crucified Jesus?", 载于 *New Testament Manuscripts*, Thomas Kraus 编(Leiden: Brill, 2006), 第207—226页。
32 Eusebius, *Historia Ecclesiae* l. 8.
33 Johannes G. Deckers, "Constantine the Great and Early Christian Art", 第95页, 载于 *Picturing the Bibe: The Earliest Christian Art*, Jeffrey Spier 编(New Haven. CT: Yale University Press, 2007), 第89页;参见 Josef Engemann, *Deutung and Bedeutung fruhchristlicher Bildwerke* (Darmstadt: WBG: l. Auflage, 1997)。

是这并非十字架的代表。值得安慰的是,大约三十五年之后,一架罗马的石棺刻有一个十字架,石棺上基督标志与月桂枝花环重叠。太阳神的头像在右边,月亮神的头像在左边,我们就有了刚才对统治者的描述与"胜利者十字架"相关的一个清楚的模仿。[34] 这个例子是独特的,但也清楚地是康士坦丁式的。然而,其他地方,对十字架的使用一直都是最低纲领主义者的,即便当一个主题似乎是保证了这样做的合理性的时候。在康士坦丁于公元354年为他女儿建造的作为陵墓的教堂即罗马的圣女戈斯坦娅陵墓(Mausoleum of Santa Costanza)里,有一个教堂半圆形后殿的马赛克的"律法的传递"(traditio legis),展现着基督将律法传递给彼得(Dominus legem dat)的情形,可以通过他额上一个小而朴实的"X"形将基督辨识出来。[35] 所有这些标记都是用密码写的,没有一个用逼真的相似表现耶稣被钉十字架。

还有些微小然而却是重要的期许。3世纪初的某地,也许是叙利亚,有人用碧玉雕刻了一个护身符,也许属于一个异教的巫师,描绘的是耶稣赤裸裸地挂在十字架上,周围还刻了一圈咒语。[36] 不难设想,虽然这样的事不为主教们所鼓励,这样一块巫师的护身符也许能引出一个更加正统的刻有耶稣被钉十字架的宝石,在上面他的12使徒围着十字架。在这个晚些的小画像上,大概

---

[34] 同上书,第105—106页。

[35] Deckers, "Constantine the Great and Early Christian Art", 95; Fabrizio Bisconti, "Variazioni sultema della Traditio legis: Vecchie e nuove acquisitioni", Vetera christianorum 40(2003):第251—270页。有一个值得究究的奇事是,奥古斯丁对神圣之美的词汇虽然来自他的注释,却是综合的,更加以神学为导向,而非哲学的或语义学的。他不会希伯来语,然而似乎虽然受希腊语旧约的过滤,却觉察到了古拉丁文独自无法给与他的。希伯来圣经使用例如 yafeh(美,例如,赛28:5,44:13)或多或少地等于指涉女性的美、艺术之美。希伯来表示美的术语,mareh,出现在《以赛亚书》53:2,在我们的讨论中对奥古斯丁来说是非常关键的一个段落。七十子圣经在这个术语能够指涉"荣耀"或"光辉"以及美的段落中(例如,诗29:2;96:6—8)将 yafeh 翻译成"荣耀",但是在似乎指涉美学的或女性的美的地方(例如,结27:2,4,11),将 kalos,kallon 也翻译成"光荣"或"荣耀"(例如,结28:12,17;31:8)。在《以赛亚书》44章中,当涉及到一个偶像的漂亮的实在性之美时,希伯来语的 tipara 被描述为 kale,mareh(赛53:2)也被描述为 kalos. 当我们面对这些古拉丁文的描述的时候,可能有好几个版本,我们对此并不确定,但是如果拉丁文圣经能被认为是复制了这些术语的使用规范,有趣的是,涉及到对奥古斯丁关于十字架之美的非常相关的那些圣经章节时,拉丁文本本身并没有提供给他这些词汇。可在拉丁文圣经中的《以赛亚书》53:2 中,我们有 neque décor,而且在诗篇45:2中 yafeh 与 kalei 的地方我们又有 speciosa forma。奥古斯丁会时不时地使用后者的短语,但在对《诗篇》45与《以赛亚书》53 的文本的讨论中,他又首先倾向于使用 pulcher, pulchram 以及 pulchritude,这些术语在拉丁文圣经中最经常地在指涉新娘和新郎之美的颂歌中频繁地被发现。但这是奥古斯丁在从那些平行段落中建构起他十字架神学时所倾向使用的术语。然而,Pulcher 比占权威地位的希伯来术语更相称——也许,这是奥古斯丁经常异乎寻常地分辨文本的结果。

[36] Pier, Picturing the Bible,第228页。

在4世纪中期的叙利亚,耶稣的额上出现了离合诗鱼形(*ichthys*)。[37] 像其他这类的圆形浮雕,大约是被用作图章戒指。但是受难的满幅场景,比如被称为马斯克象牙(Maskell Ivories)的四个雕刻的象牙浮雕,直到5世纪过了四分之一之后才出现。与宝石图章一样,这些都是私人物品。圣马克丽娜(St. Macrina [d. 379])戴着的那个朴素的铁十字架应该也是这样,她哥哥尼撒的圣格列高利(St. Gregory of Nyssa)在她死后发现了它。[38] 没一样与公共崇拜相关。宗教游行中的十字架于5到6世纪时出现,但当时也是字母排列状的,并非十字架。[39]

奥古斯丁称作"美丽十字架"的,正如我们在罗马的宏伟教堂的马赛克半圆壁龛中发现的装饰性的尊贵的十字架一样,最初是在公元400年左右出现的。一个绝佳的例子是在圣普珍大教堂(Santa Pudenziana,约公元400年)的半圆壁龛中有基督被立为王的形象,在天国里被使徒们围绕。[40] 这里,一个镶了宝石的美丽的十字架悬挂在基督戴了冠冕的头上方。一个多世纪之后,令人震惊的是在拉文纳(Ravenna)的多所教堂中出现了许多华丽的"美丽十字架"。这些十字架并非复制以前的,比如克拉瑟的圣阿波利纳热教堂(Sant' Appolinaire in Classe;约公元549年),而圣普珍大教堂的十字架已经意味着美与崇拜的焦点。[41] 在圣普珍大教堂,四个福音动物的形象提示了以西结看到的神圣临现以及启示给他的基督返回时天空的标志。在圣阿波利纳热教堂,镶嵌着宝石的金十字架横梁上有基督的头像,而描述的情景是变容(Transfiguration),十字架代表着变容的上帝。在圣维塔教堂(San Vitale),有天使们盘旋在亚伯拉罕献以撒(*akedah*)图像周围的马赛克,还带有一个美丽的圆形浮雕的十字架。而圣阿波利纳热诺沃教堂(S. Apollinaire Nuovo)中戴着冠冕的基督背后带着光环的十字架则仿照圣索菲亚教堂(Hagia Sophia)与圣母大教堂(S. Maria Maggiore)中全能的主耶稣马赛克。所有的都在5世纪中期或后期,而无与伦比的梵蒂冈十字架,即查士丁二世(Justin II)的遗物十字架,是在6世纪。在有丰富图片展示的拉布拉福音(Rabbula

---

[37] 同上书,第229页;参见 Felicity Harley 所做的有用的注释。
[38] Charles G. Hebermann et al., eds., 等编,*Catholic Encyclopedia*,卷15,(New York: Encyclopedia Press, 1908), 4.524b。
[39] Spier, *Picturing the Bible*,第233—236页,提供了5世纪和6世纪早期铁十字架的证据。
[40] Anne-Orange Poilpre, *Maiestas Domini: Une image de l'Eglise en occident Ve-lX siecle* (Paris: Cerf, 2006); Fabrizio Bisconti 编, *Termi di iconografia paleochristiana* (Rome: Vatican City, 2000);参见 Spier, *Picturing the Bible*,第113页。
[41] Herber L. Kessler, "Bright Gardens of Paradise",载于 Spier, *Picturing the Bible*,第129页。

277

Gospels)(公元 586 年)中,耶稣的被钉十字架被精准地描绘了出来——这样的描绘在绘画中这是最早的。[42]

因此,从公元 350 年到 425 年,对十字架的描绘从一种密码、字母排列图形、基督徒的一种秘密标志成为了一种圣殿中最高雅的焦点艺术主题。是什么导致了这种显著的变化?

一个原因就是君士坦丁的胜利之后基督教的公众形象。奥古斯丁似乎是间接地承认了这一点。他在《讲道集》(Sermon)第 87 卷中谈到基督:"你看,他已从隐蔽的暗处走出,成了一位名人。基督现在被知晓了,被到处传扬……他曾是值得欢笑的人"(Serm. 87.9)[43] 我们的主教在其他地方似乎对君士坦丁禁止公共钉十字架的公共理由持有更加微妙的看法:

> 那时,在肉体上没有更加难以承受的了;现在,在额上没有更加荣耀的了。除了他的忠实,他的惩罚带给他什么荣耀?确实,现在罗马人已经不用它作为对罪犯的惩罚了。因为在上帝的十字架被荣耀的地方,一个有罪的人如果被钉上十字架也会被荣耀了(Tractatus in Ioannem 36.5,约公元 409 年)。

在奥古斯丁看来,在公共场合十字架已经获得了更多荣耀而非可耻的联系。曾经必然是被隐藏的现在已以多种方式进入了主流文化。它再也无法隐藏了。

然而还有更深层的原因——神学的和美学的——为什么奥古斯丁清楚地想要改变对十字架的残留的负面社会评价。他会论证,对于基督徒来说,十字架不再是耻辱地死亡的标志,甚至不是"十字架的宗教"可允许的标志——它是神圣之美的标记。他请他的基督徒同胞们不仅通过信仰之眼来看十字架,而且还特别地要通过爱的眼睛来看它——作为基督新娘的教会之眼。涉及到被钉十字架的地方,这种观点最初创造的是讽刺和悖论,但是这样的悖论通过爱却能解释得通,这爱始于新娘的爱。因此,虽然新娘的美已经被罪所玷污,"却被他变得美丽了(pulchra)"(Serm. 138.6),相应地,她发展出了对新郎的有力的精神之爱。在这种爱的约束下她爱基督"以荆棘为冠,丑陋而毫无尊

---

[42] 以叙利亚语的翻译写成的(别西大译本);耶稣的被钉十字架、复活以及升天的说明也许是从希腊文圣经中提出来的(Spier, *Picturing the Bile*, 第 276 页,在 Massimo Bernabo 等人之后)。

[43] John E. Rotelle 编, *The Works of Saint Augustine: Sermons on the New Testament*, Edmund Hill 译,绝版(Brooklyn: New City Press, 1991), 3.412.除非特别提到,所有对布道文的引用都来自这个译本。

严"(赛 53:2)。"她爱的是什么?"奥古斯丁问道,"是那高于世人的一个男人的优美身形么?"这里对《诗篇》第 45 首的指涉将这两节经文并置,为的是为不信者创造出矛盾,却为新娘创造出一个美丽的悖论或神秘。"那位新郎,"他说道,"为了他丑陋的新娘的缘故变得丑陋了,为的是让她变得美丽"(*pulchram*, Serm. 95.4)。在其他地方说到这两个文本(赛 53 和诗 45)时,奥古斯丁说它们"两支笛子各自演奏不同的调子,但是同一个精神吹进了它们……以至于它们不会不协调"(*Tractatus in Epistoli Ioannem* 9.2,约公元 429 年)。不信的人只听到杂音。现在我们看到奥古斯丁用他的圣经修辞会走向何处。正如离开了犯错的可能性——即说谎的可能性——就没有有意义的真理概念,同理,没有其反面,丑陋,也就没有美的概念。正如约翰·多恩(John Donne)晚些时候所说的,在十字架上,两个极点以令人吃惊的颤栗"相遇"了。所以奥古斯丁说:"为了你的信仰,基督变得残缺。然而,基督一直是美好的——在形式上的美好高于众人。"为什么是这样? 或者,正如奥古斯丁在一个类似的段落里所说的(Serm. 44.2),"所有这些美都是来自哪里的"? 他的回答是:

> 基督的残缺是将形式(*forma*, *formosa*)赋予你们。如果他不愿意变得残缺,你就永远不能拿回你丢掉的形式。因此他挂在十字架上,残缺不全,但是他的残缺正是我们的美(*sed deformitas illius pulchitrudo nostra erat*. Serm. 27.6,参 Serm. 44.4)。

这样,"一种污秽的景象,一个人被钉十字架的景象……产生了美。什么样的美? 复活之美"(*Sermons on the Liturgical Seasons*, 346)。[44]因此,对于渴望见到新郎的脸的新娘来说,"哀哭你的爱啊,如果你能够设想比祂更美的事物,来自一切都美的那位"(诗 44:16)。超验之美是新娘所爱之人被钉十字架的美的源泉和基础。"总是美的他爱我们在先",奥古斯丁在另一处说道,而且"由于爱他,我们也被变成美的了"(*Tractatus in Epistolan Ioannis* 9.9)。[45]

因此,在奥古斯丁对十字架之美的观念中还有另一个悖论,即超验之美仅仅对先知们说的那些"有眼来看"的人们显示自身。说了这么一些,对于奥古斯丁而言,我们也许几乎可以说"美是在观看者的眼中的"。说到那些把基督钉十字架的人,他注意到"他们没有让基督可以显得美的眼睛。对什么样的眼

---

[44] 这个问题由 Viladesau 很好地提出来了,见 *Beauty of the Cross*,第 9 页。
[45] John W. W. Rettig 译, *St. Augustine*: *Tractates on the Gospel of John* (Washington, DC: Catholic University of America Press. 1988),第 257 页。

睛来说基督是美丽的呢？对那些基督自己找寻的眼睛"(诗128:8)他补充道，为了看到他的美，我们的"眼睛必须被清洁"(Tractatus in Ioannem 2.16.2)。因此，算为美的不是个人随意的事，而是以先知理解的方式被心的先决条件而决定。

就像巴尔塔萨(Hans Urs von Balthasar)指出的那样，正是在这种"转变"了的意义上奥古斯丁能够说十字架之美，并说钉十字架的基督"是每一样美的事物以及关于美的所有理念的基础和标准……我们要从他那里学到什么是美"。[46]当奥古斯丁读到《诗篇》第45首"自锡安有他美的外貌"时，他看到超验之美述说了世间之美。然而，对他而言，这个超验之美事实上居住在世间(诗45:4)。即便有他十字架上的扭曲，基督也从未放弃"上帝形式之中的美"(诗104:5)。他说，超验之美从"挂在十字架的那一位的形式"中照耀出来，并以荣耀使那形式变形。因为"上帝永远是美的，从未畸形，从未改变"(Tractatus in Epistolam Ioannis, 9.9)，我们的美，我们对美的感知，将会在我们的爱认出他的美的程度上被澄清。

这就是奥古斯丁"美学"的维度，它指引迈克尔·汉比(Michael Hanby)同意巴尔塔萨的观点并得出了自己的结论。即：对于奥古斯丁来说，"拯救是美学的。它包含在美从美的本身中恢复，并采取了对美的爱的形式——因为美就是爱，而且因为除却参与到这爱中，什么都没有了"。[47]

在他研究《约翰福音》的论文第118篇中，奥古斯丁评价了这卷福音书中对上帝被钉十字架的描述，认为这是范式性的"时候到了"(kairos)，时间和永恒的联合。他将其应用到《以弗所书》保罗的祷告中，"使基督因你们的信，住在你们心里，叫你们的爱心有根有基，能以和众圣徒一同明白基督的爱是何等长阔高深；并知道这爱是过于人所能测度的，便叫神一切所充满的，充满了你们(弗3:17—19)"。接着，他以十字架式的方式诠释这个美丽的保罗式的祈祷，说十字架

> 它的广度搁在横梁上，被钉之人的手臂伸展在其上，这横梁以所有爱之广度代表了善功。它的长度从横梁延伸到了地面，这是背和脚被固定的地方，代表了直到终末的整个时间跨度的坚持不懈。它的高度在其顶部，向上直起在横梁上，代表神的目的。一切作为都指向这个目的，因为在广度和长度上坚持做的善功也适当考虑到神圣嘉奖的尊贵特点。它的

---

[46] 引自 Valadesau, *Beauty of the Cross*, 第10页（但是引文并不准确）。
[47] *Augustine and Modernity* (London: Routledge, 2003), 第55页。

深度在插入泥土里的那部分找到,因为那里是隐藏不可见的,然而却从中出现了所有那些对感官而言是出众和显明的部分,就像我们当中的美好都来自上帝恩典的深度,这深度超越人类理解力和判断力所能及之处。[48]

基督的十字架是荣耀的标志,但是它扎根在、奠基于我们现实的可朽的污秽中,确实是在我们"残缺的现实中。最重要的是,这让十字架在我们的眼中是美的"。

---

[48] Tractate 118. 5;John Gibb 与 James Innes 译,引自 Nicene and Post-Nicene Fathers, Philip Schaff 编(Peabody, M. A: Hendrikson, 2004),第132页。

简介与征稿

《神学美学》创刊于 2007 年，是中国（含港澳台）第一本、也是唯一一本以神学美学研究为宗旨的辑刊。

本刊所登大多为国内外资深学者的文章，并有一定数量的青年才俊的文章。主要栏目和内容为："巴尔塔萨研究"，本刊多年来一以贯之的一个栏目，刊登国内外学者的巴尔塔萨研究，以国内学者为主；"神学美学"，刊登国内外学者自己的神学美学思考；"神学诗学"，刊登国内诗学学者的神学诗学论文，研究视角在国内诗学界独树一帜，系本刊的一个重要栏目；"神学批评"，登载从神学角度对中外文学的文学批评和研究；"基督教与艺术"，从基督教视角研究绘画、音乐、建筑；"基督教与中国文学"，研究基督教与古今中国文学的互动和联系；"俄罗斯神人思想研究"，考虑到俄罗斯神人思想对文学的特殊意义，专门登载俄罗斯宗教哲学家别尔嘉耶夫等人的翻译和研究文章，是本刊的一个特色栏目；"《圣经》研究与解读"，主要涉及《圣经》的文本释义和信义解读；"域外学人论丛"，登载国外学者的文章；"问题与思考"，登载对现实关注的相关问题的考察；"思想告白"，登载对于相关问题的心灵触动，既富哲思，亦富诗情；"名典迻译"，登载关于神学和神学美学的重要译文。从本辑始，本刊添设了文学栏目，刊登小说、诗歌、戏剧、影视剧本等文学作品，以增强神学美学理论与批评同文学创作间的联系。

《神学美学》积极参与国际神学美学界的交流与合作，恳切盼望国内外学者和团体、机构的支持。

《神学美学》独立承担出版费用。诚挚感谢数年来国内外相关团体、教会和个人对刊物的捐助，虽然困难良多，但我们将坚持忍耐，持之以恒，努力使之继续下去，并越来越好！

　　本刊热诚欢迎和企盼各界新老作者与读者惠赐佳作！文章体例请参阅往期文本。

　　联系方式：

　　1. 刘光耀- liuguangyao06@163.com；
　　2. 章智源- 917808686@qq.com。

图书在版编目(CIP)数据

神学美学.第六辑/刘光耀,章智源主编.—上海:上海三联书店,2018.5
ISBN 978-7-5426-5737-4

Ⅰ.①神… Ⅱ.①刘…②章… Ⅲ.①神学-美学-文集
Ⅳ.①B972-53②B83-05

中国版本图书馆 CIP 数据核字(2016)第 257363 号

神学美学(第六辑)

主　　编 / 刘光耀　章智源

责任编辑 / 黄　韬
装帧设计 / 徐　徐
监　　制 / 姚　军
责任校对 / 张大伟

出版发行 / 上海三联书店
　　　　　(201199)中国上海市都市路 4855 号 2 座 10 楼
邮购电话 / 021-22895557
印　　刷 / 上海肖华印务有限公司

版　　次 / 2018 年 5 月第 1 版
印　　次 / 2018 年 5 月第 1 次印刷
开　　本 / 710×1000　1/16
字　　数 / 300 千字
印　　张 / 18
书　　号 / ISBN 978-7-5426-5737-4/B·500
定　　价 / 54.00 元

敬启读者,如发现本书有印装质量问题,请与印刷厂联系 021-66012351